공산화된 **중국 교회**가 겪었던

비극, 고난… 그리고 **승리**

금은 불을 두려워 하지 않는다 1권

GOLD FEARS NO FIRE

GOLD FEARS NO FIRE

Overseas Missionary Fellowship(formerly China Inland Mission)

Published by OMF (IHQ) 2 Cluny Road, Singapore 1025

First Published 1986

Printed in Singapore

금은 불을 두려워하지 않는다 1권

개정판 1쇄 발행 2021년 3월 25일
초판 1쇄 발행 2006년 6월 20일

지은이 랄프 탈리버
옮긴이 최태희

발행인 최태희
디자인 김석범

펴낸곳 로뎀북스
등록 2012년 6월 13일 (제331-2012-000007호)
주소 충청남도 공주시 정안면 상룡길 90-18
이메일 rodembooks@naver.com
ISBN 978-89-98012-37-3 04230
978-89-98012-36-6(세트) 04230
값 12,000원

공산화된 중국 교회가 겪었던

비극, 고난… 그리고 승리

금은 불을 두려워하지 않는다 1권

지은이 랄프 탈리버

옮긴이 최태희

GOLD FEARS NO FIRE

RODEM BOOKS omf

1865년 허드슨 테일러가 창설한 중국내지선교회(CIM: China Inland Mission)는 1951년 중국 공산화로 인해 중국에서 철수하면서 동아시아로 선교지를 확장하고 1964년 명칭을 OMF로 바꾸었다. OMF는 초교파 국제선교단체로 불교, 이슬람, 애니미즘, 샤머니즘 등이 가득한 동아시아에서 각 지역 교회, 복음적인 기독 단체와 연합하여 모든 문화와 종족을 대상으로 예수 그리스도가 구세주이심을 선포하고 있다. 세계 40여 개국에서 파송된 1,400여명의 OMF 선교사들이 동아시아 19개 필드에서 미완성 과제를 위해 사역 중이다.

우리의 비전 OUR VISION

우리는 하나님의 은혜로 동아시아의 각 종족들 안에 자기 종족을 전도하며
타종족을 선교하는 토착화된 성경적 교회운동이 일어나는 것을 보기를 소망한다.

Through God's grace we aim to see an indigenous biblical church movement in each people of East Asia, evangelizing their own people and reaching out in mission to other peoples.

우리의 사명 OUR MISSION

우리는 그리스도의 온전한 복음을 동아시아인과 함께 나눔으로 하나님을 영화롭게 한다.

We share the good news of Jesus Christ in all its fullness with East Asia's peoples to the glory of God.

OMF 사역방향

- 우리는 개척선교-미전도 종족선교에 집중한다.
- 우리는 교회개척-교회배가운동을 일으킨다.
- 우리는 교회의 성장, 성숙 및 제자훈련에 기여한다.
- 우리는 동아시아 교회들이 선교운동에 동참하도록 도전한다.
- 우리는 동아시아의 복음화를 위해 전세계적으로 자원을 동원한다.
- 우리는 국제팀으로서 그 다양성과 협력을 소중히 여긴다.

OMF International - Korea

한국본부 (06554) 서울시 서초구 방배중앙로 29길 21 호언빌딩 2층(방배본동)

전화 02-455-0261 / 0271

홈페이지 www.omfkr.cafe24.com

이메일 omfkr@omfmail.com

불은 위험한 것이지.

사람을 죽이기도 하고 무서운 고난을 당하게도 한다.

그러나 불이 나쁜 것만은 아니란다.

제련하고 정결하게도 할 수 있다.

'순금은 제련하는 불을 두려워하지 않는다.'

— **본문 중에서**

CONTENTS

서문

이야기는 지난 30년 간 중국이라는 현장 속에서 교회가 피부로 경험한 고생과 시험, 비극과 승리를 생생하게 전달하려는 의도에서 기록되었다.

우리 부부는 1938년부터 중국에서 선교사로 사역했다. 그로부터 13년 후 추방당했으나 1981년 다시 돌아가 홍콩에서 16개월을 지낸 것을 비롯해서 그 후로 대여섯 번 방문할 기회가 있었다. 그 때 그 죽의 장막 뒤에서 특히 그리스도인들과 관련하여 일어나고 있던 수백 가지의 정보를 들을 수 있었다.

리 가족의 구성원은 모두가 가공인물이지만, 이 혼란의 시기에 많은 그리스도인 가정에 실제로 일어났던 경험을 모아 놓은 이야기이다. 나 자신도 중국에서 개인적으로 어려움을 당했지만 수많은 중국 그리스도인들은 훨씬 더 심한 일들을 당하였다. 대부분 (모두는 아니지만) 사실에 근거한 것이다.

중국 안팎에 있는 많은 친지들이 이 책이 나올 수 있도록 이 안에 담긴 이야기를 해주셨다. 그러나 여기에서 개인적이고 특별한 '감사' 를 그분들께 할 수 있는 입장이 아니다. 오랫동안 함께 고통했던 홍콩 친구들의 친절과 우정에도 감사의 마음을 전하고 싶다.

레슬리 라이얼과 제임스 테일러 3세를 비롯하여 이 「금은 불을 두려워하지않는다」 의 원고를 읽어 주신 모든 분들께도 은혜를 입었다. 우리 다섯 아이들과 그 배우자들도 우리가 1981년에 중국에 다시 돌아올 수 있도록 적극 협력하였기 때문에 그들 모두에게도 감사한다.

그 누구보다도 이 책을 쓰는 동안 나와 함께 해준 아내 레베카에게 특별한 고마움을 전한다. 아내는 늘 나의 조용한 조력자요 빈틈없는 비평가로서 원본을 타이핑해 주었다.

1부
충칭 1948 - 1952

그 조용함은 기분 나쁜 것이었다. 충칭의 밤이 그렇게 조용한 적은 없었다. 한밤중쯤 되었을 때 쾅! 쾅! 쾅! 하고 포탄이 대형으로 폭발하기 시작했다. 총알이 집 위로 핑핑 날았다. 다른 총알은 지붕의 타일을 맞추어 조각 내 버렸다. 밖에서 급히 뛰는 발자국 소리가 들렸다. 억센 북쪽 억양으로 거칠게 외치는 소리가 들렸다. 그리고는 조용해졌다.

개구리가 말해준 것

1948년 여름

무더운 여름 오후 중국 서부 충칭에서 있던 일이다. 해는 저물어 가는데 한낮의 열기가 아직 남아 있었다. 해가 지면서 바람도 불지 않아 돌들 위에 세워진 충칭은 낮에 흡수한 열기를 계속 내뿜고 있었다.

버스를 기다리며 줄을 서 있던 사람 중에 노블 하트 리씨가 서양식 코트를 팔에 걸치고 있었다. 35세 된 그는 중국 사람치고는 키가 크고 풍채가 의젓했다. 아마도 그러한 용모가 충칭에서 잘 알려진 기자라는 지위를 얻게 하는데 도움이 되었을 것이다.

노블 하트는 여덟 명이 서 있는 줄에서 다섯 번 째였다. 그의 앞에는 창카이섹이 이끄는 국민당의 장교가 있었는데 키가 얼마나 작은지 하트는그의 머리 위로 앞을 볼 수가 있었다. 그는 제복을 입고 있었는데 옆구리에 찬 권총을 신경질적으로 만지고 있었다. 장교 앞에는 손자를 등에 업은 할머니가 서 있었다.

버스는 복잡했다. 차장이 뛰어내려 손가락으로 셋을 만들어 보였는데 세 명 만 탈 수 있다는 말이었다. '그럼 나는 타지 못하는군' 하고 그는 속으로 생각했다.

그러나 그 군대 장교는 그런 식으로 받아들이지 않았다. 그는 팔꿈치로 할머니를 옆으로 밀쳐내고 자기가 그 버스를 타려고 했다. 할머니도 질세라 버스 위로 발을 올려놓으려고 했다. 그러자 장교는 화를 내며 두 손으로 그녀를 밀어서 등에 업은 아이와 함께 거리에 나뒹굴게 했다.

노블 하트는 더 이상 참을 수가 없었다. 장교 앞에 우뚝 서서 버스에 발을 올리지 못하게 했다. "실례지만, 선생님, 이러면 안되는……."

그러나 그 이상 계속하지 못했다. 장교는 권총을 휙 꺼내어 노블 하트의 가슴에 겨누고 방아쇠를 당겼다. '짤깍!' 하는 소리가 울렸지만 총알은 나가지 않았다.

'장전되지 않은 것을 알고 있었을 거야.' 그의 마음속에 스치는 생각이었다. 그러고 나서 한 사람에게 쏜 것이 양에 차지 않는지 장교는 권총을 차장의 머리에 정면으로 겨누고 방아쇠를 당겼다. '짤깍!' 하는총성이 들렸다. 이번에도 총알이 나가지 않았다. 차장은 총에 맞아 죽은 듯이 핼쓱해져서 땅에 주저앉아 움직이지 않고 있었다.

그 모든 일을 보고 있던 운전수가 무서워 벌벌 떨면서 "지우밍! 지우밍! 도와주세요! 도와주세요!" 하며 버스에서 내려 달아났다. 이것이 신호가되어 버스 안에 있던 다른 사람들도 모두 내렸다. 계단으로 내리기도 하고 창문으로 기어 내리기도 하였다. 온통 혼잡한 틈에 노블 하트는 코너를 돌아 빠져 나와 인력거에 뛰어 올랐다. 시민에게 권총을 쏘던 군대 장교를 더 이상 절대로 만나고 싶지 않았기 때문에 머리를 코트 속에 박았다.

*

문을 쾅쾅 두드리는 어린 브라잇 빅토리 리의 얼굴에는 초조하고 두려워하는 기색이 역력했다.

"엄마! 엄마!" 그는외쳤다. "엄마! 엄마!"

"여기 뒷뜰에서 돼지에게 먹이를 주고 있단다." 하고 어머니가 소리치며 재빨리 문을 열어 주었다. "도대체 왜 그렇게 흥분하고 있니?"

"엄마, 이전에 그런 일은 본 적이 없어요! 학교에서 돌아오는데요 - 언덕 묘지를 가로질러 오다가 봤어요. 정말로 무서웠어요! 무서웠어요!"

"좀 진정해라 빅토리야. 뭐가 무서웠어?"

브라잇 빅토리는 말을 멈추었다. '휴우' 하고 숨을 내뱉으며 제일 먼저 눈에 들어오는 식탁 옆 의자에 털썩 주저앉았다. 브라잇 빅토리가 무엇인가에 그렇게 놀라는 일은 자주 있는 일이 아니었다.

"개구리들이요, 엄마! 싸우고 있었어요! 완전히 전쟁이었어요!"

제이드 문은 듣고 있었다. 열두 살 난 장남의 말은 언제나 귀담아 들을 가치가 있었다.

"굉장했어요! 한편은 초록 개구리였고요 - 다른 한편은 갈색 개구리였어요. 초록 개구리들은 군대처럼 언덕을 올라오고 있었어요. 갈색 개구리들은 무덤의 커다란 봉분 위에 군인처럼 있었어요. 서로 눈을 똑바로 마주보고요, 초록 개구리들이 무덤 밑에까지 계속 밀려 왔고 그리고는 곧바로 위로 올라갔어요. 굉장했어요!"

그는 숨을 고르기 위해서 잠시 멈추고는 다시 계속했다. "꼭대기에서 마주쳤는데 두 군대가 대치한 것 같았어요. 그런데 아무 소리가 없었어요. 이상했어요. 그들은 긴 혀를 쭉 내밀어 상대를 물고는 서로를 씹기 시작했어요. 갈색 개구리들이 더 긴 혀를 가지고 있었고 초록 개구리들은 혀를 쥐어 말아서 삼키기 시작했어요. 그러자 갑자기 모두가 작은 공처럼 되어 갈색과 초록이 뒤엉켜 버렸어요. 와우! 서로를 씹어 먹는 게 굉장했어요. 뒷다리로 차고 피가 흐르고……."

"잠깐, 브라잇 빅토리아" 제이드 문이 끼어들었다. "네가 이 모든 것을 봤단 말이냐?"

"봤어요. 그리고 또 조우 할머니도 거기 계셨어요. 함께 보셨어요. 할머니가 뭐라 말씀하셨는지 엄마는 짐작도 못하실 거예요!"

"그렇겠지! 뭐라고 하셨는데?"

"글쎄, 할머니는 개구리가 싸울 때는 무언가 좋지 않은 일이 일어나는 징조라고 하셨어요. 그리고 그것을 본 사람에게 특히 나쁘다고 하셨어요."

"나쁜 일이 온 나라에 일어난다는 거예요. 그리고 나에게도 일어날지 몰라요. 내가 그것을 보았기 때문에요! 하늘이 땅에 경고를 내릴 때 그런 방법을 쓰는 거라고도 하셨어요. 이 재앙은 특별히 무서울 거라고 하셨어요."

"글쎄," 제이드 문은 늘 그러했듯이 사실을 직시하도록 이렇게 말했다. "그렇게까지 나쁜 일이 아닐지도 몰라. 실제로는 서로를 죽인 것이 아닐 거야."

"아니, 엄마, 정말로 죽였어요!" 브라잇 빅토리는 자기가 본 것에 대해 의심하는 말에 약간 상처를 입고는 일어섰다.

"개구리들이요 공처럼 웅클어 들더니 서로를 씹어 먹었어요. 발로 치고 받고 하더니 다 죽어 버렸어요. 제가 거기 서서 다 보았어요. 다 끝났을 때 단지 몇 마리만이 술에 취한 듯이 비틀거리며 내려 왔어요. 다른 개구리들처럼 뛰지도 못했어요."

"그 때 조우 할머니는 무얼 하셨니?"

"할머니는요, 거기서 다 끝날 때까지 보고 계셨어요. 그리고는 돌아서서 집으로 가셨어요. 혼자 중얼중얼하시며 아주 천천히 가셨어요."

제이드 문은 일어섰다. 부엌을 가로질러 조우 할머니가 걸으셨던 것 같이 천천히 걸어갔다. 보온병을 들어 나무로 된 꼭지를 천 조각으로 감싸돌려 빼서는 쌀 씻는 바가지에 뜨거운 물을 부었다. 그리고 냄비 뚜껑을 열고 젓가락으로 팬 케익을 집어 들었다.

"자, 빅토리아. 여기 어제 저녁 먹다 남은 간식을 먹고 내 심부름 좀 해 주어야겠다. 조우 할머니 일은 잊어버리렴. 개구리들이 미래에 대해서 무엇을 알겠니?"

브라잇 빅토리가 케익을 다 먹었을 때 제이드 문은 방으로 가서 요 밑에 손을 넣어 가죽 지갑을 꺼냈다. 꼭대기를 묶은 끈은 그녀가 시장 갈 때 목에 걸으면 가슴에 닿을 정도로 길었다. 그러나 물론 집 안의 요 밑 같은 데에도 돈을 좀 남겨 숨겨 둔다. 아무리 도둑으로 득실거리는 충칭이라도 자고 있는 사람의 머리 밑에 손을 넣으려는 용감한 도둑은 드물다. 만 위안짜리 지폐 두 장을 집어 들었다. 중국 사람이 다 그렇듯 '큰돈이지만 조금 밖에 못 사는' 것에 그녀는 익숙해 있다.

"브라잇 빅토리, 가서 두부 한 모하고 파 좀 한 단 사 오너라. 순두부에 맛을 내 줄 거야."

일상으로 돌아와 쉽게 할 수 있는 일이 있다는 것에 브라잇 빅토리는 기뻐서 돈을 받아 주머니에 집어넣었다. 집에 오면 자동적으로 벗어 던지는 샌들을 다시 신고 나갔다.

제이드 문은 금방 브라잇 빅토리가 앉았던 자리에 털썩 앉으며 반쯤 큰소리로 웬일인지 궁금해 했다. '이게 무슨 일일까? 물론 조우 할머니와 같이 내가 미신을 믿는 것은 아니야. 나는 강 아래쪽 사람이거든. 이곳 쓰촨 사람들과는 다르지. 그래도 누가 알아? 내가 상하이에서 살 때 개구리가 전쟁을 한다는 이야기를 들어본 적이 없거든. 거기에는 내가 모르는 무엇인가가 있을지도 모르지. 그런데 재앙이 정말로 온다고 하면 우리는 도와줄 친척이 모두 멀리 있으니 어쩌지? 아니, 정말! 왜 우리는 일본과 전쟁이 끝났을 때 강 아래쪽으로 돌아가지 않았을까? 왜 충칭 신문사에 남아 있겠다고 했을까! 그 사장! 그렇게 욕심쟁이에다 꼭 심사가 돼지 같지! 이제 브라잇 빅토리에게 무슨 일이 생길까? 브라잇 로열티에게는? 우리 로터스 훌라우어에게는?'

제이드 문의 생각은 "카이먼! 문 열어 줘!" 라고 외치는 소리에 흩어졌다. 문을 열자 "엄마, 나 왔어요."하며 둘째 아들이 좁다란 집으로 뛰어 들어 왔다.

열 살 난 브라잇 로열티는 브라잇 빅토리가 조용한 만큼이나 시끄러웠다. 로열티가 어디에든 나타나면 누구든지 알 수 있었다. 그는 신발을 차내 버리고 책과 연필을 바닥에 던지며 외쳤다. "엄마, 뭐 먹을 거 좀 없어요?"

브라잇 로열티 뒤에는 여섯 살 된 로터스 훌라우어가 얼굴에 부딪혀 오는 문을 가까스로 밀쳐내고 있었다. 로터스는 로열티의 그늘에서 살고 있었는데 어떤 경우는 그 그늘이 오빠만큼이나 더 거칠었다.

말을 한 사람은 브라잇 로열티 뿐이었지만 제이드 문은 배고픈 사람이 두 명인 것을 알았다. "거기, 너희 둘! 고구마를 삶아 놓았으니 따뜻할 때 먹어라. 그러고 나서 빅토리가 올 때까지 집을 보며 숙제를 해야 한다. 엄마는 잠깐 나갔다 올 테니." 하며 제이드 문은 작은 가죽 지갑을 묶어 목에 걸었다. 집에서 신는 슬리퍼를 벗고 외출용 슬리퍼로 바꿔 신고서는 앞문으로 나가 뒤로 꽝 소리가 나도록 닫았다.

제이드 문은 좁은 골목길로 해서 여래보살이 있는 절로 갔다.

"보살님, 제발 재앙이 올 때 그 팔을 펴서 우리를 도와주세요."

그리고는 골목길을 돌아 내려가서 전쟁 신을 섬기는 절로 갔다.

"만일 개구리가 말한 것이 사실이라면 당신이 우리를 도와주셔야 합니다. 전쟁이 일어나면 바른 편에 서고 싶습니다. 그때 우리가 이기도록 도와주세요."

*

브라잇 빅토리는 두부 가게 앞에 멈추었다. "저거 한 그릇요" 하며 그렇게 희지도 연하지도 않은 두부를 손으로 가리켰다. 두부 가게 주인은 넓적한 주걱으로 얇은 알루미늄 판에서 한 조각을 집어 들었다. 서부 중국에서 사용되는 연장 중에는 2차 대전 때 못 쓰게 된 비행기를 조각내어 쓰는 것과 같은 것이 많이 있는데 아마 그 주걱도 그런 종류인 것 같았다. 그는 두부를 4센티 정도의 직육면체로 잘라서 알루미늄 주걱으로 떠서는 소년의 그릇에 담아 주었다.

'이제 파를 사러 가야지,' 하고 반쯤 큰 소리로 말하며 브라잇 빅토리는모퉁이를 돌아 야채 시장으로 향했다. 양배추, 고구마, 당근, 토란, 마늘, 양파들이 진열되어 있었다. 그는 다섯 쪽이 한 묶음으로 된 파를 뿌리가 너무 작지도 않고 잎이 누렇게 변하지도 않은 것으로 골랐다. 바로 그때 다음 진열대로부터 큰 소리가 들렸다.

"그러시면 안돼요! 그건 우리 무예요! 돈을 내세요!"

브라잇 빅토리가 보니 국민당 군인 두 명이 한 사람은 총을 들고 다른 사람은 두 개의 양동이를 길게 매어 어깨에 걸치고 있었다. 양동이를 메고 있는 사람이 커다란 흰 무를 집어 담고 있었다.

"근수를 달 테니 돈을 내세요!" 상인은 성을 내며 말했다.

"우리가 누군지 안 보여?" 총을 가지고 있는 군인이 내뱉었다. "창카이섹 개인 경호원을 몰라 봐?"

브라잇 빅토리는 그것을 믿지 않았다. 무를 파는 상인도 마찬가지여서 손바닥으로 "안돼요, 안돼, 안돼!" 하며 계속 손을 저었다. 군인은 오른손으로는 권총집을, 왼손으로는 집어든 물건들을 잡더니 상인을 무 다발 속으로 밀었다. 무는 돌멩이처럼 산산이 흩어져 굴러갔다.

"다시 우릴 건들었단 봐라! 우린 바쁘신 몸들이다!" 군인들은 으르렁거렸다. 그리고는 사라져갔다.

*

"웨이! 웨이!" 밝은 목소리가 골목을 울렸다.

"누구 있니? 문 열어라!"

충칭에 있는 다른 집들처럼 리씨 집은 사람이 집에 있어도 안에서 문을 걸어 잠갔다. 집을 비우는 때는 거의 없었다. 왜냐하면 강도나 도둑이 문을 잘 따고 들어오기 때문이었다.

"카이먼! 문 열어!" 큰 소리가 다시 들렸다.

브라잇 로열티는 "네, 곧 가요" 하며 달려 나갔다.

"엄마는 어디 계시니? 브라잇 빅토리는?"

"형은 저녁 반찬 사러 시장에 갔고요, 엄마는 어디 간다고 않고 나가셨는데 걱정스런 얼굴이셨어요." 라고 브라잇 로열티가 대답했다.

노블 하트는 자동적으로 외출용 신과 서양식 양복을 벗고 집에서 신는 슬리퍼와 허리를 끈으로 묶는 헐렁한 바지로 갈아입었다.

"웨이, 웨이! 문 열어라! 문 열어!" 이번에는 제이드 문이었다.

"오늘 저녁 집에 올 때 있었던 일을 얘기해 줘도 너희들 못 믿을 거야."

노블 하트가 얘기를 시작했다. 그는 대화를 독점하는데 선수여서 언제나 그날 있었던 일을 먼저 말하곤 했다. 제이드 문은 원만한 결혼 생활을 위해서 치러야할 대가로 받아들였다.

노블 하트는 군대 장교의 이야기를 하고나서 평가를 했다. "이 국민당 군인들은 형편없는 악당……." 그는 말꼬리를 줄이며 조심했다." 얘들아! 이런 말은 밖에서는 한 마디도 하면 안 된다."

"네, 아빠!" 그들은 한 목소리로 약속했다.

"시민을 그렇게 대우하는 군대가 심판 받을 날이 올 것이다. 공산주의자들이 중국을 전부 차지하게 될 모양이군. 얘들아! 저 문 밖에서는 한 마디도 하지 않도록 해야 한다."

"네, 아빠!" 똑 같은 합창이었다.

제이드 문은 저녁이 다 끝나기까지 기다렸다. - 쌀밥, 쓰촨 식 반찬, 그리고 잘게 썬 파에 간장을 넣고 참기름을 얹은 두부로 식사를 마치고는 아이들을 잠자리로 보냈다. 서른두 살이지만 사려 깊고 멀리 내다볼 줄 아는 어머니였다.

"그래, 당신은 브라잇 빅토리의 개구리 이야기를 어떻게 생각하오?" 하고 노블 하트가 물었다. "심각하게 들었겠지? 내가 애써 번 돈으로 향을 사서 우상에게 바쳤겠지?"

"아니에요, 그것에 대해 아무 말도 하지 않았어요! 누군가 당신에게 그렇다고 말합디까?"

"아니, 수문장 신 앞에 향이 세 개가 타고 있는 것을 보았소. 그런데 집선반에 쓰지 않은 향이 남아 있는 것을 보니 네 개이더군. 한 봉지에 열 개이니 당신이 다른 데서 여섯 개를 태운 것에 틀림없지 않소."

"아니, 노블 하트! 너무 법석 떨지 말아요. 돈을 많이 쓴 건 아니에요. 내가 우리 집 문 앞에도 향을 피우지 않는 것 잘 아시잖아요."

"당신은 상하이 사람이면서 이 시골 사람들처럼 미신을 믿고 향을 태운단 말이요. 당신이 그럴 줄은 몰랐소. 당신이 이렇게 쓰찬 사람들처럼 행동한 것을 우리 신문사 동료들이 알면 뭐라 하겠소?"

"이곳 사람들 보고 그렇게 말하지 마세요. 친절하지 않군요."

"어쨌든, 그것에 대해서는 말하지 맙시다. 그래, 어디에다 향을 태웠소?"

"여래 보살하고 전쟁 신에게요."

"흥, 한 번에 양쪽 편에 다 걸었군! 전쟁 신은 파괴와 재앙을 가져올 테고 여래 보살은 그 파괴와 재앙에서 당신을 구해줄 것이란 말이지!" 하고 노블 하트는 비웃었다.

제이드 문은 홍수 같은 눈물을 쏟으며 부엌으로 달려 들어가 타올을 꺼내 얼굴을 덮고 식탁에 머리를 박고 엉엉 울었다. 그녀는 속으로 이렇게 말하며 흐느꼈다. '너무해! 노블 하트는 당하고 나서야 알거야. 개구리가 오늘 말해준 것을 후에야 알게 될 거야!'

충칭 화재가 말해준 것

1948년 여름

노블 하트는 열심 있는 기자였기 때문에 다음 날 아침 해뜨기 전에 일어나서 새벽에 이미 복잡해진 길을 따라서 조우 할머니 댁으로 향했다. 초록과 갈색 개구리의 전쟁 이야기는 그냥 지나쳐 버리기에는 아까운 화젯감이었다. 그리고 같은 이야기라도 아이의 말보다는 연세가 지긋한 부인의

이야기가 더 무게 있게 여겨질 것이었다. 물론 노블 하트는 브라잇 빅토리의 말이 사실 그대로 전달한 것임을 알았다.

조우 할머니 댁에 도착하자 노블 하트는 상하이 식으로 “웨이, 웨이” 하고 외쳤다. “게 누구요?” 하는 소리가 무거운 문 판자 너머로 희미하게 들렸다. 이곳에서는 하루 중 어떤 시간이라도 낯선 사람을 쉽게 안에 들이지 않는 것이 보통인데 이 기자는 자신을 누구에게라도 낯선 사람이라고 여기지 않았다.

“접니다. 충칭 신문의 노블 하트 리라고 하는데요, 저는 조우 일가와 오랫동안 알고 지내왔어요.”

빗장이 천천히 열렸다. 가로로 길게 걸쳐 있던 막대기가 들렸다. 노블하

트는 문 옆 구석에 막대기가 쿵 하고 떨어지는 소리를 들을 수 있었다. 그럼에도 불구하고 문은 틈새만큼 밖에 열리지 않았다.

"저는 충칭 신문의 노블 하트 리입니다." 그는 반복해서 말했다. 그는 그 말이 - 무슨 내용의 말이건 간에 - 이 시점에서는 침묵보다 나음을 알았다.

"뭘 원하슈?" 연로한 목소리가 대답을 요구했다.

"조우 할머니 안에 계십니까? 잠깐 말씀 좀 나누고 싶은데요."

그가 의도적으로 서양식 양복을 입은 것이 이제야 효과를 발휘하는 것 같았다. "아니오, 외출 중이시니 여기 앉아서 기다리시오."

할아버지는 자기 허리에서 수건을 풀더니 그것으로 의자 하나를 철썩 때렸다. 먼지가 사방으로 날렸다. "앉으슈."

노블 하트는 급히 걸어 왔기 때문에 앉게 되어 기뻤다. 문지기는 사라졌다가 금방 돌아왔는데 손님에게 뜨거운 물 한 잔을 두 손으로 주었다. 노블 하트는 혼자 속으로 생각했다. 조우 할머니는 충칭에서 가난한 축에 들지는 않는가 보다. 문지기를 두고 살고 있는 걸 보니. 그는 물컵을 탁자 위에 놓았다. 물은 너무 뜨거워서 마실 수가 없었고 어쨌거나 한꺼번에 마신다는 것은 예의에 벗어난 일이었기 때문이었다.

"멋진 집이군요." 대화를 잘 유도하는 노블 하트의 말이었다.

"조우 할머니는 논도 가지고 계십니까?"

"많지는 않아요. 서쪽 강변을 따라 30마지기 정도 있지요."

바로 그 때 골목에서 발자국 소리가 들리자 노블 하트는 일어섰다. 문지방을 건너 그녀가 들어 왔을 때 "조우 할머니, 안녕하세요?" 라고 인사했다. 들어올 때 보니 향 네 개를 짚으로 엮어 메고 있었다.

그가 예측했던 대로 조우 할머니는 개구리 이야기에 덧붙일 것이 거의 없었다. 이야기를 다 듣고 난 뒤 결정적인 질문을 던졌다. "조우 할머니, 이 이야기를 할머니가 하셨다고 기사를 써도 되겠어요?"

"물론, 안돼요. 내 이름을 쓰지 말아요." 하고 그녀는 대답했다.

밖으로 나와서 노블 하트는 좀 깨끗해 보이는 상점을 찾아 들어가 그 지방 고유의 근사한 아침을 골랐다. - 엄지손가락만 한 경단은 그 속에 깨소금과 황설탕이 들어 있었고 그것을 끓는 물에 건져서 식기 전에 쌀 찌게미 그릇에 담아 먹는 것이었다. 그는 재간 있는 기자였기 때문에 수첩과 연필을 주머니에서 꺼내서 기다리는 동안 개구리 전쟁 이야기를 메모했다.

충칭 신문사 앞에서 그는 닫힌 문들을 바라보며 멈춰 섰다. 문이 열리기 전에 그가 온 적은 거의 없었다. 파편 맞은 구멍을 세보니 모두 열네 개였는데 십 년 전 일본인이 민간인에게 던진 폭탄이 길 건너에서 터졌을 때 이 중문에 날라 와 박힌 것들이었다. '내가 그 날 도시 지하 동굴에 있었기에 망정이지!' 하며 그는 회상했다.

"카이먼! 카이먼! 문 열어요!"

빗장이 열리고 막대기가 들리는 소리가 문 안쪽에서부터 들렸다. 경비하는 베이 할아버지가 노블 하트의 목소리를 알아보았다.

"안녕하세요? 오늘 어떠세요?"

"좋아요, 좋아요. 고맙습니다."

"아드님은 어떠세요?" 노블 하트는 그분의 아들을 한 번도 만난 적은 없지만 그가 아버지의 자랑이고 기쁨인 것을 알았다.

"아주 좋습니다. 고맙습니다. 걔는 지금 양쯔 기관선의 부항해사로 있지요. 다만 요즘 같이 불안정한 때 집에서 멀리 있다는 것이 마음에 걸립니다."

노블 하트는 이야기를 마무리하기 위해서 책상 앞에 앉았다. 거의 끝마쳤을 때 편집장인 덩씨가 들어 왔다.

"그걸 어떻게 생각하세요?" 이제껏 쓰던 종이를 그에게 내밀었다. 방금 그 이야기의 제목을 '미래를 예언하는 개구리의 전쟁' 이라고 덧붙인 참이었다.

편집장은 다 읽더니 어두운 표정으로 종이 뭉치를 책상에 꽝 하고 던졌다. "이건 절대로 검열관을 통과하지 못할 거요." 하고 단정적으로 말했다.

"왜요? 정치 얘기가 들어 있는 것도 아니지 않습니까? 정부를 비판했다거나 당을 비판한 것도 아닌데요." 노블 하트는 항의했다.

"왜 아냐! 자네 눈에는 안 보이나? 정부는 그것이 국민당과 공산당의 전쟁이 불가피하고 개구리 전쟁에서처럼 둘 다 다 패망한다는 이야기를 하고 싶어 지어낸 이야기라고 말할 거요. 정부의 검열관은 그것을 좋아하지 않을 겁니다. 아니 절대로 통과하지 못해요! 그리고 지금 나는 창카이섹의 우편에 서고 싶소. 사람들은 내가 그의 편이라고 말해요. 최소한 나는 현재 내가 어느 편에 있어야 유리한지 알고 있소."

바로 그때 편집장의 아내가 들어 왔다. 다른 중국 아내들처럼 그녀는 사무실에서 아무런 공식 지위를 가지고 있지 않지만 그녀가 들어오기만 하면 관리인부터 부편집장까지 모두가 더 꼿꼿한 자세로 앉아 더 열심히 일했다. 아마도 그들은 1900년 초 청나라 말기에 앞에서 명령을 내린 사람은 황제였어도 그것을 뒤에서 조종한 사람은 도와거 황후였다는 사실을 기억했기 때문인지도 몰랐다.

"여기!" 덩씨는 자기 부인에게 개구리 이야기를 보여 주었다. "이걸 좀 읽어 봐요. 당신은 언제나 종교적인 일에 관심이 있었잖소!"

덩부인의 얼굴은 읽어감에 따라서 점점 더 심각해졌다. "조우할머니 자신은 이 일에 대해 어떻게 생각하고 계세요?" 하고 물었다.

"글쎄요, 물론 저는 그것에 대해서는 쓰지 않았습니다. 그런데 오늘 아침 그녀가 일어나서 처음으로 한 일은 나가서 신들에게 향을 피운 거예요. 나에게 그렇다고 말하지는 않았지만 할머니가 집에 들어오실 때 남은 향을 보았거든요." 하고 노블 하트는 대답했다. '와! 제이드 문에 대해서 묻지않아서 다행이다!' 그는 속으로 생각했다.

"올바른 하나님께 기도해야 되는 것을 그런 회반죽으로 된 신에게 기도하다니 참 딱하기도 하군요." 하고 말하며 덩 부인은 가는 가지로 엮어 만든 들고 있던 바 구니를 뒤지더니 작은 책을 하나 꺼내어 기자에게 주었다.

"노블 하트씨, 어려운 때가 오기 전에 알 필요가 있는 것들이 이 책에 쓰여 있답니다. 읽어 보시겠어요?"

"예, 그럼요, 물론이지요, 부인께서 권하시는 것이면요."

"이 책에서 말하는 대로 받아들이는 것은 일생일대의 가장 큰 결정이 될 거에요."

노블 하트는 손 안에 있는 작은 책을 바라보았다. 가죽 표지에 붉은 글씨로 '신약전서' 라고 쓰여 있었다.

잠시 후 덩 부인은 사무실을 나갔다.

"왜 저에게 이 책을 주셨을까요?" 노블 하트가 물었다.

"글쎄, 알다시피 집사람은 어려서부터 기독교를 믿었고 일본의 폭탄 속에서도 머리를 숙이지 않았지요. 중국 역사의 다음 시대에 누군가 살아남는다면 아마도 바로 그 사람일 겁니다." 그녀의 남편이 설명했다.

"다음 시대요." 하고 노블 하트는 말을 받아 되뇌었다. "개구리 전쟁에 대해서 어떻게 생각하세요? 중국 역사의 다음 시대에 있을 일이라고 생각하세요?"

"나는 미신은 믿지 않지만 어려운 시기가 오고 있다는 것은 알고 있지요." 편집장이 대답했다. 그는 책상 서랍에서 종이 하나를 꺼내 주면서 "이것을 보세요." 하고 말했다. 그것은 손으로 그린 중국 지도로서 아래쪽 반은 흰색으로 칠해져 있었고 위쪽 반은 붉은 잉크로 칠해져 있었다.

"신문에 진실을 써서 위험을 자초하지는 않을 거요. 그래도 나는 매일밤 BBC 뉴스를 단파방송으로 듣고 있어요. 공산주의자들은 중국 북부를차지했고 중부도 많은 지역을 다스리고 있어요. 남으로 양쯔강 유역까지 온 곳도 몇 군데 있고요."

"흠, 그런 것이 저 벽에 걸린 사진에게 무슨 일이 일어났다는 생각이 들게 하지요."

편집장은 벽에서 사진을 내려 손에 들었다. 장난기 어린 표정이 그의 얼굴에 떠올랐다. "그는 정말 인물이었지요! 여기 그가 쓴 것을 보세요!"

덩 리후아

충칭의 폭격을 충성스럽게 보고하여

이 도시에 대한 사명을 성실히 감당하였기에

이를 기념하여 드립니다.

- 창카이섹 (서명)

"이것을 없애야 할 거요."

"그것이 역사이지요." 노블 하트가 끼어들었다. "마오쩌뚱과 창카이섹은 일본과 싸울 때는 한 편이었지요."

"맞아요. 그런데 요즈음은 그때 일을 잊은 것 같아요!"

편집장은 자신과 부인, 세 자녀가 함께 찍은 가족사진을 책상에서 집어 두 사진의 크기를 맞대어 보더니 사무실에서 심부름하는 소년을 불렀다.

"한군, 이 옛날 사진을 사진틀에서 빼내고 가족사진으로 바꾸어 끼우게. 책상 위에 있으니 먼지가 너무 쌓여 사진을 버리겠다."

노블 하트는 고개를 숙이고 그의 이야기를 메모하여 클립으로 함께 끼워 서랍의 밑바닥에 집어넣었다. 나중에 이 일에 대해 얼마나 많이 후회했는지 모른다. 죽은 것 같던 것이 살아나 우리를 계속 따라 다닐 때가 있다.

오후 한 시. 후덥지근한 날이었다. 노블 하트는 셔츠 차림으로 하품을 하며 기지개를 켰다. '집에 있으면 낮잠 한숨 잘 수 있었을 텐데' 하고 소원했다.

바로 그때 사이렌 소리가 신문사 뒤쪽 언덕에 있는 소방국 전망대에서 울렸다. 노블 하트는 사이렌 소리를 더 잘 세기 위해 문 쪽으로 뛰어 갔다.

'하나…둘…셋…넷…다섯…여섯' 그래, 불은 도시의 6번가에서 났다. 그 말은 양쯔강과 자링강이 나란히 일 마일을 달리다가 높은 절벽 아래 함께 만나는 아래쪽 지점이라는 의미였다.

노블 하트는 어느새 수첩과 연필을 쥐고 문 앞 도로를 달리고 있었다. 다른 기자는 아무도 불난 곳으로 가는 그를 따라 잡을 수가 없었다. 오르막 꼭대기에서 그는 아래 그 지점을 볼 수 있었다. 그는 놀라서 멈추었다. 불이 한 곳이 아니라 여러 군데서 나고 있었다. '하나, 둘, 셋, 넷, 다섯,' 아니, 도대체 어떻게 저렇게 다섯 군데나 한꺼번에 불이 날 수가 있단 말인가! 그는 생각했다. 해운 회사가 창고를 가지고 있는 지점이 아닌가. '오, 맙소사! 기름, 가솔린, 페인트, 재목들이 저기 쌓여 있는데! 빨리 가봐야겠다!'

그가 가까이까지 달려갔을 때 불길은 더욱 크게 번졌다. 그는 디젤 기름의 무거운 냄새나 등유의 가벼운 냄새도 다 맡을 수 있었다. 바로 그때 쾅…쾅…쾅… 하고 세 군데의 가솔린 창고가 차례차례로 폭발했다. 노블 하트는 속도를 늦추었다. '이렇게 달려가서 어쩌겠다고?'

그때 신문기자 정신이 그를 사로잡았다. '기사를 쓸 때 첫 번째 원칙은 이야기를 얻는 것이지' 그는 혼자 중얼거렸다. 그리고 그는 그것이 중대한 기사가 될 것임을 알았다. 불이 크게 났기 때문이었다. 충칭 소방국은 작은 불도 잘 끄지 못했다. 탱크 트럭도 적고 급수전이나 급수 본관도 없었다. 그러니 한꺼번에 다섯 군데나 어떻게 감당한단 말인가? 가솔린 탱크가계속해서 폭발한다면 어쩌면 불을 꺼야 할 곳이 더 있을 수도 있었다.

갑자기 노블 하트는 자신이 양쪽 불난 곳 사이에 있음을 알게 되었다. 오른쪽 바로 옆 가까이에 이층 창문으로부터 검은 연기가 뭉게뭉게 올라오고 있었다. 그는 건물에서 뛰쳐나오는 사람 앞을 향해 달려갔다. 처음에는 그에게 불이 붙은 것으로 노블 하트는 생각했다. 그러나 미친 듯이 거리로 달려나가는 그 사람을 자세히 보았을 때 그는 대나무로 엮은 밧줄을 손에 잡고 있었는데 그것이 밤에 뱃사람이 쓰는 횃불과 같이 불타고 있었다.

노블 하트에게 드는 첫 번째 생각은 '왜 그것을 버리지 않는 거지?' 이었다. '그리고 그런 것을 왜 가지고 있었지? 오, 안돼!' 그는 머리를 돌로 맞은 기분이었다. '그가 저 건물에 불을 지르고 있잖아! 누가 어쩌자고 그런 짓을 하고 있는 거지? 그리고 연기에 자신도 질식할 것 같지 않은가!' 뛰어다니며 불을 붙이던 그 사람의 모습은 남은 생애 동안 그의 뇌리에 계속 남아 있었다.

갑자기 거리는 사람들의 시체로 가득했다. '저 사람들은 불이 났을 때 집에서 낮잠을 자고 있었어' 하고 노블 하트는 생각했다. 여기 한 노인이 대나무 침대를 좁은 문을 통해서 끌어내려고 애를 쓰고 있었다. 그곳에 젊은 엄마가 두려움에 가득 찬 얼굴로 아기를 등에 꽉 묶으려고 끈을 던지고 있었다. 다른 두 아이들은 그녀의 옷자락에 매달려 있었다.

그는 작은 가게를 지나가며 상인들이 마치 판자가 불을 막아 주기라도 하는 듯이 판자로 가게 앞을 막고 있는 것을 보았다. 단추, 실, 바늘, 구두끈 같은 것을 파는 한 노점상은 두 개의 커다란 바구니에 물건들을 쓸어담아 양 어깨에 걸쳐 메었다. 가구, 인력거, 짐들 그리고 그냥 사람들이 거리에 북새통을 이뤘다. 어떤 사람들은 앞에 있는 물로 가려고 절벽을 내려오는 가파른 계단으로 향하고 있었다.

갑자기 노블 하트는 자기 주위에 있는 사람들이 연기 때문에 콜록거리고 있는 것을 보았다. 연기가 사방에서 밀려오고 있었다. 짐 때문에 숨을 거칠게 쉬던 사람들이 가장 심하게 기침을 했다. '그래, 나는 무거운 짐을 들고 있지 않아 다행이야.' 그리고 그는 자기 왼손에 수첩을 들고 있는 것을 보고는 자신이 할 일이 있었다는 것을 기억해냈다. 그는 한쪽 구석에서 거의 불가능하지만 사람들의 물결을 통제하려고 애쓰고 있는 한 경찰관을 주목했다.

"잠깐 실례합니다. 저는 충칭 신문사 사람인데요, 이 불이 어떻게 나기 시작했는지 알고 계시는지요?"

"아뇨, 모릅니다. 다만 하나 아는 것은 당신이 빨리 이곳을 빠져나가는 것이 현명할 것이라는 사실입니다!"

바로 그때 한 50보쯤 앞에서 '휘익' 하는 무서운 소리가 들렸다. 불타는 건물의 지붕이 떨어져 수천 개의 타일이 수만 개의 조각으로 깨지면서 콘크리트 바닥으로 떨어지는 소리였다.

'이만하면 충분해. 이제 이곳을 빠져나가야겠다.' 노블 하트는 혼자 중얼거리며 그가 오던 쪽으로 돌아서 달려갔다. 그러나 돌아가는 것은 올 때만큼 용이하지 않았다. 사람들이 불을 피하느라고 개들을 데리고 나와서 길이 혼잡했다. 노블 하트는 한 할머니가 나무 궤를 등에 지고 무거워서 비틀거리는 것을 보고 무엇이 들어 있어서 저렇게 고생하나 하고 안쓰럽게 여겼다. 그때 그는 할아버지 두 분과 거의 부딪칠 뻔했다. 둘 다 소경으로 지팡이를 가지고 있었는데 한 사람은 다른 사람의 옷자락 끝을 잡고 있었다.

곁길 쪽을 내려다보니 연기가 덜한 지역이 있어서 그는 길을 돌아 내려갔다. 백 미터 쯤 갔을 때 커다란 건물이 가로막고 있어서 길이 막힌 곳임을 알고는 다시 간선 도로 쪽으로 나왔다. 소경 할아버지들이 오갈 데 없이 될 것을 알고 그는 앞에 선 분의 어깨를 움켜 잡고 자동적으로 그 지방 억양을 심하게 써서 말했다. 그들을 강 아래 식의 말로 놀라게 하지 않으려는 배려였다. “거기로 내려가면 안돼요. 자, 나를 따라오세요.”

친절한 목소리가 들리자 앞에 선 사람이 노블 하트의 팔을 잡고 그의 손가락으로 그의 소매 끝을 감았다. 이제 그들은 세 줄로 섰다. 기자가 앞에 서고 두 명의 소경이 그 뒤를 따랐다. 행진하는 코끼리 마냥. ‘지금 광경은 내 친구들이 보지 않았으면 좋겠네!’ 하고 노블 하트는 생각했다.

사람이 셋이나 되니 자연히 진행하는 속도가 느렸다. 그때 뒤에 있는 사람이 우묵 파인 곳에 걸려 넘어져서 노블 하트는 그를 일으켜야 했다. 사방에 불이 타고 있었다. 사람들이 갇혀 있는 건물 안에서 비명 소리가 들렸다. 거리까지 간신히 빠져 나온 사람 중에 토하기도 하고 연기에 질식하기도 하였다. 세 사람이 건물을 오른쪽으로 지나갔을 때 창에서 피어오르던 검은 연기가 갑자기 쿵 하는 무딘 소리와 함께 뜨거운 불길이 되어 길건너까지 덮쳐와 그들의 몸을 위협했다.

세 사람에게는 다행스럽게도, 뜨거운 연기가 대부분 위쪽으로 올라가며 폭발했다. 그런데 젊은 부인과 그가 손을 잡고 있던 아이 하나는 그 건물을 가까이 지나가고 있을 때 불길에 휩싸였다. 노블 하트는 그들의 살갗이 불에 타는 소리를 들었는데, 인간의 몸이 타는 끔찍한 냄새가 갑자기 대기에 가득해졌다. 그는 계속 앞만 보았다. 도저히 뒤돌아 볼 수가 없었다.

얼마 안 되어 그들은 화재 지역을 벗어나 익숙한 거리로 나왔다. 노블하트는 신문사 건물로 발길을 돌렸다. 뒤에 소경이 아직도 따라오고 있다는 것을 잊어버리고 있었다. 사무실 밖에 있는 벤치에 그가 주저앉자 그들도 같이 주저앉았다.

노블 하트가 돌아왔을 때 편집장은 지방 정부 라디오를 듣고 있었다. 그는 그에게 몸을 돌리며 "불을 지른 것이 반역자의 소행이라고 말하고 있네만……. 어떻게 생각하는가?" 하고 물었다.

홧불을 들고 미친 듯이 달리며 불을 지르던 남자가 노블 하트의 마음에 떠올랐다. 그는 심각한 얼굴을 하고 잠시 생각했다. "그건 틀림없는 얘깁니다. 어떤 일당의 사람들이 불을 동시에 질렀어요. - 각기 다른 곳에서요. 인명과 재산에 상당한 피해를 주면서 말입니다." 그는 멈추며 물었다. "그런데 세상에 도대체 누가 그런 짓을 했을까요?"

"그런 일을 할 수 있는 자원과 사람을 가진 집단은 현재 중국에 두 군데뿐입니다. - 창카이섹과 공산당이지요. 창은 아닐 거예요. 충칭은 그의 수도이고 이 도시를 지켜야할 이유가 그 외에도 많이 있으니까. 그러면 공산당이 남는데 그들에게는 충칭을 파괴시킬 이유가 수없이 많이 있어요. 그보다도 말이 돌게 되면 보통 사람들에게 지옥 같은 두려움을 주게 될 텐데 사람들은 그렇게 무자비한 일당의 반대편에 서는 것을 두려워하게 될 거예요."

'그렇다면, 개구리가 무언가를 말해 준 것은 사실이고, 이제 충칭 대화재도 우리에게 무언가를 말해주고 있는 것 같군.' 노블 하트는 속으로 생각했다.

*

마지막 말이 끝났을 때 크게 목소리를 가다듬는 소리가 벤치의 반대편에서 들렸다.

노블 하트는 펄쩍 뛰며 속으로 말했다. '그들이 듣지도 못한다고 생각하고 있었네!' 그가 편집장을 보았을 때 그도 같은 생각을 하고 있는 것이 얼굴에 나타났다. 또 다시 목을 가다듬는 소리가 벤치 저 끝에서 커다랗게 들렸다.

"미안합니다." 노블 하트는 사과하며 보온병에서 뜨거운 물을 머그잔에 딸아 두 손으로 차를 타 주었다. 그들은 그보다 연장이었기 때문에 지위는 낮지만 두 손으로 드리는 약간의 공손한 행위가 합당한 것으로 생각했기 때문이었다. 불행하게도 그들은 눈이 보이지 않았기 때문에 그 공손한 행위를 볼 수가 없었다.

바로 그때 경비원이 들어왔다. 그는 웃으며 말했다. "길에서 들었는데 두 분을 화재에서 구해 내셨다면서요? 자, 그들을 구했으니 이제 앞으로 어떻게 할 생각이세요?"

"앞으로 어떻게 하다니?"

"우리는 예전부터 사람을 구해내면 그 사람을 끝까지 돌봐야 되는 거라고 가르쳐 왔어요! 저들이 불 속에서 죽었으면 죽은 대로 그들의 운명이었을 텐데, 이제 당신이 구해주어 살아있으니 그들의 운명을 당신이 책임져야 된다는 것이지요."

"이론은 그렇다고 쳐요. 그래 나보고 어떻게 하라는 말인가요?"

"우선, 저 사람들 옷을 좀 봐요." 경비원은손으로가리켰다. "다 타버렸지 않아요? 새 옷이 필요하지요. 그리고 귀와 빰과 팔에 화상 입은 부분이 보이지요. 그들에게 약이 필요해요. 그리고 오늘 밤 먹을 음식이 있어야 하고 잠자리를 마련해 주어야 해요! 아시겠지요? 당신이 자연을 거슬려 운명의 바퀴를 돌려놓았으니 그 운명을 당신이 책임져야 됩니다!"

"저들이 불 속에서 그냥 죽도록 내버려둬야 했다는 말인가요?" 노블 하트는 화가 나서 언성이 높아졌다.

"흠! 흠! 흠!" 이번에는 더 큰 소리였다. 운명의 주사위가 이 대화의 주제가 되는 것에는 흥미가 없는 것이 명백했다. 바로 그때 마치 미리 준비라도 했던 것처럼 일제히 소경 두 사람은 오른손으로 귀와 뺨을 만지고, 왼손으로는 타서 짧아진 바지 다리를 만졌다.

"예, 맞아요. 우리를 앞으로 어떻게 할 겁니까?" 그 중 지도격인 사람이 말했다.

노블 하트는 이 중대한 시간에 덩 부인이 문에 나타나주어 기뻤다.

"지금 교회에 들러 목사님과 이야기하고 오는 길이에요. 우리는 교회 건물을 화재 피난민을 위해 사용하기로 했어요. 신문에 내주세요. 그리고 저는 라디오 방송국에 가서 방송하도록 부탁하겠어요."

"그들에게 먹을 것을 줄 수 있겠소?" 편집장이 물었다.

"예, 구호품이 쌓여있고 옷도 좀 있어요."

"훌륭합니다! 그러면 제 짐도 벗겠군요!" 노블 하트가 외쳤다.

"언제부터 그들을 받아들일 건가요?"

"벌써 받고 있어요." 덩 부인이 대답했다.

"어서 갑시다!" 노블 하트는 자기를 따라 오던 두 소경을 불렀다. 첫 번째 사람은 노블 하트의 소매에 자기의 손가락을 감았고 그 뒤 사람은 앞 사람의 옷 꼬리 부분을 움켜쥐고는 다시 세 명이 줄을 서서 거리를 내려갔다.

당시에는 노블 하트의 마음에 있던 문제가 해결되는 것 같아서 안심했으나 이 두 번째 걸음이 오히려 세 소경의 행진에 흥미 있는 이야깃거리를 더하게 되었다.

개구리가 말한 것이 이루어지다

1949년 가을

"노블 하트씨, 오늘 불길한 뉴스가 있어요." 편집장은 목소리를 낮추었다. 그는 혹시 엿듣는 사람이 없는가 하고 바깥을 힐끗 보더니 사무실 문을 안에서 살짝 닫았다. "정부 검열관 책임자가 나를 부르더라고요. 이 뉴스가 절대로 나가지 않도록 하랍니다. 어디서 들었든지 간에 말입니다."

"어떤 뉴스요?"

"연방 감화원과 시의 감옥에서 모든 죄수가 오늘 풀려 나왔습니다."

"그걸 왜 쉬쉬하는 겁니까?"

"노블 하트씨, 그걸 모르겠어요? 그 행동 자체보다도 그 배후에 있는 동기가 문제라는 거지요."

기자는 의자에서 똑바로 일어났다. "맞아요! 이제 무슨 말을 하시는지 알겠어요. 그들에게 알려지지 않았으면 하는 그 무엇인가가 있는 거지요."

"그래요, 공산당에 대항해서는 도시를 지킬 수 있는 희망이 없다는 것을 죄수들을 석방하는 것으로 인정한 것이지요. 그리고 수백 명의 범죄자들이 풀려나면 새로운 정부에도 그만큼 더 심한 골칫거리가 되는 것이지요."

편집장은 목소리를 더 낮추었다. "그렇게 하는 것이 더 인간적인 일이에요. 감옥에서 가난한 사람들은 갈증과 굶주림으로 쉽게 죽을 수 있었어요. 새 정부가 밑바닥부터 사람을 도울 수 있기 전에 말이지요. 창카이섹에게 인간적인 면이 있었다는 것을 인정해야 할 겁니다. 그 노인네가 부정부패를 강력하게 막지 못한 것이 치명적인 일이 되었어요. 어제도 국민당 군인들이 길에서 구걸하는 것을 보았는데 이질 때문에 온통 피로 물든 바지를 입은 채로 보도에 길게 누워 있더군요. 미국에서 보내온 설파구아니딘 장약을 군인 병원 의사들이 다 빼돌려 팔아먹어서 약이 없는 겁니다."

"그런데, 보세요. 내가 당신을 부른 이유는 이거예요. 죄수들이 풀려나면 상황이 나쁘게 되어갈 겁니다. 창카이섹 총통은 이 근처에 더 이상 오래 있지 못해요. 결국 공산당에게 피해서 난징에서 충칭으로 도망 왔는데 다음에는 어디로 가겠어요? 티벳이나 인도일까요? 아니지요. 인도는 중국이 아니니까요. 쓰촨성 서쪽의 청두로 갈까요? 그건 근본적인 해결이 되지 않고 연기하는 것 밖에 되지 않지요. 내 추측에는 타이완의 타이뻬이예요.

중국 본토와 수백 마일이 떨어져 있는 곳이고 미국 해군이 감시하는 곳이니까요. 그래서 말인데, 창을 찾아서 그를 인터뷰하세요. 상황은 어려운데 어찌할 바를 모르는 것처럼 하고요. 그럴 용기가 있겠어요?"

"용기라고 하셨습니까? 저는 그것을 그저 제가 따라야 할 명령으로 알겠습니다." 하고 노블 하트는 대답했다.

기자는 인력거를 타고 총통 관저로 향했다. 그는 이것이 그가 인력거를 마지막으로 타보는 것이 될 것임을 전혀 짐작할 수 없었다. 그가 기자증을 내밀고 정문 보초를 지나 안에 들어서자마자 자기 속에 있는 민완 기자의 수완을 발휘하여 익숙한 얼굴을 찾았다. 얼마 되지 않아 바로 아는 사람을 만났는데 그의 말에 총통은 공항으로 갔다고 했다. '아마 공항에서 나와 인터뷰할 시간을 몇 분은 낼 수 있을 거야.' 하고 노블 하트는 판단했다.

이제 해가 지려고 하고 있었다. 그는 돈을 꺼내 흔들며 서둘러 택시를 불렀다. 전 도시를 통틀어 세 대밖에 없는 택시였다. 택시 기사에게 "공항 갑시다!" 고 했는데 놀랍게도 택시가 총통을 호위하는 두 대의 차량과 오토바이 행렬보다 조금 먼저 도착했다. 노블 하트는 뛰어내려 출발 게이트를 향해 나있는 유일한 보도를 따라서 앞서 달려갔다. 그리고는 태연한 듯이 국수 파는 포장마차 가게의 의자에 구부리고 앉아 테이블에 놓여 있는 신문을 집어들고 읽는 척하며 세 대의 공무 차량에서 나오고 있는 사람들을 유심히 보고 있었다. 놀랍게도 군복을 입은 사람 중 하나는 자기에게 일년 전 총을 겨누던 장교였다. '그 일 후에 승진했었나 보군' 하고 노블 하트는 생각했다. 그는 자리에서 더 몸을 굽히고 신문을 거의 눈에 닿게 끌어 올렸다. 권총 쏘던 그 사람의 눈에 띄고 싶지 않았다.

이제 총통 자신이 리무진에서 내리고 있었다. 그는 민간인 옷을 입고 있었는데 가슴에 훈장을 몇 줄로 단 군복을 입었을 때보다 훨씬 더 약하고 초라해 보였다. 그는 고개를 숙이고 노블 하트가 있는 쪽의 길을 따라서 오면서 손수건을 코에 대고 있었다.

그가 지나갈 때 노블 하트는 '아무도 나를 위해서 더 이상 싸우려고 하지를 않아.' 라고 중얼거리는 소리를 들었다. 그 위대한 사람이 울고 있었다.

노블 하트는 전율을 느끼며 '아무도 나를 위해서 더 이상 싸우려고 하지를 않아.' 라는 말을 되뇌었다. '아니! 저 양반은 포기한 것이구나! 여기에누

구를 만나려고 온 것이 아니군. 떠나려고 온 것이야. 그런데 어디로 가는 거지? 그걸 알아내야만 한다.'

노블 하트는 조용히 신문으로 앞을 가리고 다음에 어떤 행동을 취해야할 지를 생각했다. '흠, 중요한 것은 무엇을 아는가보다 누구를 알고 있는 가야. 가만 있자. 이 주위에 내가 아는 사람이 있을까?' 그리고 눈에 들어오는 얼굴 중에 자세히 찾아보았는데 해가 지고 있어서 잘 식별이 되지 않았다.

중국 공군 지프 하나가 뒤따라 왔는데 한 공군 장교가 서류 가방과 굉장히 큰 가방을 들고 나왔다. '아니, 저 사람은 상하이에서 학교를 같이 다니던 친구 첸 대령이네! 오늘 어딘가로 비행을 하는 것이군!' 노블 하트는 신문을 놓고 일어서서 첸 대령이 가까이 왔을 때 손을 내밀었다. "어이, 멩! 어떻게 지내고 있나?"

"좋아." 하고 첸 대령이 대답했다. '지나치게 짧은 대답이군' 하고 노블 하트는 생각했다.

반쯤 죽인 목소리로 대령은 계속했다. "내가 말하는 대로 자네가 하면모든 일이 더욱 좋아질 걸세. 이 공군 마크가 있는 서류 가방을 들고 나를따라 비행기 안으로 곧바로 들어오게. 여기서부터 우리는 공군 이야기만 하는 거야. 알겠나?"

"알았어." 하고 대답하며 노블 하트는 첸 대령의 가방을 들고 그 옆에서 발을 맞추며 걸어갔다.

"아냐," 첸 대령은 옆에 걷는 사람의 질문에 대답하는 양 말했다. "나는 F-86 사브레 제트기는 타본 적이 없어. 그렇지만 기회만 있으면 타보고 싶어."

그 두 사람은 불이 꺼진 채로 활주로에 서 있는 B-24 화물기를 빠른 걸음으로 지나갔다. 당번 보초가 거수로 경례하자 첸 대령과 노블 하트도 경례로 답했다. 그 때 대령은 비행기에 곧바로 올라가 조종실로 갔고 노블하트도 매일 하는 일인 것처럼 그를 따라서 갔다.

조종석 문을 닫고 잠그고 나서 첸 대령은 조종석에 앉아 노블 하트에게 조수석에 앉으라고 손짓했다. 그리고는 "그 자리에 앉아 타이완까지 가면 어떻겠나?" 하고 말했다.

순간 노블하트는 마음의 평정을 잃었다. " 뭐? 그게 무슨 말인가?"

"그래, 일이 이렇게 되었네. 나는 오늘 밤 안으로 총통과 영부인을 이곳에서 모시고 쿤밍으로 떠나 광쩌우까지 가라는 명령을 받았네. 그리고 결국에는 타이완까지. 조수석에 타야할 동료는 다른 비행 스케줄 때문에 그 자리가 비어있어. 그리고 솔직히 말해서 옛 친구와 동행한다면 나에게 반대할 이유가 없는 거지. 왜냐하면 이 비행은 편도 비행이 될 거니까."

"뭐? 뭐라고? 자네는 나보고 같이 가자는 건가? 타이완까지?" 노블 하트는 어이가 없었다.

"그래, 그렇게 되면 자네는 행운아인거야. 자네 부인이나 아이들도."

"내 아내와 아이들! 그래, 잘 말했네, 멩. 그들만 아니라면 자네와 같이 안 갈 이유가 없지. 그렇지만 나는 그들을 뒤에 남겨놓을 수가 없다네."

"왜 할 수 없어?" 친구가 되받았다. "내가 바로 그렇게 하고 있는데. 남편이 죽는 것보다는 살아 있는 것이 더 낫지 않겠는가? 비록 천 마일이나멀리 떨어져 있다 해도. 내 위치는 공산당이 들어오면 배겨내지 못할 자리야. 내 얘기는 그들이 들어올 때 그렇다는 거지."

"물론 그렇지. 자네는 공군 장교니까. 힘이 들 거야."

"자네도 마찬가지야, 노블 하트. 자네도 높은 경력이 있는 사람이 아닌가. 자네도 오래 버티지 못할 것이네. 한 달이나 갈 수 있을까. 그렇게 되면……" 첸 대령은 말꼬리를 흐렸다.

노블 하트는 본능적으로 자신이 가장 큰 선택의 기로에 직면하고 있음을 깨달았다. 마음속에서 일어나는 소용돌이는 어스름한 조종실 주위의 고요와, 안락한 좌석과, 심지어 오래 전부터 익숙한 첸 멩의 차분한 목소리와 극한 대비를 이루었다.

"나는, 나는……" 하고 그는 말을 더듬거렸다. "그저 이렇게 여기 자리에 앉아 결정을 내릴 수는 없네!"

"서두르지 않아도 되네, 노블 하트. 창 부인이 도착하기 전까지는 떠날 수 없어. 승객 자리로 돌아가서 생각해 보면 되네."

무엇인가 할 수 있다는 것에 안심이 되어서, 비록 그것이 자리에서 일어나는 것에 지나지 않는 것이기는 했지만 그는 멩이 말하는 대로 했다. 그가 비행기의 휭뎅그레한 내부로 걸음을 옮기자 그곳은 전부 커튼이 쳐 있었기 때문에 조종실보다 더 어두웠다. 노블 하트는 혼자 생각했다. '여기에는 나를 인도할 빛이 없어! 이 문제에 빛이 어디 있을까? 기도라도 할 수 있으면 좋겠는데, 그렇지만 내가 누구에게 기도할 수 있겠는가? 나는 신들에 대해서는 문외한인데. 참 덩 부인이 뭐라 했든가. 참 하나님 이라고 했지아마? 나는 그에 대해서도 잘 몰라. 아마 그에게 부탁해 볼까. 참 하나님, 저는 노블 하트라고 하는데요, 어딘가에 계시다면, 만일 괜찮으시다면, 저에게 잠깐만 시간을 내어 지금 말씀해 주세요. 부탁드립니다.'

그의 눈은 어두움에 적응이 되어 좌석이 보였고 그는 그곳에 털썩 주저앉았다. 갑자기 그는 앞이마에서 땀이 나서 눈으로 흘러내림을 느꼈다.

"타이완으로 가서 멩이 말한 '어떤○○' 을 피한다" 그는 이제 큰 소리로 말하고 있었다. 그는 '죽음'이라는 단어를 말할 수 없었다. 그는 손수건을 꺼내 땀을 닦는 행동이 마치도 문제를 닦아내는 것인 양 이마를 박박 문질렀다. '그래서 살아 남는다. 타이완에서 직업을 구해서 제이드 문과 아이들을 나중에 데려 온다. 그렇지만 제이드 문과 아이들과 의논도 하지 않고어떻게 내가 떠날 수 있단 말인가? 내가 오늘 밤 집에 돌아가지 않으면 아내는 걱정 끝에 병이 날거야. 그리고 이 커다란 변화의 와중에서 어쩌면 전쟁이 일어날지도 모르는데.'

갑자기 크고 분명한 목소리가 들렸다. "안전벨트를 매십시오. 자리에 앉아……" 갑자기 시작되던 소리가 또 그렇게 갑자기 멈추었다. 노블 하트는 일어났다. '이것이 참 하나님이 말하는 방법이었나? 그런데 왜 갑자기 이야기를 하다말고 끝내 버렸지?' 하다가 그는 그것이 그저 쳉 멩이 녹음 상태를 시험해 보는 소리라는 것을 깨닫고는 자리에 다시 앉았다. 그리고는 생각을 계속했다. '나는 참 하나님이 사람에게 말씀하는 방법을 잘 모른다. 아마 그분은 어떤 경우에는 확성기를 쓸 지도 모르지. 어쨌거나 나는 자유하고 싶은 소원이 크지만 아내와 아이들을 이렇게 떠날 수는 없어.'

노블 하트는 일어나서 조종실로 걸어갔다. 그는 멩에게 초대해준 친절에 감사하지만 '이번에는 같이 갈 수 없다' 고 말했다. (다음이라는 기회가 있을지 의심하면서) 그리고는 잘 가라고 인사하고 사다리를 내려와 활주로로 걸어갔다.

전에처럼 보초가 경례를 했고 노블 하트도 경례로 답했다. 그가 공항 건물로 향했을 때 앞에서 도는 바퀴 소리가 우르르하고 들렸다. 비행기에 탈 승객을 위해서 계단을 내리고 있었다. 그가 내린 비행기, 아니 그가 탈 뻔했던 비행기에서 나는 소리였다.

총통이 평범한 옷을 입고 거기에 있었고 영부인은 목까지 높게 단추를 채운 빛나는 실크 드레스를 입고 있었다. 그리고 총통의 수행원들이 전부 있었다. 경호원, 부관, 고문과 그의 가족들, 그리고 마지막으로 - 부조종사가 있었다. '버스 정류장에서 총을 쏘던 장교는 없군' 하고 노블 하트는 무의식적으로 기억해 두었다. '저 비행기가 꽉 차겠군.' 하고 노블 하트는 생각했다. 그리고 그 안에 있는 신문 기자가 말했다. '내 인터뷰 기사거리가 가고 있군.'

그는 비행기가 결국은 타이완을 향해서 그리고 알고 있는 미래를 향해서 어두움 속으로 사라지는 것을 지켜보았다. 그리고는 공항을 뒤로 하고 어두움 가운데 도시로 들어오는 버스를 탔다. 노블 하트는 첸 멩과 그의 제안에 대해서 제이드 문에게 결코 말하지 않았다. 그는 남편으로서 아내에게 말하지 않는 것이 더 좋은 일도 있는 거라고 생각했다.

*

그 조용함은 기분 나쁜 것이었다. 일상 있던 밤의 소음이 없었다. 거지도 우동 상인도 마작 패 놓는 소리도 없었다. 그 날 저녁은 쥐 죽은 듯이 조용했다. 충칭의 밤이 그렇게 조용한 적은 없었다. 한 밤중 쯤 되었을 때 '쾅! 쾅! 쾅!' 하고 대포의 포탄이 대형으로 폭발하기 시작했다.

"저건 우리 쪽 폭탄일거야." 노블 하트는 언제나 가족을 위로하는 아버지였다.

그러나 소리는 가까워 오고 있었다. 총알이 집 위로 핑핑 날랐다. 다른 총알은 지붕의 타일을 맞추어 조각내 버렸다. 때늦게 총알 소리가 더욱 잦아지자 그들은 모두 부엌으로 가서 길가 창문에서 될 수 있는 대로 멀리떨어져 있으려고 했다. 그리고 그들은 모두 바닥에 엎드려 날아오는 총알로부터 될 수 있는 한 멀리 하려고 애썼다. 바깥 골목에 급히 뛰는 발자국소리가 들렸다. 그리고 거칠게 북쪽 억양으로 외치는 소리가 들렸다. 그리고는 조용해졌다.

다음날 노블 하트의 기자 정신이 그를 가만히 있지 못하게 했다. 밤사이에 무슨 일이 일어났는지 알아야만 했다.

"안돼요! 안돼요! 오늘 거리로 나가시면 안돼요! 총에 맞을지도 몰라요." 제이드 문은 극구 말렸다.

"아니, 글쎄, 만일 공산당 군인을 만난다고 해도 그들도 나와 같은 중국사람이오. 그들이 찾는 것은 창카이섹인데 그는 벌써 가버렸소. 그들이 나를 미워할 이유가 없소."

노블 하트는 집에서나 늘 입던 옷을 입었다. 오늘 아침은 양복이 아니었다. 그는 몰랐지만 그 양복을 그는 다시는 입지 못할 것이었다. 가는 동안 그는 군인을 보지 못했다. 거름으로 팔려고 개똥을 기다란 대나무 집게로 줍는 노인과 요강을 공중변소에 비우려고 들고 가는 늙은 여인 밖에 만나지 못했다. '그들은 귀가 어두워서 어제 밤의 총소리를 못 들었나 보다.' 하고 그는 중얼거렸다.

그는 돌아서 집으로 가려고 했다. 그때 '쉿' 하는 소리가 들렸다. 소리 나는 쪽을 바라보니 조우 할머니의 집 문이 살짝 열려 있는 것이 보였다.

"리 선생님, 들어 오슈. 조우 할머니가 만나고 싶어 하신다우." 노블 하트는 사람은 보이지 않는데 목소리만으로도 그가 전에 만난 문지기 할아버지임을 알 수 있었다.

"저를요?"

"그렇다우. 자 이리로"

노블 하트는 안으로 들어갔다. 할아버지는 조심스럽게 문을 닫고 빗장을 채웠다.

조우 할머니는 그들의 목소리를 듣고 손을 흔들면서 문 쪽으로 서둘러 와서는 혼란스런 말을 했다. "그가 여기있는 것을 원치 않아요. 그를 여기 둘 수 없어요! 그런데 그를 저런 채로 내보낼 수는 없지 않아요?"

"잠깐요, 잠깐 기다리세요. 우선, '그' 가 누굽니까?"

"아, 그러네요. 죄송합니다. 선생님은 모르시지요. 어젯밤에 우리 집으로 들어 온 이 군인 말이에요. 그들이 그를 죽이려 한다고 했어요. 벌써 총에 맞았더라고요……"

"그가 어디 있어요?"

"이리로 오세요."

"그 군인은 녹색 제복을 입은 것을 보니 창카이섹 쪽 사람이었고 바닥에 누워 왼쪽 허벅지에 상처를 입어 피를 흘리고 있었다. 노블 하트는 주머니칼을 꺼내서 상처에서 천을 찢어내었다. 그는 총알이 허벅지를 관통하여 뒤쪽에는 작은 구멍이 나있고 총알이 나온 앞쪽으로는 흉측하고도 커다란 구멍이 나있는 것을 보았다. 피는 앞쪽에서 줄줄 나오고 있었다. 그 사람은 노블 하트가 천천히 다리를 움직이자 신음하였는데 뼈는 상하지 않았음에 틀림없었다.

"저 사람을 여기 둘 수 없어요." 조우 할머니는 계속 말했다.

"그래요. 그를 병원에 데려가야 해요. 그렇지만 그에게 먼저 미음과 고기를 좀 주실 수 있겠어요? 병원까지 가려면 힘을 내야 하니까요."

군인이 먹은 후에 노블 하트는 군복을 벗기고 수건으로 허벅지 상처를 감아 주었다. 그리고는 문지기의 낡은 옷으로 갈아입혔다. 두 사람이 절름거리며 문을 나설 때 그 사람은 노블 하트의 오른 쪽 어깨에 몸을 기댔다.

노블 하트는 이 장면을 얼마나 곤욕스러운 환경에서 회상하게 될지 당시에는 거의 알지 못했다.

그는 상처 입은 사람에게 말했다. "선교 병원까지는 1 킬로나 되는데 갈 수 있겠어요?"

"그럼요, 선생님. 가보겠습니다."

반도 못 가서 거친 목소리가 그들을 불렀다. "정지! 거기누구요?"

노블 하트는 난생 처음으로 소총과 총검으로 완전 무장한 인민 해방군의 겨자색 제복을 올려다보았다. 총검은 그의 배에 직통으로 향하고 있었다.

"일반인입니다."

"어디로 가는 거요?"

"병원으로 갑니다."

"왜요?"

"친구가 어젯밤 싸우다가 허벅지를 찔렸습니다. 저 피 좀 보십시오!"

"통과!"

'휴, 저 사람은 무사히 통과했지만 다음에는 뭐라고 말해야 할까?' 노블 하트는 속으로 생각했다.

병원에 도착해서 노블 하트는 상처 난 사람을 긴 의자에 앉혀 그의 차례가 되기까지 기다리게 하고 그를 위해서 수속을 해 주었다. 그 앞에 백여명이 있었는데 그중 많은 사람이 창카이섹 진영의 녹색 군복을 그대로 입고 있었다. 의사 선교사는 그날 아침 매우 바빴다.

'해방'의 의미

1951년 봄

"아빠, 우리는 아무 것에서도 해방되지 않았는데 왜 그들은 '해방' 이라고해요?" 이제 14세 된 브라잇 빅토리가 물었다. "우리가 더이상 젓가락으로 먹지 않고 러시아 사람들처럼 숟가락으로 먹기 때문에 '해방' 이라고하는 거예요?" 그는 방금 자신이 밥과 배추절임을 떠먹고 있던 수저를 경멸조로 검사하듯이 들어 보였다.

"그리고 할 수 있는 것보다 우리가 할 수 없는 것이 더 많아요." 브라잇로열티도 한숨을 쉬었다. "도시 밖에 있는 친구 집에 놀러 갈 수도 없지, 밤에 길에서 놀아서도 안 되지, 고기도 살 수 없지……."

"또 예쁜 옷도 하나도 살 수 없지. 모두가 똑같이 보이는 낡은 바지와 잠바뿐이잖아." 로터스 훌라우어도 끼어들었다.

"얘들아 너희들 말이 맞아. 그렇게 생각하고 느끼는 것 다 맞다. 그렇지만 해방 전보다 나아진 것도 있다는 것을 인정해야 한다."

"'해방'! 아빠, 그 단어를 쓰셔야 하겠어요?" 브라잇 빅토리가 물었다.

"아들아, 그렇다. 우리는 그 말을 써야만 한다. 목이 몸에 붙어 있으려면 말이지. 그것이 새로운 중국의 방식이지. 자, 솔직히 어떤 것은 더 나아졌다." 그는 자기 스스로 솔직함을 확실히 하려는 듯 말을 끊었다. "군인들이 더 이상 강제로 채소를 빼앗지도 않지. 물건 값은 항상 일정하지. 인플레이션도 없지, 거지도 사라지지 않았니? 마오 주석이 말하는 대로 중국은 세계 속에서 일어서고 있는 중이다."

브라잇 빅토리는 더 개인적인데로 화제를 돌렸다. "아빠, 왜 아빠는 매일 밤 회의에 가야 돼요?"

"얘야, 새로운 방법이나 새로운 단어나 또 그것들이 의미하는 것을 배우자면 시간이 걸리는 거야. 우리는 융통성 있게 적응해야지 그렇지 않으면 살아남을 수가 없단다."

로터스 훌라우어는 여덟 살 난 머리로 고민하던 질문을 내놓았다. "엄마, 왜 그 낡은 공장에서 일해야 돼요? 그전처럼 집에 계시면 좋겠어요."

"나는 일하는 것이 싫지 않아. 너희들을 집에 두고 나가는 것만 아니라면. 그런데 무기 공장에서 총알을 만드는 일을 해야 하니 그것이 싫기는하다. 그들은 왜 그렇게 많은 총알을 만드는지 몰라?" 그녀는 말꼬리를 내리며 몸서리를 쳤다.

*

"예, 경관님!" 브라잇 빅토리는 경찰 관내에서 책상 앞에 앉아 있는 군인 경사에게 말했다. "제 이름은 브라잇 빅토리 리이고 해방가 97번지에서 삽니다. 강 건너에 있는 친구 덩 션 집에서 하루 밤 지낼 수 있도록 허락을 받으러 왔습니다."

"아버지 이름이 뭐지?"

"노블 하트 리입니다."

"기다려 봐."

경사는 벽 쪽으로 갔는데 그곳에는 선반이 온통 책으로 가득 덮여 있었다. 마침내 그는 찾고 있던 책을 발견했다. 다른 책들처럼 그것은 사람의 손가락 굵기만 했고 판지 둘레를 파란 무명천으로 감싸 묶은 책이었다.

경사는 잠시 책장을 넘기더니 브라잇 빅토리에게 몸을 돌렸다. "너에게 허가증을 내줄 수가 없다. 네 아버지는 바른 쪽 명단에 있지 않다."

그는 책상으로 돌아가서 14세 소년을 내려다보았다. 소년의 얼굴에서 경사의 마음을 건드린 어떤 것이 있었든지 "그렇지만 너는 착한 아이구나. 여기, 네 가족의 책을 볼래?" 하고 말했다.

"아뇨." 하고 브라잇 빅토리는 대답했는데 '나는 우리에게 책이 있는 줄도 몰랐어요.' 라고 말할 뻔 했다. 그러나 적시에 입을 다물었다. 그는 아버지가 주의하시던 것을 기억했다. "질문에는 대답해라. 그러나 네 편에서 정보를 주지는 말아라."

"여기 있다. 한번 보거라." 경사가 말했다.

브라잇 빅토리는 책장을 넘겼다. 놀랍게도 그것은 자기 가족에 대한 책이었다. 아버지가 한 페이지, 어머니가 한 페이지, 아이들도 한 페이지 씩, 그리고 '방문객' 이라고 쓰인 빈 페이지 몇 쪽 그리고 몇 장이 더 있었는데 그곳에는 '비판' 이라는 제목이 달려 있었다. 그는 살짝 아버지 페이지를다시 열어 보았다. 재빨리 보았는데 그 속에서 '반혁명적이며 반공산주의자로 의심됨' 이라고 붉은 글씨로 쓰여 있었다. 그는 책을 덮어 경사에게주며 "고맙습니다." 라고 말했다.

브라잇 빅토리는 경찰서를 나와 길에 섰는데 머리에 현기증이 났다. '반혁명적이며 반공산주의자로 의심됨' 이 무슨 의미일까?

*

브라잇 빅토리가 불평하던 밤 집회들은 갈수록 강도가 심해졌다. 이제는 노블 하트뿐 아니라 제이드 문까지 가야했기 때문에 하루 종일 일하고 잠을 자지 못해서 제이드 문은 쇠약해지기 시작했다. 체중이 줄고 눈 아래가 검게 되어 그녀의 나이 34세 보다 열 살은 늙어 보였다. 그러나 그 밤 집회에서 가장 공격의 대상이 되어 힘든 사람은 노블 하트였다.

노블 하트는 가끔 일 년 전 처음으로 그 모임이 시작되던 때를 돌이켜 보곤 했다. 이웃에 있는 가족의 가장들은 모두 '제 칠 초등학교 운동장에 7시까지 반상회에 자발적으로 참석해야 한다.' 는 등사 인쇄물 종이를 가지고 집합했다.

'해야 한다' 와 '자발적으로' 가 같은 문장에서 무엇을 의미할까? 그렇지만 세상이 그런 이중 언어로 가득하니 입 다물고 있자! 그는 이를 악물었다. 그것이 도움이라도 되는 양.

집안의 가장들은 제 칠 초등학교 운동장에 모두 모였다. 그런데 제복을 입은 사람은 아무도 없었고 그 모임을 주동할 지도자도 없었다. 다른 사람들처럼 노블 하트도 긴장하고 있었다. 그때 경찰이 뚜벅뚜벅 걸어 들어왔다. 그 뒤로 겨자색 제복을 입은 사람이 따라와서 연사의 테이블 옆에 높이 달린 전등 아래서 멈추었다. 노블 하트는 의자에서 떨어질 뻔했다. 제복을 입은 사람은 다름이 아닌 2년 전 자기에게 버스 정류장에서 총을 쏘던 그 국민당 장교였다.

'이중 첩자!' 노블 하트는 속으로 외쳤다. '그는 그동안 내내 공산당을 위해 정보를 주고 있었던 거야!' 그러나 그는 아무 말도 하지 않았고 운동장의 어둠 속에서 그가 놀라는 것을 눈치 챈 사람도 아무도 없었다. 그의 심장이 평소보다 두 배로 빨리 뛰는 소리를 들을 수 있는 사람도 없었다.

"이분은 창 동무입니다. 이분이 매일 저녁 집회를 인도할 겁니다. 창 동무는 공산당원 중에서도 뛰어난 분입니다. 잘 본받아야 할 분이지요."

'그랬군, 공산당원이라! 그렇다면 나에게 총을 겨눌 때부터 공산당원이었던 거야. 해방 이후에는 새로운 당원을 받아들이지 않았으니까. 나를 알아보지 못하면 좋겠는데!'

늘 쓰던 말 대신에 새로운 말, 새로운 방법, 새로운 의미를 배우는 것으로 시작해서 '새로운' 것들에 적응해 가는 것으로 밤 집회는 진행이 되었다. 이웃 주민들은 한 사람 한 사람 계속해서 자아비판을 하도록 강요당했다. 노블 하트에게 그것은 공포였는데 왜냐하면 이것은 참회의 말이어야 했고 참회가 충분히 그 강도가 높지 않으면 기준치까지 교정을 받아야 했기 때문이었다. 실제 모임 시간 중 대부분은 이제 비판을 고쳐주는 것으로 보내고 있었다. 그리고 노블 하트는 신문 기자여서 거기 모인 다른 사람들보다 글 쓰는 것에 대해 더 잘 알기 때문에 비판을 '개선' 시키는 일이 그의 임무가 되었다. 그 일은 소령이 할 수 없는 일이었다. 그것을 고안한 창은 초등학교 교육 밖에 받지 않은 사람이었기 때문이었다.

이 인위적인 비판의 '개선' 이라는 일은 노블 하트를 궁지에 빠뜨렸다. 브라잇 빅토리가 경찰서에서 본 가족의 기록을 얘기해 주었기 때문에 그는 자기가 요주의 인물인 것을 알았다. 그러면서도 창 소령을 기쁘게 하는 자아비판 류의 허튼 소리를 쓰는 것이 그의 영혼을 씁쓸하게 했다. 그는 자기의 때가 오고 있는 것을 알았다. 창이 쥐 잡는 고양이처럼 웅크리고 있듯이 그 날을 기다리고 있는 것이었다. 이웃들은 창에게 보다 노블 하트에게 계속 질문했고 창은 그것을 참을 수가 없었다. 더 심각한 것은창이 버스 정류장에서 자기에게 맞서던 사람이 그인 것을 알아볼 경우였다. 그는 그런 방향으로 한 순간도 표를 내지 않았다. 그 밤 집회에서 고양이와 쥐는 한 우리에 함께 있었다. 쥐는 고양이를 알아보았는데 과연 고양이도 쥐를 알아보았을까?

자신을 비판하는 것에서 다른 사람을 비판하는 자리로 옮기는 것은 쉬웠다. 그리고 대부분의 사람에게 이것은 환영을 받았는데 자신보다 다른사람을 비판하기가 더 쉬웠기 때문이었다. 그런 변화는 그러나 불길한 전환이었다. 상대적으로 무해한 토론 모임이 갑자기 인민재판 법정으로 바뀌었다. 비판당한 사람은 잡혀서 비판한 사람 앞에 끌려 왔다.

어느 날 조우 부인이 손을 끈으로 뒤로 묶인 채 인민 해방군에게 끌려왔다. 벌벌 떨며 전등을 켜 놓은 전신주에 힘없이 기댔다. 노블 하트와 제이드 문은 그녀를 보고 놀랐는데 그날 밤 일어날 일을 미리 알았다면 더 놀랐을 것이었다.

"이름이 무엇이오?" 창 소령이 요구했다.

"조우 메이린이에요. 선생님"

"선생님 자는 안 붙여도 돼요."소령은 콧방귀를 뀌었다. "이제는 중국에 있는 모든 사람이 평등한 것을 모르시오? 이제는 계급 차별이 없는 것을 모르시오?"

“예, 압니다. 선생님.”조우 할머니가 대답했다.

킥킥거리는 웃음 참는 소리가 군중 속에서 들리자 소령은 초조해졌다. 공산주의 진영에서는 유머가 미덕이 아니었다.

“조우 메이린, 당신은 인민의 적으로 이곳에 끌려 왔소. 당신은 논을 30마지기나 가지고 있소. 그렇게 많은 논을 가진 사람은 자동적으로 인민의 적이오.”

“그렇지만 저는 소작인들을 잘 대우해 주었……” 조우 부인이 말하려하자 “그건 문제가 안돼요. 위대하신 마오 주석께서 말씀하셨소. 누구든지 10마지기 이상 논을 가진 사람은 인민의 적이라고 하셨소. 인민을 착취하는데 이용하던 당신의 논은 이제 인민에게로 돌려준다.”

거의 외치듯이 그렇게 선언하면서 창 소령은 주머니에서 법적 서류로보이는 것을 꺼내 책상 위에 극적으로 탁 던졌다. 모두가 놀라서 다음에 어떤 일이 일어날지 궁금해 하고 있었다.

“여기 당신 땅 문서가 있소. 당신이 당신 땅이라고 부르던 문서 말이오. 이제 위대하신 지도자께서 모든 땅은 인민에게 돌려준다고 하셨소.” 커다란 박수 소리가 모임의 네 코너에서 들렸다. 사람들은 신경질적으로 사방을 둘러보다가 상황을 알아채고는 박수를 치기 시작했다. 마침내 소령은 손을 들어 박수를 멈추게 했다.

“조우 메이린, 당신 땅 문서가 어떻게 될지 알고 있소?”

“모릅니다, 선생님.”

다시 웃음을 참는 소리가 났다. 소령의 얼굴도 일그러졌다.

“당신의 논이 인민에게 돌아갔음을 당신과 모든 사람에게 알게 하기 위해서……"

그는 말을 마치지 않고 주머니에서 성냥갑을 꺼내더니 하나를 뽑아 들어 불을 켰다. 한 손으로 문서의 한 쪽 끝을 들더니 다른 쪽 끝에 불을 붙였다. 불꽃이 종이를 태우면서 재가 군중 있는 데로 날아갔다.

다시 군중이 모인 네 구석에서 박수 소리가 들렸고 사람들도 따라서 다시 박수를 쳤다. 불이 꺼지자 소령이 다시 말했다.

"조우 메이린! 아직 다 끝난 것이 아니오. 이제 당신에게는 땅이 하나도 없소. 그러나 당신은 지주 계급이오. 지주 계급에 있는 사람은 모두 인민의 적이어서 벌을 받아야 마땅하오. 오늘 당신을 고소할 사람이 여기 있소. 그들이 당신의 죄와 인민을 압제한 것을 고백하게 할 것이오."

그리고는 군중을 향해 "라오 동무!"

"여기 있습니다!" 앞줄에 있던 노인이 대답했다.

"라오 동무, 당신은 전에 조우 메이린 땅의 소작인이었소?"

"예." 선생님이라는 소리가 거의 나올 뻔 했지만 입 속으로 삼켰다.

"조우 메이린이 매년 당신에게 쌀을 얼마나 내게 했소?"

"생산한 것의 반을 냈습니다."

"라오 동무가 생산한 쌀을 반이나 가져가는 조우 메이린이라는 자는 도대체 양심이 있는 사람인가요?"

"인민의 적입니다!" 몇 사람이 한 목소리로 소리쳤다.

노블 하트는 이 말을 군중과 같이 소리칠 수 없었다. 대신 속으로 말하고 있었다. '반 밖에 받지 않았다? 지주들은 대부분 60퍼센트나 삼분의 이를 요구하는데 조우 부인은 소작인들에게 친절했던 거다.'

라오 노인은 창 소령 앞에 아직 서 있었다. 그는 안절부절 손으로 모자를 만지고 있었는데 얼굴에 곤혹스런 표정을 짓고 있었다.

"앉으시오." 라고 말하고는 소령은 두 번째 증인을 소리쳐 불렀다.

"왕 동무!"

"여기 있습니다." 앞줄에서 중년 남자가 대답했다.

"왕 동무, 당신은 조우 메이린 옆집에 살고 있지요?"

"예."

"충칭이 해방되던 날 아침 그 집에서 보통 때와 다른 것을 본 것이 있소?"

"예, 보았습니다."

"본 것을 인민들 앞에서 말하시오!"

왕 동무는 목소리를 가다듬더니 대중 앞에서 말하는 것이 익숙하지 않은 모습으로 말하기를 시작했다. "조우 메이린은 배반자 창카이섹의 군인을 집에 들여 음식을 주고 옷을 입혀 조카를 시켜 병원에 데려 갔습니다."

노블 하트는 그 이야기를 들으며 조마조마했다. 어두워서 그의 얼굴을 아무도 알아보지 못하는 것이 다행이었다. '그렇지만 조우 부인이 어떻게 반응할까? 나를 바라볼까?'

그러나 조우 부인은 자신의 역할을 잘 감당해 냈다. 그녀는 더 이상 전신주에 기대지 않고 비록 손은 뒤로 묶였지만 평온했고 침착했다.

"왕 동무가 하는 말을 들었지요?" 소령은 군중을 향해 크게 소리쳤다.

"예! 예! 예!" 군중이 소리쳤다.

"앉으시오!"소령은 왕씨를 앉게 했다.

세 번째 증인의 이름이 불렸다 "펭동무!" 소령이 소리쳤다.

"여기 있습니다." 그가 조우 부인의 문지기인 것을 알고 노블 하트는 놀랐다. 문지기는 일어섰다. 그는 태풍 속의 나뭇잎처럼 벌벌 떨고 있었다.

"펭 동무, 직업이 무엇이오?"

"저는 조우 마님의 문지기입니다."

"마님이라고 하지 마오! 조우 메이린이라고 하시오!" 소령은 호통을 쳤다. 그리고는 더욱 달래는 목소리로 "당신이 오늘 여기에 선 것은 조우 메이린이 당신에게 얼마나 압제적이고 사악했는지를 사람들에게 폭로하기 위해서 온 것이오. 말하시오!"

"그게… 글쎄……." 늙은 문지기는 더듬거렸다. 몸은 사시나무 떨 듯이 더욱 떨고 있었다.

"뭐라고 말해야 할지 알잖소. 어서 말하시오!"

"그럼, 한 가지 말할 게 있소. 남편이신 집 주인이 돌아가셨을 때 그녀는 나에게 그가 신던 가죽 구두를 주었소. 그것은 너무 작아서 내가 신을 수가 없었소."

군중 뒤쪽에서 한 목소리가 들렸다. "거봐요. 그녀는 고의적으로 신을 작게 만들어서 당신을 괴롭히고 억압하려고 했던 거요!"

"예! 예! 예!" 무리들이 기계적으로 따라했다.

창 소령은 일어섰다. "동무들, 모두 증거를 들었소. 조우 메이린은 배반자 창카이섹에 붙어사는 아첨꾼이었소. 그의 군인을 피난시켰소. 소작인들과 하인들을 함부로 대했소. 더욱이 그녀는 지주요. 지주들은 제거되어야만 하오. 인민의 평결은 무엇이오?"

침묵. 이것은 남쪽 둑 사람들에게 새로운 일이었다.

다시 더욱 큰 소리로 물었다. "인민의 평결은 무엇이오?"

한 사람이 소리 쳤다. "죽이시오!"

그러자 미리 약속이라도 한 듯이 "죽이시오! 죽이시오!" 하는 소리가 미친 듯이 울렸다.

노블 하트와 제이드 문은 숨을 몰아쉬며 서로를 붙잡았다. 그들은 조우 부인이 비틀거리며 반쯤 돌아보다가 주저앉는 것을 보았다. 그녀 옆에 서 있던 군인은 그녀를 잡아 일으켜 세웠다. 그녀의 머리는 얼이 빠져 반쯤은 이미 참수당한 듯이 왼편 어깨에 늘여져 있었다.

"하아! 우리를 속이려 해! 너에게 어떻게 해야 하는지 가르쳐 주겠다!"소령은 소리쳤다. 그렇게 위협하더니 무거운 구리 버클이 달린 가죽 벨트를 휘둘렀다. 동시에 조우 부인을 떠받치고 있던 군인은 흐느적거리는 그녀의 몸을 전봇대에 밀어붙이고 손목을 묶었던 밧줄 끝으로 그녀의 팔을 그곳에 높이 묶었다. 그가 얼마나 갑자기 그녀의 손을 끌어 올렸든지 노블하트와 제이드 문은 어깨뼈가 우두둑 하고 마디에서 나오는 소리를 들었다. 갑작스런 고통에 조우 부인은 기절한 상태에서 깨어났다. 그녀의 입술에서 고통스런 비명 소리가 났고 어깨에 축 늘어졌던 고개가 번쩍 들렸다.

그녀의 얼굴에는 두려움과 믿을 수 없는 표정이 쓰여 있었다. 노블 하트는그녀의 생각을 읽었다. '도대체 어떻게 이런 일이 내게 일어날 수 있단 말인가?'

"이 간이 분 자본주의자들! 뒤로 물러 섯!" 소령은 야만스럽게 말하고는 수를 세며 혁대를 휘둘렀다. 군중은 기겁을 하며 뒤로 물러섰다. "내가 한두 가지 가르쳐 주겠다!" 소령은 다시 씩씩거렸다. 이번에는 이를 악물고 얼굴에 분이 가득하였다. 버클이 달린 반대쪽 혁대 끝을 쥐더니 그는 머리 위로 휘둘러 조우 부인의 몸에 버클이 떨어지게 했다. 노블 하트와 제이드 문은 갈비뼈가 '딱' 하고 부서지는 소리를 들었다. 혁대를 한 번 더 휘두르자 가속이 붙은 버클이 이번에는 그녀의 얼굴에 맞았다. 뺨이 깊이 패여 얼굴과 턱에서 피가 줄줄 흘러 내렸다. 이 시점에서 조우 부인이 두 번째로 기절한 것은 자비로운 일이었다. 때리고 또 때리고 장교는 매질을 계속했다. 아무 손도 댈 수 없는 비극을 혐오스러워 하며 노블 하트의 눈은 전신주에 묶여 있는 무방비한 몸에 자석과도 같이 붙어 있었다. 그 안에 있는 기자 의식이 무의식적으로 튕겨 나와 매질을 세고 있었다. '하나, 둘, 셋, 넷,… 서른여덟, 서른아홉, 마흔.'

*

노블 하트는 아직도 신문사에 날마다 출근을 하였다. 신문 이름은 해방일보로 바뀌었다. 도시에 있는 모든 다른 근로자처럼 정부의 신조 때문에 그의 직업에서도 어쩔 수가 없었다. 정문에 있는 열네 개의 총알구멍을 보는 것만으로도 위로를 받을 지경이었는데 왜냐하면 그것은 일본이 무자비하게 비행기로 포탄을 투하했을 때 그에 대항해서 충칭 주민이 용감하게 맞서 싸운 흔적이었기 때문이었다. 안으로 들어가면 그의 책상도 같았고 더 안쪽에서 나는 인쇄기의 덜컹거리는 소리도 똑같았다. 그러나 변화가 있었다. 정부 스파이가 편집실 안의 모든 사람과 일들을 감시했고 인쇄실도 마찬가지였다. 가장 참기 어려운 것은 덩씨가 편집장에서 관리인이 되어 비와 쓰레받기를 들고 다니는 것을 보는 일이었다.

"그를 곁에 두는 유일한 이유는 그를 감시하기 위해서이야. 그는 결국 가족과 함께 다 잡혀갈 거야. 미래가 암담해." 노블 하트가 제이드 문에게 설명했다.

덩씨의 책상에는 황 동무가 편집장으로 앉아 있었다. 그는 신문에 대해서는 아무 것도 몰랐지만 정치적으로 신뢰를 받고 있는 공산당원이었다.

'솔직하게 말해서 지금 편집장은 필요가 없다. 모든 일이 베이징에서 나오는 선전뿐이니. 기자도 필요 없지. 이건 더 이상 신문이라고 할 수 없어. 그저 종이일 뿐이야.'

중국은 한국 전쟁에 개입해서 북한 편을 들고 있었다. 그래서 매일 나오던 만화가 '미국을 쳐부수는 중국' 이라는 주제로 바뀌었다. 가장 인기가 있는 그림은 엉클 샘이 중국 어린이의 창에 찔려 옆구리에서 빨간 잉크가 흐르는 그림이었다. 베이징에서 온 다른 그림은 미국 시카고의 한 상점에 '말고기 할인' 이라는 커다란 사인이 붙은 것이었는데 그것을 설명하기를미국 사람이 너무 가난해져서 말고기를 먹을 정도가 되었다고 하였다. 미국에서는 말고기가 애완용 짐승의 먹이라는 설명은 아무데도 없었다.

어느 날 새 편집장이 노블 하트를 불러 들였다. "기사를 하나 써 주면 좋겠는데. 거지들이 해방 전에 비해서 지금 얼마나 살기가 좋아졌는지를 써 주시오." 그는 주소를 써서 기자에게 건네주었다. 전에 거지였던 사람들이 살고 있는 보호소 주소였다. 사무실을 나갈 수 있는 임무가 주어져서 걸어서 가기로 마음을 먹고 기분 좋게 그곳을 향했다. 사실 그에게 선택권이라고는 거의 없었다. 인력거도 없었다. 인력거를 타는 사람과 끄는 사람의계급 차가 빤히 보이기 때문에 없앴다. 도시가 자랑하던 세 대의 택시는 벌써 오래 전에 군에 차출당했다. 그리고 버스는 그 언제보다도 더 복잡했다. 거지 보호소로 가는 문은 운동장을 향해 열려 있었다. 노블 하트가 문에 들어서자마자 본 것이 무엇이었겠는가? - 그 두 장님이었다. 한 사람은 다른 사람의 셔츠 꼬리를 손으로 감고 있었고 운동장 안에서 빙빙 돌고 있었다.

'아니, 대화재 때 만난 친구가 둘 다 여기 있네. 교회에서 얻어 입은 셔츠를 아직도 입고 있잖아.'

"웨이! 안녕하시오?" 노블 하트는 그들에게 다가가며 말을 걸었다.

"아. 리선생님, 당신이었군요!" 둘은 거의 한 목소리로 말했다. "어떻게 우리를 찾았어요?"

"예, 솔직히 말해서 당신을 찾고 있었던 것이라고 말할 수는 없어요. 내가 여기 온 것은 여기 보호소에서 모두가 얼마나 잘 살고 있는지 신문사에서 알아보고 오라고 해서 온 것이에요."

"대단해요! 보세요. 우리는 운동도 하고 몸무게도 잘 유지하고 있어요." 앞에 선 사람이 말했다. "그리고 오늘 좋은 소식 이있는데요. 우리에게 비타민을 주기로 했대요. 그들은 그것을 '행복한 알약' 이라고 부른대요. 그리고 거름 공장으로 일하러 보낸대요."

몇 마디 농담을 더 하다가 노블 하트는 인사를 하고 헤어져 운동장을 가로질러 사무실로 향했다. 돌이켜 두 장님을 보니 뒷사람이 앞 사람의 셔츠 꼬리를 손가락으로 감아 잡고 있었고 두 사람의 얼굴에는 웃음이 있었다.

흐음, '행복한 알약', '거름 공장' 이라니 무슨 말일까?

또 다른 인민재판

1951년 봄

"나는 정말로 이게 싫어, 정말로" 노블 하트는 제이드 문에게 "이걸 좀봐요" 하고 말했다.

> 당신을 1951년 5월 12일 오후 4시 충칭시 충칭 수비대 본부에 있는 인민재판에 소환함.
>
> **- 수비 대장 (서명)**

"이 인민재판의 문제점은 언제나 누군가의 잘못을 정죄하는 것이오. 그것은 불법 재판의 다른 이름에 지나지 않아요. 그러나 사실 그것은 재판도 아니오. 이러한 회의에서 벌어지는 것들은 짐승만도 못한 일들이오."

"오, 노블 하트!" 제이드 문의 눈에 두려움과 공포가 가득했다. "혹시 당신을 재판에 부치는 것 아녜요?" 말을 하며 양쪽 뺨에 눈물을 흘렸다.

다음 날 아침 사무실에서 노블 하트는 빗자루와 쓰레받이가 청소 도구가 놓여 있던 자리에 놓여 있는 것을 보고 놀랐다. 편집장에서 청소부로전

락한 덩씨가 보이지 않았다. 노블 하트는 황 편집장이나 다른 스파이가 눈치채지 않게 조용히 그가 어디 있는지 물었다. 아무도 덩씨가 어디 있는지 왜 일하러 오지 않았는지 몰랐다.

거의 4시가 되어 노블 하트는 수비대 책임자가 있는 본부로 걸음을 옮겼다. 둘러보니 신문사 종업원 열두 명이 보였는데 그들은 모두 경비원 베이씨와 같이 오래 근무하던 사람들이었다. 황 편집장과 스파이 두 명도 역시 그곳에 있었다.

몇 분이 지나자 감옥이 있는 부근에서 혼잡스런 소리가 났다. 적은 무리의 사람들이 훈련장을 향해서 이동해 가고 있었는데 그곳에는 테이블과 의자, 전등이 달린 장대가 있어서 그곳이 재판 장소임을 알 수 있었다. 노블 하트는 그의 옛 보스인 덩 편집장이 손이 뒤로 묶여 한 가운데 앉아 있는 것을 보고 공포에 질렸다. '아, 안돼!' 그는 속으로 외쳤다. '그래서 그가 오늘 일하러 오지 않았구나. 잡혔던 거야! 그리고 지금 그 재판이 열리는 것이고!'

노블 하트는 이 심각한 순간에도 기자 정신을 발휘하였다. 그는 제복을 입은 장교에게 다가가 아무렇지도 않은 듯이 물었다. "그가 무슨 잘못을 저질렀는가요?"

"물론이요!" 장교가 딱 부러지게 말했다. "그가 죄가 없다면 우리가 그를 잡았겠소?"

노블 하트는 그 말에 대답할 말이 없었다. 그는 모르는 구경꾼들 사이에 피난처를 찾았다. 그를 모르는 사람들 틈에 있고 싶었다. '아무도 나를 몰라 봤으면 좋겠는데 - 지금 내가 바라는 것은 그것뿐 이야.' 하고 속으로 말했다.

“타이 동무!” 책임 장교인 탕 대위가 소리쳤다. 군중은 조용해졌다. 그들은 경험상 그러한 인민재판에서 얼마나 심각한 일이 일어나는지를 잘 알았다.

노블 하트는 상습적인 말썽꾼이던 인쇄실의 전기 기사를 알아보았다.

“타이 동무, 덩 리후아를 안지 얼마나 되었소?”

“13년입니다.”

“덩 리후아가 당신에게 어떻게 대했소?”

“지독했습니다!”

“그가 당신을 어떻게 대우했는지 사람들 앞에서 예를 들어 보시오.” 그러고는 탕 대위는 무리에게 손을 흔들어 보였는데 마치도 그들이 덩 편집장의 운명을 결정하는 사람들인 것 같은 제스처였다.

“설날에 보너스를 너무 적게 주었습니다.”

‘아니, 황 편집장 밑에서는 한 푼도 받지 못했으면서!’ 노블 하트는 혼자 속으로 말했다.

“다음 증인, 타오 동무!”

타오 동무가 나왔을 때 노블 하트는 전략이 바뀌었음을 감지했다. 뭐라고 말해야 하는지 코치를 받은 사람인 것이었다.

“덩 리후아 밑에서 얼마나 있었는가?”

“13년입니다.”

“덩 리후아에게서 인민들에게 해가 되는 일을 한 것을 본 일이 있소?”

“있습니다.”

"그것이 무엇이었소?"

"그는 배반자 창카이섹의 꼭두각시이고 애완견이었습니다."

"예를 들어 보시오."

"일본과 전쟁이 있었을 때 저는 그가 양쪽 엄지손을 들어 보이며 '창카이섹은 대단한 사람이야' 라고 말하는 것을 보았습니다."

중얼거리는 소리가 군중으로부터 들렸다. 이 고발은 심각한 것이었다.

"더 말할 것이 있는가?"

"예, 언젠가 창카이섹은 그에게 자신이 서명한 사진을 주었습니다. 그는 그것을 사무실 벽에 걸어 놓았는데 아직도 그곳에 걸려 있습니다."

노블 하트는 숨을 들이 쉬었다. 이 증언은 금방 효과가 있었다. 그렇지만, 틀림없이 사진이 아직도 벽에 있다는 것은 거짓말이야. 그가 직접 내리는 것을 내 눈으로 보았다. 그리고 그는 일하는 소년에게 그것을 찢어버리라고 말했다.

"그래, 말한 것은 전부 틀림이 없는가?" 탕 대위는 타오 동무에게 계속해서 물었다. "그 사진이 현재 확실히 벽에 걸려 있는가?"

"확실합니다. 바로 어제도 거기에 있는 것을 보았습니다."

'어떻게, 어떻게 그럴 수 있단 말인가?' 노블 하트는 생각했다. '그것이 사실이라면 그의 목 가까이에 올가미가 있는 것이다.'

"충분하오!" 탕대위는 외쳤다. "그 사진이 신문사 사무실 벽에 지금 걸려 있다면 덩 리후아 사건에 대한 증거는 다 가지고 있는 셈이오. 자 이제 신문사로 자리를 옮깁시다. 여기 있는 사람은 모두 나를 따라 오시오. 우리는 나갈 것이오. 이 모임은 장소를 바꾸어서 속개할 것이오!"

노블 하트는 길에서 주저했다. 그는 자기의 친구인 편집장에게 가까이 가고 싶은 마음이 굴뚝같았다. 손으로 그를 잡고 팔로 그의 어깨를 감싸고 싶었다. 위로의 말을 하고 싶었다. 그러나 이 모든 것은 부질없는 생각이었다. 만일 고소당한 사람에게 조금이라도 동정심을 보인다면 그것은 자살 행위나 마찬가지였다.

그럼에도 불구하고 그는 할 수 있는 대로는 최선을 다했다. 군중이 신문사로 향해 이동하고 있을 때 위험을 무릅 쓰고 편집장에게 가까이 가서 군중 속에서라도 그를 알아봐 주기를 희망했다. 가까이 갔을 때 정나미가 떨어지는 장면을 보았다. 그를 호송하는 군인이 무자비하게 편집장을 밀며 재촉하고 있었다. 그는 울퉁불퉁한 길에서 걸리기도 하며 보통 때 하지 않던 움직임에 뚱뚱한 몸을 가누지 못해 헐떡거렸다.

신문사에 도착하자 노블 하트는 운명적인 벽의 그림이 잘 보이는 곳에 자리 잡았다. 이거 봐라, 잠깐, 저건 편집장의 가족사진이다. 몇 달 간 계속 걸려 있던 그대로야. 틀림없이 남편과 아내와 세 아이들이 사무실에서 떠들썩하며 안절부절 못하는 사람들을 고요하게 내려다보고 있는 사진이었다.

"조용히 하시오!" 탕 대위가 소리쳤다.

침묵이 사무실 안에 퍼져 거리에 까지 흘러 나갔다.

"타오 동무!"

"여기 있습니다."

"자, 타오 동무, 당신이 말한 사진을 사람들에게 보여 주시오." 탕 대위는 모인 무리에게 과장된 몸짓을 하였다.

"저기 벽에 있습니다."

"나도 저 사진을 보고 있소. 그러나 그것은 남자와 여자와 아이들 뿐 아니오."

노블 하트는 금방 그가 연극을 하고 있음을 알았다. 그의 역할을 잘 하고 있는 것이었다.

"예, 그렇지만 저 사진의 뒤에 무엇이 있는지는 보지 않으셨지요." 타오 동무가 대답했다.

"오," 놀란듯이 과장하며 탕대위가 말했다. "저 뒤에 무엇인가 있단 말이오?"

"예, 저 뒤에 무엇인가 있습니다."

"그러면 그것을 사람들에게 증명해 보일 수 있어야 하오." 다시 모인 사람들을 향해서 과장된 제스처를 했다. 탕 대위는 사진을 가볍게 손가락으로 튕겼다. 타오 동무는 벽 쪽으로 가서 걸려 있는 사진을 내려서 손톱으로 뒤쪽을 찢기 시작했다. 그는 금방 골판지를 떼 내었다. 그리고 앞에 있던 가족사진과 방금 떼어낸 골판지 사이 중간에서 의기양양하게 창카이섹의 사진을 꺼내었다.

'아, 안돼!' 노블 하트는 속으로 외쳤다. '바로 그 사진이구나!' 그리고 기억 속에서 숨기려고 해도 숨길 수 없는 이야기를 기억해 냈다.

덩 리후아

충칭 폭격을 충성스럽게 보고하여

이 도시에 대한 사명을 성실히 감당하였기에

이를 기념하여 드립니다.

— 창카이섹 (서명)

총통의 사진을 가까이서 볼 수 있었던 사람들은 믿을 수 없는 충격으로 숨이 멎는 듯 했다. "이리 좀 줘 보시오!" 탕 대위가 명령했다. 타오 동무는 공손하게 사진을 갖다 바쳤다. 탕 대위는 경멸스런 태도로 그걸 받아들였다. 마치도 죽은 뱀이라도 취급하는 듯이.

"덩 리후아, 이것이 당신 사진이오?" 덩 편집장은 대답하지 않았다.

"무슨 할 말이 있겠어? 이 창카이섹의 아첨꾼, 애완견 같은 자식!"

탕 대위의 목소리가 높아지고 있었다. 노블 하트는 즉시로 그 의미를 알아듣고 있었는데 그것은 덩 편집장의 마지막을 알리는 시초였다. 이제 탕 대위는 두 손으로 사진을 들어 모인 사람들에게 보여 주었다. 그는 덩 편집장에게로 걸어 와서 사진을 그의 얼굴에 던졌다. "네 친구 좀 보지? 어디 지금 한번 도와달라고 해봐!" 덩 편집장은 조용히 있었다. 노블 하트는 편집장이 대답할 말이 없는 것을 알았기 때문에 그의 평온한 모습을 존경했다. 그러나 그의 얼굴과 앞이마에는 흐르는 땀으로 보아 그가 얼마마한 공포 속에서 긴장하고 있는가를 알 수 있었다. 그 긴장과 압박은 순간순간 그 강도가 더해갔다. 모든 사람의 눈이 편집장에게 쏠렸다. 노블 하트는 속으로 말했다. '저게 나일 수 있는 거야. - 그리고 내 주위의 다른 사람들도 같은 생각인 거야.'

"하! 너 뱀 새끼 같은 창카이섹 친구였지?" 대위는 이제 조롱하고 있었다. 그의 얼굴은 점점 더 빨개졌고 목소리는 날카로웠다.

"하! 양 엄지손가락을 들었다지? 창카이섹이 훌륭하다고 했다지?" 노블 하트는 이쯤이면 종말이 곧 다가왔음을 알았다.

"타이 동무!"

"여기 있습니다."

노블 하트는 전기 기사를 다시 부르는 이유가 뭔지 몰랐다. 그의 증언은 다른 사람을 곤궁에 빠뜨릴 정도는 아니었기 때문이었다.

"타이 동무, 당신은 전기 기사지요."

"예."

"이 신문사에서 일했소?"

"예."

"저 뒤 인쇄기 전깃줄이 어디 있는지 알고 있죠?"

"예."

"그럼 거기로 가서 굵은 줄로 두 개를 1미터 되게 잘라 오시오. 그리고 망치와 나사 드라이버도 함께 가지고 오시오."

도대체 뭘 하려는 거지? 노블 하트는 속으로 숨이 멎는 듯했다.

대위는 태연하게 사진을 벽으로 가지고 가서 다시 걸었다. 그러나 그는 가족사진을 빼내고 그 자리에 창카이섹 사진을 밀어 넣었다. 얼마 되지 않아 타이 동무가 지시 받았던 전선과 망치와 드라이버를 탕 동지 앞에 있는 책상에 마치도 신에게 제물이라도 드리듯이 공손히 갖다 놓았다.

"망치와 드라이버로 덩 리후아의 사무실로 들어가는 문, 아니지, 예전에 그의 사무실이었던 문 상지방에 구멍을 두 개 내시오. 구멍 사이를 50센티가 떨어지게 하시오."

탕 동무는 마치도 죽은 닭을 움켜쥐고 있는 여우처럼 얼굴에 능글맞은 표정을 만족스럽게 지으며 앉아 있었다. 타이 동무는 재빨리 지시대로 하기 위해 상지방에 닿기 위해 문 밑에 긴 의자를 옮겨 놓았다.

'뭘 하는지 모르겠군. 좋은 일을 하려는 것은 아니지.' 노블 하트는 속으로 생각했다.

'쾅! 쾅! 쾅!' 타이 동무는 금방 의자에서 내려 망치와 드라이버를 대위 앞에 있는 책상 위에 놓았다. 탕 대위는 손에 1미터 되는 전깃줄을 들고 의자 위로 올라갔다. 그는 전선의 한쪽 끝을 구멍에 넣어 뒤로 안전하게 묶고 다른 한쪽은 그냥 매달아 놓았다. 그러고 나서 다른 줄을 가지고서도 똑같이 하였다. 노블 하트는 극심한 공포 가운데 그것을 지켜보았다. 다시 바닥으로 내려온 대위는 편집장 앞에 곧바로 서서 호통을 쳤다. "저 의자 위에 서라! 창카이섹 사진을 마주 보아라! 두 엄지손가락을 높이 들어. 창카이섹에 찬동하는 놈에게 어떤 일이 일어나는 지를 내가 보여 주겠다!"

편집장은 힘겹게 의자 위로 올라가다가 바닥에 털썩 하고 넘어졌다. 힘이 없어서인지 자신의 무거운 몸무게를 감당하지 못해서 균형을 잃었는지 노블 하트는 알지 못했다. 세 명의 군인이 편집장을 붙잡아 의자에 세웠다. 그들이 그를 곧바로 세웠을 때 대위도 같이 뛰어올라갔다. 그리고 대위는 흔들리는 전깃줄 하나를 잡더니 편집장의 오른쪽 손가락을 묶었다. 너무 세게 묶어서 살이 찢어지고 피가 튕겨 나왔다. 그리고 그것이 풀어지지 않도록 매듭을 만들었다.

"아야!" 편집장의 꽉 다문 이빨 사이로 신음 소리가 났고 얼굴은 종잇장처럼 하얘졌다. 대위는 다른 쪽 선으로 왼쪽 엄지를 묶었다. 역시 꽉 묶어서 피가 품어나게 했고 또 매듭으로 묶었다. “뒤로 물러서!” 대위는 군인들에게 명령했다. 대위는 편집장이 서 있는 의자를 한 번에 발로 걷어찼다. 그의 몸이 전깃줄과 반대로 급히 한쪽으로 기울더니 잠시 동안 떨렸다. 손가락은 공중에 매달려 흔들렸고 몸은 바닥에 떨어졌다. 공포에 질린 신음소리도 그의 입술에서 사라졌다.

노블 하트는 공포에 질려 기절할 지경이었다. 그래서 대위가 ‘회의가 끝났다’ 고 말하는 소리도 듣지 못했다. 잠시 후에 정신이 돌아와서 보니 자기가 열네 발의 총알 구멍이 있는 문에 쓰러져 기대고 있음을 알았다. 사람들 중 반은 돌아갔고 다른 사람들은 아직도 오가고 있었다. 혼란스러운 와중에서 노블 하트는 슬그머니 안으로 들어갔다. 한참 동안 노블 하트는방바닥에 누워 있었다. 귀는 문 밑 틈에서 나는 소리를 듣고 있었다. 점점신문사에서 벌어진 소동은 잠잠해 지고 있었다. 그가 기다리던 소리가 난것은 아마도 그로부터 두 시간 쯤 지나서였다. 정문 뒤에 있는 장소에 두꺼운 나무로 된 무거운 문빗장이 마침내 내려졌다. 그 소리는 경비원 베이노인만 안에 남고 나머지 사람은 전부 나갔다는 표시였다.

모두라고 했지만 덩 편집장은 아니었다. 노블 하트는 공산주의자들이 사형을 집행하고는 희생자를 그 자리에 그대로 두어서 친척들이 처리하도록 하는 것을 알고 있었다. 그는 편집장의 몸에 조금이라도 생명이 남아있었으면 하는 부질없는 희망을 가지고 있었다. 그가 사무실로 뛰어 들어갔을 때 베이 노인은 편집장의 몸을 어떻게 해야 하나 하는 표정을 지으며살펴보고 있었다. 그 난감한 표정은 노블 하트를 보더니 희망으로 바뀌었다. 두 사람은 편집장을 받치고 있던 의자 세 개를 빼냈다. 그리고 노블 하트는 인쇄실로 달려가서 펜치를 가지고 돌아왔다. 그는 재빨리 전깃줄 두개를 끊고 될 수 있는 대로 부드럽게 편집장을 낮은 간이침대에 옮겨 눕혔다. 노블 하트는 편집장의 손목을 쥐고 맥박이 뛰는지 살펴보았다. 맥박은 멈춰있었다. 그러자 그는 그의 셔츠를 찢어 열고는 가슴에 귀를 대 보았다. 아무 소리도 들리지 않았다.

낙담과 좌절 속에서 노블 하트는 편집장의 엄지손가락에서 전깃줄을 제거하는 섬세한 작업을 하기 시작했다. 이 일은 쉽지 않았는데 엄지와 손이 부어 있는데다가 엄지는 검게 변해 있었기 때문이었다. 마침내 일을 마치자 그들은 팔과 가슴을 마사지하고 찬 헝겊으로 얼굴에 대 보았다. 그러나 아무 소용이 없었다. 편집장은 이미 한참 전에 죽었다.

*

"카이먼! 카이먼! 문 열어요! 문 열어요!"

"누구세요?"나이 든 여자 목소리가 안에서 들렸다.

"노블 하트와 제이드 문입니다. 덩 부인 집에 계십니까?"

"기다리세요."

이중문에서 커다란 나무 막대가 삐걱거리며 옮겨지는 소리, 그리고 덜컹! 하고 그것이 구석에 세워지는 소리가 났다.

"들어오세요! 들어오세요!"그것은 바로 덩 부인의 목소리였다.

그들이 안으로 들어가자 나이든 하인은 다시 문에 빗장을 질러 닫았다.

"오늘 일어난 일에 대해서 뭐라 드릴 말씀이 없고 정말로 저희에게 얼마나 유감스러운지 모르겠습니다." 노블 하트의 목소리는 긴장해 있었다.

"감사합니다. 이렇게 와 주시다니 정말로 친절하십니다." 덩 부인이 대답했다. “그렇지만 이런 일이 있을거라고 마음 준비를 하고 있었습니다. 2주 전에 하나님께 앞으로 어떤 일이 일어날지 사인을 보여 달라고 기도하고 있었습니다. 나에게 ‘디모데 후서 3장 12절을 읽어라’ 하는 목소리가 들리는 것 같았습니다. 그 구절이 뭔지 전혀 몰랐기 때문에 성경을 펴보았지요. ‘그리스도 예수 안에서 경건하게 살려고 하는 자는 고난을 받으리라.’ 그 글씨들이 튀어나오는 듯 했습니다. 저는 남편이 창카이섹 편이었기 때문에 그들이 틀림없이 복수할 것을 알고 있었습니다.”

그렇게 말하면서 덩 부인은 목소리를 낮추고 커튼 뒤에 엿듣는 사람이라도 있는 듯이 어깨 위로 넘어다보았다. 그녀가 노블 하트와 제이드 문에게 등을 돌렸을 때 어깨에 약간 경련을 일으켰다.

바로 그때 하인이 들어와서 말했다. “마님, 어떤 사람이 문앞에 서 있는데요, 소년 같아요. 자기 이름이 황한인데 덩 서방님 밑에서 일했대요.”

노블 하트와 제이드 문은 서로 쳐다보았다. 그는 신문사에서 온 급사였다. 창카이섹의 사진을 없애라는 말을 들었던 소년이었다.

“들어오라고 하세요.” 덩 부인이 말했다.

한은 방에 뛰어 들어왔다. 늘 하던 전통적인 인사 대신에 그는 덩 부인 앞에서 무릎을 꿇고 말하는 대신 신음했다. “오! 덩 사모님! 저를 용서해 주세요! 저를 용서해 주세요!”그러더니 무릎 꿇는 것으로는 충분하지 않는 듯이 바닥에 납작 엎드려서 다시 신음했다. “오! 사모님! 저를 용서해 주세요!”

덩 부인은 그를 손으로 잡아 일으켰다. 사태를 알아차린 노블 하트도 그를 일으켜 의자에 앉혔다. 그는 아직도 고통스러워하며 웅크리고 있었다.

“보온병에서 차를 좀 갖다 줘요.” 덩 부인이 나이든 여인에게 시켰다. 따뜻한 차를 몇 모금 마시자 한은 정신이 드는 것 같았다.

"덩 사모님, 저는 편집장께 일어난 일을 듣고 너무도 놀랐습니다. 전부제 탓이었기 때문입니다. 저도 목을 매어 자살하려고 했지만 제가 뛰어 내리기 전에 아버지가 저를 발견하셨습니다. 그는 제가 당신을 뵈어야한다고 말했습니다. 가족의 이름을 더럽히지 말라고 말했습니다. 제가 일부러 그러지 않았기 때문입니다. 절대로 고의로 하지 않았습니다."

그리고 한은 펑펑 울었다.

"여기, 그저 차 좀 더 마셔."노블 하트는 한이 울지 않고 말을 계속하도록 격려했다. 한은 그렇게 했는데 이 세상에서 비록 컵을 쥐고 있는 일일지라도 할 수 있는 일이 있다는 것이 다행인 듯이 그 말에 순종했다.

"이제, 한, 어떻게 된 것인지 말해봐."

"예, 그 사진이었어요. 편집장님이 없애라고 한 그거요. 그대로 없애 버렸으면 얼마나 좋았을까요. 그런데 저는 그것을 쓰레기통에 던져 버렸어요. 그리고서 저는 사모님과 아이들 가족사진을 액자에 꽂아 놓으려고 했지요. (덩 부인을 보고 고개를 끄덕이며 이 말을 했다.) 그런데 액자가 너무 헐거웠어요. 그래서 쓰레기통에서 꽉 끼게 넣을 수 있는 것이 없을까하고 찾아보았어요. 딱 맞는 것이 있어서 그걸 끼워 맞추었는데 그것이 바로 그 원수 같은 사진이었어요!"한은 다시 울음을 터뜨렸다.

"그걸 편집장이 없애라고 하지 않았느냐?"노블 하트가 대답을 요구했다. 제이드 문은 그의 발가락을 밟으며 참으라는 신호를 보냈다. 그러자

그는 입을 다물었다.

"없애라는 말을 그저 그곳에서 내리라는 말로 들었어요. 그래서 보이지

않게 가족사진 뒤에 그저 골판지처럼 사용한 거지요. 그런데 그렇게 넣을 때 저 배신자 타오가 보았나 봐요."

'그리고 타오는 그것으로 새 지도부에게 신임을 얻었고 그들은 그것으로 눈에 가시를 제거하는데 즉시로 이용한 거지.' 노블 하트는 생각을 정리했다.

한은 결심한 듯이 일어섰다. "사모님, 이제 가겠습니다. 저도 목 매달아 죽겠습니다. 제가 할 수 있는 일은 그것밖에 없습니다." 그는 돌아서 문을 향해 갔다. 그러나 덩 부인은 일어서서 몸으로 밖으로 나가는 길을 막았다. "한, 그런 일을 해서는 안돼요! 죽은 사람은 한 사람으로 족해요. 두 명 죽으면 안돼요. 그것보다 하고 싶은 말이 있어요. 중요한 거예요. 오늘 한은 나에게 용서를 구하러 왔지요. 나는 당신을 완전히, 아무 조건 없이 용서합니다. 나는 크리스천입니다. 예수 그리스도는 내 죄를 용서하시고 그가 나를 용서하신 것처럼 나에게 다른 사람을 용서해야 한다고 말씀 하십니다."

"사모님 말씀은 저," 그는 침을 꿀꺽 삼켰다. "정말로 저를 용서하시는 거예요?" 이것은 그가 전에 들어 보지 못한 이야기였다.

"그래요, 한. 내가 당신을 용서하니 당신도 자신을 용서해야 합니다."

"그럼, 저, 제가 자살할 필요가 없다는 말씀이세요?" 그는 초조하게 말했다.

"예, 자살할 필요 없어요. 그것은 일을 더 나쁘게 만드는 거예요."

"고맙습니다. 사모님. 아버지께 사모님께서 용서해 주셨다고 말할 게요. 그러면 마음이 놓이실 거예요!"

일이 이렇게 되어가는 동안 노블 하트와 제이드 문은 꼼짝 않고 서 있으면서 그들 앞에 있는 두 사람의 얼굴에 쓰여 있는 표정을 보고 그들이 말하는 소리를 들었다.

한이 가고 나자 커다란 문이 다시 닫히는 소리가 났다. 노블 하트는 덩 부인에게 돌아섰다. "덩 부인, 이런 놀라운 사랑을 베푸시는 힘이 어디에서 오는지 알고 싶습니다. 남편의 죽음에 책임이 있는 사람을 용서해 주다니요! 그건 마치 저에게 주신 작은 책에 쓰여 있는 대로 예수가 자기를 죽이는 악당들을 위해서 위해서 "아버지, 그들을 용서해 주세요." 하고 말하는 것과 같군요!"

"한군이 한 일을 그렇게 크게 잘못한 것으로 과장해서는 안됩니다. 그들은 제 남편을 잡으려고 나갔고 사진이 있든지 없든지 조만간 그런 일을 했을 것예요. 그들이 일을 꾸미려면 얼마든지 핑곗거리를 쉽게 찾았을 거예요. 그러니 남편의 죽음으로 인해 저 젊은 사람이 죽는다면 얼마나 더 슬프겠어요. 그가 누구를 해하려고 한 것이 아니니까요."

"그래도 제게는 충격적인……" 노블 하트가 시작하려고 하자 제이드 문도 말했다.

"저도 감동했습니다. 크리스천이 된지 얼마나 되셨어요?"

"어릴 때부터요. 부모님이 강 아래 수조우 교회에서 지도자로 계셨어요." 대화는 오래도록 지속되었다.

집에 와서 노블 하트는 브라잇 빅토리, 브라잇 로열티, 로터스 훌라우어를 모두 불렀다. 그들은 무슨 중요한 일이 있음을 알고 있었다. 부모님이 그렇게 은밀하게 모두를 모이게 한 것은 6개월 만에 처음이었기 때문이었다.

"얘들아, 아버지 상사였고 좋은 친구셨던 덩 편집장이 돌아가셨다. 그분에게는 아무 잘못도 없었고 오히려 친절하고 선량한 분이셨다. 이제 우리는 모든 것이 아주 다르게 되어 갈 것임을 알아야만 한다. 새로운 시대가 이 나라에 시작되었다. 내가 충칭 대화재 얘기를 해 주었지? 아마도 불 가운데서 사는 것과 같은 삶이 될 게다. 불은 위험한 것이지. 사람을 죽이기도 하고 무서운 고난을 당하게도 한다. 그러나 불이 나쁜 것만은 아니란다. 제련하고 정결하게도 할 수 있다. 옛말에도 있듯이 '순금은 제련하는 불을 두려워하지 않는다.'

얘들아, 나는 최근에 내가 너희 나이 때에 배웠어야만 하는 것을 이제야 배운 것이 있다. 하늘에 위대한 하나님이 계시고 그분을 믿고 의지하는 사람들을 돌보신다는 것이다. 나는 그분이 우리를 죽이지 않고 살리시고, 불을 사용하셔서 우리를 제련하실 것을 믿는다.

우리는 마침내 끝에 가서는 평안할 것이다. 막스나 마오가 우리 무덤 위에 올라서서 갖는 그런 평화가 아니다. 우리의 평화는 우리의 양심을 따라서 사는 데서 오는 것이고 우리가 살면서 사람들 앞에서 하나님이 제일 첫째임을 인정할 때 올 것이다."

노블 하트가 평균하게 하다

1951년 여름

어느 날 아침 배를 타고 일하러 가는 길에 노블 하트는 난간 아래에 얼굴을 숙이고 양쯔강 흙탕물 속의 소용돌이를 유심히 바라보는 척하고 있었다. 그러나 그의 머리속에는 새로운 중국이라는 새로운 사회에 흐르는 사나운 강의 소용돌이를 생각하고 있었다. 그 끝을 알 수 없는 변화는 훈련된 지성조차도 어리둥절하게 만들었다. - 해방, 토지 개혁, 반미구한(미국 반대, 한국 구원), 자본가와 지주 숙청, 토지 재분배, 산업의 국유화, 사업, 학교, 교통, 병원, 은행, 모든 사유 재산의 몰수, 밤마다 하는 끊임없는 지시 수업, 그리고 이제는 고발 회의…….

그는 자기도 모르는 사이에 한숨을 쉬었다. 그리고 마음속의 소용돌이를 벗어버리기라도 하듯이 벌떡 일어서서 어깨를 활짝 펴고 심호흡을 하였다. 그렇게 했을 때 강에서 시내 쪽으로 있는 언덕 위 높은 곳에 낯익은 건물이 보였다. - 두 소경이 살던 거지 보호소였다. 그러자 그의 마음속에 그들이 사용했던 표현 두 가지가 떠올랐다. '행복한 알약' 과 '거름공장'. 그 소경들이 어찌 되었는지 너무나 궁금하여 노블 하트는 신문사로 가기 전에 거지 보호소로 직행했다. 그가 운동장에 도착했을 때 그 두 친구가 아직도 계속해서 운동장을 돌고 있는 것을 보고 안심을 했다. 더운데도 불구하고 뒷사람은 앞 사람의 셔츠 꼬리를 손가락으로 감아쥐고 그렇게 빙글빙글 돌고 있었다.

"우리는 이제 언제라도 거름 공장에 갈 수 있어요." 그들은 매우 즐겁게 말했다. "근데 그들은 우리에게 아직 행복한 알약을 안 주었어."

"여기 그늘에 앉으세요. 잠깐 할 말이 있어요. 혹시 옛날에 어디서 사셨어요?"

"우리는 청두 남쪽에 있는 펭산군에서 왔어요. 우리 이름은 둘 다 펭이고 사촌이라우."

"펭산에는 어른들을 돌봐줄 사람이 있어요?"

"물론 있지. 그들은 우리 가족인걸."

노블 하트는 자기가 방문한 이유로 들어갔다. "거름 공장에서 일하러 가기 전에 집에 다녀오시면 어떻겠어요?"

"어떻겠냐고!" 그들은 한 목소리로 말했다. "고향에 갈 수만 있다면 얼마나 좋을까! 그러나 우리는 기차나 버스표를 살 돈이 없어요."

"표는 어떻게든 해보겠어요. 그렇지만 여행 허가는 직접 받으셔야 해요. 제가 말하는 대로 하시겠어요?"

"예, 선생님! 예, 선생님!" 한 목소리로 함께 대답했다.

"알았어요. 이렇게 합시다. 새로운 일을 맡기 전에 집에 가고 싶다고 하세요. 잘 들으세요. 펭산군이 아니라 펭군으로 가고 싶다고 하세요. 거짓말을 하는 것이 아니에요. 펭산군으로 가는 길목에 펭군이 있어서 거기를지

나가야 하니까요. 제가 말한 대로만 그대로 말하세요. 제 이름을 말하면 안 됩니다. 만일 누가 길을 안내할 거냐고 물으면 집에서 충칭까지 온 것처럼 거기로 다시 갈 수 있다고만 말하세요. 아시겠어요?"

"예, 선생님! 예, 선생님!"

"좋습니다. 오늘 여행 허가를 신청하세요. 지금 바로요."

"예, 선생님! 예, 선생님!" 한 목소리였다.

노블 하트의 다음 장애물은 황 편집장에게 자기가 충칭에서 이틀 걸리는 펭산 군으로 가야할 필요가 있음을 확신시키는 일이었다. 펭산군은 아주 작은 마을이어서 그곳에 가는 사람이 매우 적었다.

"제게 좋은 생각이 있는데 아주 히트를 칠겁니다. 정부는 쓰촨 서부에있는 오메이 산에 공원을 조성하려고 백만 위안을 사용할 예정입니다. 예전에는 종교를 가진 사람만 그 산을 다녀갔는데 이제 정부가 모두에게 공개해서 서부 중국에서 가장 유명한 이 산을 모든 인민이 즐길 수 있도록 하려고 합니다." 노블 하트는 마술적인 단어인 '인민' 을 할 수 있는 대로 길게 늘여 이용했다. 그 단어는 황 편집장이 가장 좋아하는 말이었다.

제이드 문을 설득하기가 더 어려웠다. "그들에게 왜 펭군으로 신청하라고 했어요? 펭산으로 가는 거잖아요?" 노블 하트는 그 성의 지도를 폈다.

"여기, 우리는 쳉두로 가는 기차를 탈 것이오. 거기서 펭산 가는 버스를 탑니다. 그들 표는 펭산행이고 내 표는 루오산행이오. 루오산은 오메이산 근처요. 그저 지도를 한번 봐요. 쳉두에서 루오산으로 가는 고속도로는 펭산을 지나지요. 그곳에 도착하면 그들은 버스에서 내리고 나는 루오산으로 계속 갑니다. 아무 문제없어요!"

"당신은 늘 아무 문제없다고 말하면서 언제나 모든 종류의 문제를 끌어안고 살지요!" 노블 하트는 조용했다. 그 말에 대답할 말이 없었다. "그리고, 당신은 정말로 그 야경꾼이 말한 대로 한번 구해주면 영원히 책임져야 한다는 말을 정말로 믿고 있는 것은 아니지요?"

"글쎄, 그의 관점에서 보면 그것을 의심할 수 없겠지만 나에게는 다른 생각이 있어요. 우리는 친구 둘이 죽는 것을 보았어요. 조우 부인과 덩 편집장요. 이제 나는 두 사람을 구해서 평균하게 하려고 해요. 그 장님들 충칭에 그대로 있으면 얼마 살지 못해요. 나는 그'거름 공장'도 매우 의심스러워요."

"그렇지만 노블 하트, 위험을 생각해 보세요!"

"그래요. 그러나 그것이 덩 부인이 우리에게 준 성경 말씀의 일부분이에요. '형제를 위해서 자신의 목숨을 내놓아야 한다.' 어쨌거나 나는 오메이산을 한번 보고 싶어요!"

열흘 후 노블 하트는 오메이산에서 돌아 왔다. 그는 제이드 문에게 이웃에서 꽃을 좀 얻어오라고 시켰다. 그리고 일요일 오후 꽃을 신문지로 싸서 시장에서 산 짚으로 묶어 그것에 손잡이를 만들었다. 그가 무엇을 들고 있나 의심하는 사람에게 그것이 시장에서 산 물건으로 보이게 했다. 고용이 되었건 안되었건 스파이들이 점점 더 많이 생겨서 사람들의 짐꾸러미에 참견을 했다.

오후 늦은 시간에 강렬한 쓰촨의 태양이 서쪽으로 낮게 지고 있을 때 노블 하트는 남쪽 둑의 뒤쪽 언덕을 오르기 시작했다. 높이 올라가서 새로만든 무덤 앞에 섰다. 그는 잠시 동안 서서 강 쪽으로 경사진 곳과 둑에서멀리 있는 도시와 도시 너머 땅으로 가라앉고 있는 커다란 태양을 바라보았다. 그리고 무덤을 향해 돌아서 손으로 부드러운 흙을 파서 작은 구멍을 만들었다. 그곳에 꽃가지를 심고 흙으로 덮어 곧바로 세워 놓았다.

"편집장," 노블 하트는 무덤 속에 있는 사람을 불렀다. "나는 당신을 구하고 싶었지만 할 수 없었습니다. 불이 너무 뜨거워서요. 그렇지만 당신과 조우 부인은 구하지 못했어도 적어도 두 명의 다른 생명을 구했다고 보고 드리러 오늘 이곳에 왔습니다. 그것으로 조금은 비겼지요. 그리고 편집장, 고마워요. 단어에 대해서 나에게 많은 것을 가르쳐 주셨지요. 제가 단어 하나를 써서 두 생명을 구할 수 있었습니다. 여행 허가서의 펑군을 펑산군이라고 바꾸는 데는 그저 펜으로 세 번만 찍으면 되었습니다. 거름 공장 사람을 찾으러 펑군으로 가도 아무도 찾을 수 없겠지요. 편집장, 안녕히 계십시오."

노블 하트는 땅거미가 지고 있는 언덕을 다시 내려와 여전히 신문지 말은 짐을 짚으로 손잡이를 해서 들고 집으로 돌아 왔다.

번개와 폭풍

1951-2년 겨울

"이거야! 그들은 마침내 투쟁 회의에 나를 나오라고 했어! 꼼짝없이 잡힌 거야." 노블 하트는 일상적인 투로 말을 하긴 했지만 조용히 긴장하며 불길한 예감을 감추지 못했다. "이것 좀 봐요," 하며 그는 제이드 문에게 빛이 바랜 조잡한 종이를 내밀었다. 그녀는 읽었다.

> 당신을 1952년 2월 23일 금요일 오후 6시 제 칠 초등학교에서 있는 투쟁회의에 소환함. 오후 6시 까지 자진 출두하지 않으면 6시 30분 동지들에 의해 강제로 연행될 것임.
> 명령을 받들어 마땅히 행동할 것.
>
> — 충칭시 수비 대장 (서명)

"이것은 체포령이오. '힘에는 대항하지 마라' 는 거지요." 노블 하트의 목소리는 가라앉았는데 덩 편집장이 살해당했을 때 이래로 제이드 문이 느끼기에 그때보다 더욱 엄숙했다. "조우 부인 때를 반복하는 것 같군. 같은 장소, 같은 시간이야. 그러나 그녀는 지주였고 시내에 집도 있었고 금과 보석도 있었지요. 나는 토지도 재산도 신문사에서 지위도 없지만, 대학 졸업자이고 덩 편집장과 관련이 있기 때문일 거요. 그리고 크리스천이고. 그런 것으로도 충분히 사람을 정죄할 수 있어."

다음 날 또 다른 고소장이 왔는데 이번에는 제이드 문과 브라잇 빅토리, 브라잇 로열티, 그리고 로터스 훌라우어를 소환하는 것이었다.

"이것은 심각해." 노블 하트가 말했다. "아마도 당신과 애들이 나를 대항해서 증인이 되라고 하는 것이 될지 모르겠군."

"어떻게 해요, 노블 하트!" 제이드 문은 울부짖었다. "내가 강에서 매일 보는 증기선 중 하나를 우리가 탈 수만 있다면! 일주일이면 상하이에 도착할 텐데!"

"그렇지만 여행 허가서 없이 배를 태워줄 선장은 없어요. 그걸 신청한지 6개월이나 되었는데. 어쨌든 제이드 문, 표를 살 돈은 충분히 있는 거요? 우린 다섯이나 되지 않소."

"은으로 50위안이 문간방 판자 밑에 숨겨져 있고 인민화 20위안을 찬장 뒤 벽에 구멍을 파서 숨겨 놓았어요. 그거면 충분할 거예요."

"정부는 일본 전쟁 피난민들을 강 아래로 돌려보내는 것을 장려하고 있소. 표를 살만한 돈이 있다면 말이지. 그러니 우리를 왜 보내주지 않겠소? 빅토리가 본 우리 가족에 대한 기록에 나를 '반혁명, 반공산주의자로 의심됨' 라고 되어 있다니 그것 때문에 지연되고 있는 건가? 우리가 그것에 대해 할 수 있는 일은 없어요. 하나 할 수 있는 일이 있다면 그것은 덩 부인과 다른 크리스천 형제들에게 기도를 부탁하는 것이오. 하나님께서 기적을 베풀어 주실지 모르지요. 지금이 그것을 잘 이용해야 할 때인 것 같소."

*

2월 23일 금요일은 충칭의 다른 겨울날처럼 춥고 어둡고 음산하게 동이 텄다. 노블 하트는 휴가를 내었기 때문에 보통 때와는 달리 학교에 가는 아이들을 집에서 전송했다. 다녀오겠다고 하고 다녀오라고 하는 그들의 얼굴에는 그날 아침 미소가 없었다.

아이들이 가고 나자 그는 제이드 문에게 말했다. "혹시 모르니까 여행허가가 나왔는지 가보겠소. 이번이 열한 번째 가는 것이오! 그러나 오늘 밤 투쟁 회의하기 전에 마지막으로 물어서 해될 건 없겠지. 누가 알아? 하나님이 우리에게 기적을 베풀어 주실지." 노블 하트는 늘 하던 대로 강을 건너는 배를 탔다. 배를 타려고 발을 올려놓자 이상한 감정이 그를 덮으며 이것이 익숙한 배를 타고 도시로 들어가는 마지막 여행이 될 것이라는 생각이 들었다. 그것은 사전 경고였는지 아니면 굼뜨고 위협하는 하늘에 대한 불안한 마음의 반영이었는지?

그는 "공공 보안국" 이라고 쓰인 커다란 문을 통하여 마당을 지나 들어가서 "외무부" 라는 팻말이 붙은 그보다 작은 문을 향해서 걸어갔다. 지금 서중국에는 러시아인을 빼고 외국인은 없었기 때문에 외무부에서는 거의 하는 일이 없어 해안으로 가는 여행 허가서를 발급해 주고 있었다. 노블 하트가 문을 열자 20세도 안된 여자가 방의 반대편 책상 앞에 앉아 있는 것이 보였다. 그러한 중요한 직책에 그렇게 어린 여자 아이가 책임자로 앉아 있다니 대단한 정부라는 생각이 스쳐 지나갔다. 핑 리안은 상동주에 있는 장로교 목사의 딸이었는데 투쟁 회의에서 자기 아버지를 반대하여 증언한 것으로 중앙아시아의 신장으로 추방시킨 이후에 급승진하였다. 핑 리안은 유능했고 냉소적이었는데 모두가 입는 그 헐렁한 바지와 마오 잠바 대신에 여자처럼 입으면 아름다웠을 거라고 노블 하트는 생각했다.

노블 하트가 들어오는 것을 보자 핑 리안은 아랫입술을 가볍게 물었다. 그리고는 새 정권의 상징인 무뚝뚝하고 웃지 않는 말투로 내뱉었다. "당신은 운이 좋다고 생각하겠지? 여기 다섯 개의 허가서가 있소. 이 책에 서명하시오."

서명을 하고 나서 노블 하트는 옛날의 혁명 전에 하던 예절을 본래대로 돌이키고 싶은 유혹을 참기 어려웠다. 그러나 그는 그저 단순하게 "고맙습니다." 고 말했다.

"나에게 고맙다고 하는 것 보다 더 좋은 것을 알고 있지 않소. 나는 내 임무를 수행할 뿐이오." "알았습니다." 노블 하트는 자신도 놀랄 정도로 약한 목소리로 대답했다. 그는 돌아서서 사무실을 나와 걷기 시작했다. 허가서를 빨리 뛰는 심장에 움켜쥐고 걸었다. 그러나 정원으로 나서자 차디차고 위협적인 하늘이 잔인한 주먹처럼 그를 한방 먹였다. 그의 생각에 자연과 사람이 함께 자신에게 대항하는 것 같았다. 오늘 밤 인민재판을 받아 처벌을 받으면 이 허가서가 무슨 소용이 있단 말인가? 그래도 운명의 시간이 아직 몇 시간 남아 있었고 그때까지 해놓아야할 실제적인 일이 있었다.

지금 이 순간만은 아직 '나는 자유로운 사람이다' 라고 노블 하트는 생각했다.

우선 그는 교통 정보 센터로 갔다. 수백 명의 사람들이 북적대고 있었다. 이중에 상하이로 가고 싶은 사람이 몇이나 될까? 그리고 이중에 오늘 밤 투쟁 회의에 소환된 사람이 몇이나 있을까? 노블 하트는 높은 곳에 붙어있는 알림판을 보았다. “에스에스민장. 상하이로 토요일 새벽 출발하기 위해 금요일 승선”

다음으로 그는 신문사에 갔다. 낭만적인 이유 때문이 아니었다. 그는 비극적인 그 장소를 잊는 것이 더 나았다. 그러나 야경원인 베이 노인을 보고 싶었다. 그가 자주 그 근처 밖에서 어슬렁거리며 시간을 보내고 있는 것을 알고 있었다. 역시 추측한대로 그가 그곳에 있었는데 문에 붙은 동판 부분을 윤내고 있었다.

노블 하트는 멀리서 베이 노인에게 손짓했다. “낮 일이 끝나면 우리 집에 놀러 오세요. 오늘 밤 일은 조수에게 맡기세요.” 그리고 덧붙였다. “오실 때 지게를 같이 가지고 오세요.”

아무 질문 없이 베이 노인은 고개를 끄덕이며 “예, 리 선생님.” 하고 말했다. 노블 하트와의 관계는 그에게 언제나 편안하고 합당하며 제 자리에 있는 것 같은 느낌을 주었다.

신문사를 뒤로 하고 집으로 향했을 때 노블 하트는 베이 노인과의 이 약속이 얼마나 절묘했는지 알지 못했다.

집에 오자 제이드 문은 다섯 개의 여행 허가서를 보고 눈물을 터뜨렸다. 다른 날 같으면 기쁨과 웃음으로 옛 고향의 가족을 만날 기대에 부풀었을 소식이었다. 그러나 오늘 투쟁 회의를 몇 시간 남겨 둔 시점에서는 슬픔만을 가중시킬 뿐이었다.

“제이드 문, 이것에 대해 기도합시다.” 노블 하트가 말했다. 그들은 부엌에 있는 긴 나무 의자에 나란히 앉아 무릎을 꿇었다. 바깥 길에서 혹시라도 호기심으로 귀를 기울일 수 있는 곳에서 가장 멀리 떨어진 곳이었다.

"주님," 노블 하트가 기도드렸다. "저희가 여기 있습니다. 허가서를 내주셔서 감사합니다. 그런데 그것이 왜 하필이면 저를 고소하는 투쟁 회의가 있는 오늘에야 나왔는지 이해가 되지 않습니다. 주님, 주께서 저희를 이곳까지 이끄셔서 대중 앞에서 조우 부인처럼 저를 죽게 하시리라고 믿을 수가 없습니다. 우리는 주님께서 가장 선하게 여기시는 대로 해주시도록 이 일을 맡겨 드립니다. 아멘."

다시 일어서자 노블 하트는 언제나 하던 대로 행동을 시작하였다.

"가져갈 수 있는 대로 짐을 꾸립시다. 그것이 우리가 가져갈 수 있는 전부요. 침구를 제외하고. 베이 노인이 지게로 옮겨 줄 것이오. 음식은 배에서 제공하는 것으로 먹을 것이오. 그곳에서는 아무 문제없소. 그리고 당신이 돈을 책임져요."

"노블 하트! 당신은 당신이 마치도 에스에스민장을 같이 탈 것처럼 이야기하는 군요. 그렇지만, 그렇지만 그 무서운 투쟁 회의가 여섯 시에 있잖아요!"

"제이드 문, 우리는 우리가 할 수 있는 것을 할 것이요. 그리고 나머지는 하나님께 맡깁시다. 덩 부인과 다른 형제들에게 틀림없이 기도를 부탁했지요?"

"가장 우선적으로 틀림없이 부탁했어요." 그녀가 기도 부탁을 잊어버렸을 지도 모른다고 노블 하트가 생각하는가 하고 약간 상처입은 목소리로 대답했다.

"나는 당신이 시내로 가서 표를 사 왔으면 해요." 노블 하트는 계속했다.

"내가 그곳에 나타나는 것은 좋지 않을 거요. 그리고 당신은 마오 잠바와 헐렁한 바지를 입어서 될 수 있는 대로 의심 받지 않게 보이는 것이 좋겠소." 그들에게 공포의 날이었음에도 불구하고 제이드 문은 속으로 기쁨을 느꼈다. 자신의 기자 남편이 자랑스러웠고 그가 일을 해내는 방법이 자랑스러웠다.

"문제는 표를 배에서가 아니라 표 파는 사무실에서 사야 한다는 거야. 아마 정부가 미리 그 명단과 주소를 가지려고 그러는 것 같소. 그들이 모든 것을 조종해야 한다는 철학 때문이지. 조금이라도 그 한계를 넘어서는 것을 참을 수가 없는 거야."

제이드 문은 돈을 가지고 떠났다. 그러나 금방 돌아와서 문을 두드리며 소리쳤다. "웨이! 웨이! 여보세요! 누구없어요?" "밖이 너무 어둡고 음산해요. 비가 올지 모르니 우산을 가져가야겠어요."

배에서 그녀는 남서쪽에서 번개가 치는 것을 보았다. 멀리서 천둥 울리는 소리도 가늘게 들렸다. 그녀는 배에 있는 승무원들이 보통 때 하던 농담을 하지 않고 약간 신경질적으로 그들의 임무에 임하고 있음을 알 수 있었다. 2월에 천둥 번개라니 드문 일이지 않는가 하고 제이드 문은 생각했다.

"갑판 통로 밖에 자리가 남지 않았는데 그거라도 있는 것이 당신에게 행운이에요." 표 파는 사람이 그녀에게 말했다. "어떤 사람은 표를 사러 왔다가 폭풍이 오는 것을 보고 돌아갔는데 아마도 날씨가 나쁠 때 갑판 통로에 앉아 가는 것이 마음에 들지 않았나 봐요."

제이드 문은 다섯 개의 여행 허가서를 보여 주고 이름과 주소를 말해 주었다. 그리고 거스름돈을 세고 있는데 표 파는 책상에 있는 전화벨 소리가 울렸다. 그는 수화기를 놓더니 제이드 문에게 돌아서서 "죄송하지만 부인," 하고 그는 무의식적으로 구식의 예절로 돌아가서 말했다. "기관에서 방금 전화가 왔는데요, 에스에스민장을 날씨 때문에 남쪽 둑을 가로질러 옮겨 놓겠다고 합니다. 시내로 나오는 배를 타고 건너편에서 민장을 타셔야 합니다." 제이드 문은 그에게 감사했다. 그리고는 조용히 속으로 사랑하는 '주님, 감사 합니다' 하고 말했다.

집으로 돌아와서 4시 반이 되자 아이들이 학교에서 돌아왔다. 그들은 여행 허가서와 증기선 표를 보더니 미소를 지었다. 그러나 제 칠 초등학교에서 있을 6시의 투쟁 회의가 떠오르자 미소가 사라졌다. 그때 브라잇 빅토리가 그날 하루 종일 입으로 말하지는 않았지만 무의식 가운데 계속 있었던 그 부모의 마음 속에 있던 질문을 말로 하였다. "오늘 투쟁 회의에 불린사람에게 어떻게 여행 허가가 나왔고 엄마는 어떻게 오늘 표를 살 수 있었나요?"

"쉬……그렇게 크게 말해서는 안 된다." 고 주의를 주며 집 안쪽의 부엌과 문간방 사이로 식구들을 데리고 들어갔다.

"네 말이 맞다. 빅토리. 요즈음 보통 일이 그렇게 되고 있단다. 투쟁 회의에 불린 사람은 블랙리스트에 올라 여행 허가서를 받지 못하지. 여행 허가를 맡은 핑 리안이나 표 파는 사람은 오늘 투쟁 회의에 대해서 몰랐던 것이 분명하다. 우리는 하나님께 그 명단이 오늘 오후에 그 양 쪽에 다 도착하지 않도록 기도하자. 여행사에서 보고를 빠뜨린 것 같다. 적어도 내일까지 아무 일이 없도록 기도하자꾸나!"

5시 30분에 베이 노인이 도착했다. 노블 하트는 재빨리 그가 할 일을 설명했다. 가족의 침구를 에스에스민장에 옮겨달라고 하고 옛정을 생각해서 나중에 집에 다시 와서 가족 돼지를 선물로 가져가라고 말했다. "나중에 잊어버리지 않게 문 열쇠를 여기 가지세요."

"회의에는 혼자 가겠다." 노블 하트는 가족에게 말했다. "너희들도 다와야 한다. 그렇지만 나와 함께 있는 것처럼 보이지 않도록 하는 것이 좋겠다. 명심할 것은 집에서 떠나기 전에 너희 짐들을 다 잘 싸서 한 군데다 둬야 한다. 왜냐하면 우리는 오늘 밤 에스에스민장을 탈 것이기 때문이다. 모두가 아니더라도 적어도 어머니와 너희들은 그 배를 탈 것이다." 처음으로 투쟁 회의의 비극적인 결말의 가능성을 이야기 하자 모두가 눈물을 펑펑 쏟기 시작했다. 아이들을 아버지를 둘러싸고 무릎과 허리를 껴안았고 제이드 문은 그의 어깨에 팔을 감았다. 그들은 모두 부끄러운 줄도 모르고 베이 노인 앞이지만 엉엉 울었다. 베이 노인은 내가 무엇을 할 수 있을까 하는 표정으로 바라다보고 있었지만 곧 그의 거칠고 앙상한 뺨에서도 눈물이 흐르기 시작했다.

정각 6시가 되었을 때 노블 하트는 제 칠 초등학교 운동장으로 혼자 걸어갔다. 베이 노인은 50미터 쯤 뒤에서 그의 뒤를 따라 갔고 몇 분 후에 제이드 문과 아이들이 들어왔다. 모두 헐렁한 바지와 목까지 올라오는 곤색마오 잠바를 눈에 띄지 않게 입고 있었다. 그는 학교의 건물 중에 군대가 점령한 쪽에서 제복을 입은 한 무리의 사람들이 나오는 것을 보았다. 그들은 한 가운데 책상과 의자가 중심에 있는 무대로 무질서하게 나왔다. 그들이 이곳저곳에 어느 정도 자리를 잡았을 때 의자에 앉은 사람을 보고 노블 하트는 공포에 떨었다. 그 사람은 다름이 아닌 창 소령이었다.

조우 부인을 때려서 죽게 한 바로 그 사람이었다. 마음과 몸이 무감각해지고 노블 하트의 머리속은 생각이 꼬리를 이었다. '버스 정류장에서 만난 사람이야. 나에게 방아쇠를 당긴 사람!' 예감이 좋지 않다.

"회의를 시작합니다!" 창 소령이 소리쳤다. "다음 부르는 사람은 이 회의에 자진 출두하도록 되어 있는 사람입니다. 이름을 부르면 '출석' 하고 대답하십시오. 노블 하트 리."

"출석"

소령은 계속해서 제이드 문, 브라잇 빅토리, 브라잇 로열티, 로터스 훌라우어를 불렀고 그들은 같은 말로 대답했다. "출석"

"노블 하트 리는 앞으로 걸어 나와 인민들 앞에 무릎을 꿇으시오."

노블 하트는 앞으로 나가 양쪽 무릎을 꿇었다. 조우 부인 때처럼 사람들이 많이 오지 않아서 좋았다. 내가 군중들 앞에서 죽게 된다면 사람들이 적을수록 좋은 거다.

"첫 번째 증인! 경찰청의 린 경사!"

경사는 앞으로 나왔다. 파란 천으로 묶인 얇은 책을 손에 들고 있었다.

"손에 든 책이 무엇이오, 경사?" 창이 물었다. 연극하고 있네, 노블 하트는 불편해진 무릎을 약간 쳐들며 혼자 속으로 중얼거렸다.

"리 가족의 기록입니다. 청 내 사무실에 비치해 있는 것입니다."

"리 가족에 대해서 기록된 것 중에서 특기할 만한 것이 있소?"

"예, 있습니다."

"무엇이오?"

"노블 하트 리에 대해서 '반혁명적, 반공산주의자로 의심됨' 이라고 빨간 글씨로 쓰여 있습니다."

"그것을 당신이 쓴 것이오?"

"아닙니다. 제가 사무실에 들어오기 전에부터 책에 쓰여 있었습니다." 소령은 계속 질문을 하기가 힘이 부쳤는지 린 경사를 물러가게 하고 다른사람을 불렀다. "다음 증인! 타이동무!"

노블 하트는 신문사 전기 기사인 타이가 앞으로 나오는 것을 보고 놀랐다.

"타이 동무, 무슨 일을 하고 계시오?"

"해방일보의 전기 기사입니다."

"당신은 피고 노블 하트 리를 얼마나 오랫동안 알고 지냈소?"

"13년입니다."

"노블 하트 리의 정치적 성향을 알고 있소?"

"그는 창카이섹 편입니다."

"그걸 어떻게 아시오?"

"전 편집장 덩이 인민들에 의해서 목 매달렸을 때 노블 하트 리는 전선을 잘라 그의 목숨을 구하려고 했습니다."

'어떻게 그가 그것을 알았을까?' 노블 하트는 깜짝 놀랐다. 그러나 그의 얼굴에는 아무 표정도 드러나지 않았다. "타이 동무, 피고에 대해서 그외에도 더 알고 있는 것이 있소?"

"그는 자주 공산당과 인민 해방군에 대한 기사를 비판적으로 쓰곤 했습니다."

"예를 들어 줄 수 있겠소?"

타이 동무는 마오저뚱 잠바에서 종이 뭉치를 꺼냈다. "여기에 그가 쓴글이 있는데 인민 해방군을 조롱하는 이야기입니다. 그는 인민군을 개구리 군대에 비교했습니다."

"증인은 물러가시오." 창 소령은 선포하고 또 외쳤다. "노블 하트 리에 대해서 세 번째 증인은 바로 나요!"

아이구! 이것이구나. 마침내 고양이가 쥐를 구석에 몰아넣었다. 가슴에 비수가 꽂히듯이 노블 하트에게 깨달음이 왔다. 그는 몸을 가누려고 했지만 무릎 꿇은 채로 흔들거렸다. 새로 채택된 증인에게 알맞은 태도를 취하기 위해서 창 소령은 증인석으로 걸음을 옮겼다. 그것을 증인석이라고 부를 수 있다면 말이지만, 사실은 바로 하나 밖에 없는 전등 바로 아래였다.

지금은 거세진 바람 때문에 전등이 심하게 흔들리고 있었다. 누가 고소하는 질문을 할 사람이 없으므로 소령은 혼자 진행하였다.

"나는 피고를 해방 전부터 알았습니다. 사실 1948년 거의 비극에 가까운 사건을 만나게 되었습니다. 지금은 내가 공산당원이지만 그 때는 비밀리에 활동하고 있던 때였습니다." 자신의 말이 깊이 새겨지도록 거기서 소령은 십여 초 간 길게 말을 멈추었다. 그리고 다시 계속 하였다 ."나는 배반자 창카이섹의 군대 장교로 위장하고 있었습니다. 사실은 그의 경호원 중 한 사람이었습니다." 그렇게 폭로하고 소령은 웃었다. 그러나 아무도 따라서 웃지 않는 것에 노블 하트는 주목했다. 이 정보에 대한 군중의 반응은 집회장을 휩쓸고 있는 바람처럼 차디찬 것이었다. "나는 버스를 타려고 줄을 서 있었습니다. 나는 줄에서 다섯 번째 서 있었고 피고는 바로 내 앞에 네 번째에 서 있었습니다."

그는 사실을 왜곡시키고 있다. 노블 하트는 속으로 말했다.

"그런데," 소령은 계속했다. "차장이 우리 줄에서 세 명만 태우려고 했습니다. 그러나 피고는 부득부득 버스를 타려고 했습니다. 그는 심지어 앞에서 있던 아이를 업은 아주머니를 밀쳐 길바닥에 넘어지게 했습니다. 나는 브루조아에 의해서 인민이 그렇게 당하는 것에 화가 나서 그에게 그렇게 하지 말라고 했습니다. 정면으로 대들었습니다."

'무서운 일이다! 고의적으로 이야기를 정반대로 하고 있다!' 노블 하트는 속으로 분통이 터져 죽을 지경이었다.

"피고는 내가 대들자 노발대발하며 주머니에서 권총을 꺼내더니 내 이마 정면에 대고 방아쇠를 당겼습니다."

'거짓말쟁이!' 노블 하트는 이를 악물었다. '내가 저 입에서 거짓말을 씻어 버리겠다!' 고 성을 내면서 자기도 모르는 사이에 무의식적으로 그는 무릎 꿇은 자세에서 일어나려고 했다. 그러나 땅바닥에 너무 오래 꿇어 앉아 다리에 쥐가 나서 오랫동안 일어나려고 애를 썼지만 일어날 수가 없었다.

바로 그때 번개가 막사가 있는 학교 건물 한편을 때렸다. 그러자 마치도 하늘의 계획을 이루기 전에는 하늘로 돌아가기가 싫다는 듯이 불똥이 막사에서부터 학교 운동장을 건너 튀어왔다. 불똥 하나가 전기 받침대를 쳐서 전등을 쓰러뜨렸고 순식간에 받침대를 타고 내려와 창 소령의 머리에 떨어졌다. 머리에 지지직하고 불붙는 소리가 크게 들렸다. 번개가 칠 때까지도 무릎을 꿇고 있던 노블 하트에게는 아무 일도 없었다. 다리에 쥐난것도 사라졌다. 멀리서 치는 번개 불빛에 그는 창 소령이 땅바닥에서 구르고 뒹굴고 괴로워하는 것을 보았다. 군인들은 고소자나 피고에게 관심을 돌릴 겨를도 없이 막사 쪽으로 뛰어 갔다. 막사는 불에 타서 연기가 피어 오르고 있었다.

노블 하트는 무사했다. 한참 동안 애를 쓴 끝에 일어섰다. "제이드 문, 어디 있어요? 얘들아! 베이 노인?" 그는 크게 불렀다. 대답을 기다리지 않고 아픈 다리가 허락하는 한 될 수 있는 대로 빨리 정문을 향해 달렸다. 그리고 해방로로 곧장 갔다. 장대처럼 내리는 비에 아랑곳 하지 않고. 당연히 제이드 문과 아이들과 베이 노인은 그곳에 있었다. "감사합니다, 하나님! 전부 여기에 있었구나! 자, 제이드 문, 허가서와 표와 돈은 다 가지고 있겠지요?"

"예, 가죽 지갑에 넣어서 제 목에 걸고 있어요. 저녁 내내 그렇게 가지고 있었던 걸요!"

"좋아요, 모두 자기 짐을 들고. 자, 가자!"

"그런데 아빠, 밖에 폭우가 쏟아지고 있어요."로터스 훌라우어가 반대했다.

"하나님이 번개를 보내셨고 하나님이 폭우를 보내 주셨단다, 아가야. 우리 모두를 보호해 주시기 위해서란다. 아무도 이런 폭우 속에서 리 가족을 잡으러 나오지 못할 거야." 그 말을 하고 노블 하트는 해방로로 나와 기운차게 "자, 가자!" 하였다. 그의 뒤로 제이드 문, 브라잇 빅토리, 브라잇 로열티, 그리고 로터스 훌라우어의 순으로 따라갔다. 베이 노인은 지게에다 침구를 지고 맨 뒤에서 따라갔다. 멀리 내다볼 줄 아는 제이드 문은 침구를 마르게 유지하기 위해 기름종이로 포장을 했다.

"뒷길로 가자. 제 칠 초등학교 정문을 지나고 싶지 않구나!" 노블 하트가 말했다. 그들이 뒷골목을 이용해서 길을 갔을 때 이상한 빛이 하늘에 차올라서 그들의 길을 비춰 주었다.

"내일 아이들이 학교에 가지 못해서 안됐네요." 제이드 문이 말했다. "오늘 밤 잠자리가 없는 군인들도 안됐지요." 노블 하트가 덧붙였다.

2부
상하이 1952 - 1957

"너는 충칭에서 너의 하나님이 나에게서 너를 구해 주었다고 생각했지? 나도 들었지. 그 곳 사람들 사이에 도는 이야기니까. 그런데 이번에도 너의 하나님이 너를 구해줄지 한 번 볼것이다."

선상에서

1951 - 1952년 겨울

집을 나온 지 15분 후 리 가족은 남쪽 둑 부두에 있었다. 그곳에는 에스에스민장이 있었고 배의 한쪽 끝에 승객이 들어가는 트랩이 환영하듯이 비를 맞고 있었다. 가족은 모두 베이 노인을 기다리며 트랩 끝에 멈춰 섰다. 그는 짐을 들고 오느라고 숨이 차서 잠시 숨을 고르고는 "여기서 기다리세요. 내가 선장을 먼저 만나보고 올게요."

몇 분 후 베이 노인은 자기 나이의 반쯤 되어 보이는 사람과 같이 트랩을 내려 왔다. 아무 말 없이 그 젊은 사람은 베이 노인의 어깨에서 짐을 들더니 배로 날랐다. 베이 노인은 나머지 짐을 들고 따라 가며 즐겁게 외쳤다. "모두 승선!"

배에 오르자 젊은이는 다리로 데리고 갔다. 노블 하트는 그것을 이상하게 생각했다. 그들이 가진 표는 갑판 통로 자리였지 선장 구역이 아니었다.

"내가 선장에게 당신이 누구인지 말했어요." 그들이 다리 위에 오르자 베이 노인이 말했다. "여러분이 허가서와 표를 가지고 있다고 했어요. 그렇지만 승객 명단에서 가족 이름을 제외해 달라고 했어요. 배가 떠나기 전에는 배에 타지 않은 것으로 해달라고요. 아! 죄송합니다. 소개가 늦었습니다. 이쪽은 베이 선장, 제 아들입니다."

노블 하트는 선장의 손을 그의 젖은 손으로 꽉 잡고는 열두어 번도 더 흔들었다. "오늘밤 친구 아닌 사람들을 만나고 난 뒤에 이렇게 친구를만 나게 되니 얼마나 기쁜지 모르겠습니다."

"그 심정 압니다." 선장은 간단하게 대답했다. "에스에스민장에 승선하신 것을 환영합니다!"

"자, 모두 타셔서 안전하니 이제 저는 가겠습니다." 베이 노인은 지게를 들며 말했다. "돼지를 집에 가져 가려면 이것이 필요 하겠지요." 더 이상 아무 말도 하지 않고 그는 트랩을 내려가서 어둠 속 쏟아지는 비 사이로 사라졌다.

"당신과 가족을 안보이게 하기 위해서 제 지도 방에 들어가시게 하겠습니다." 그는 다리의 후미 쪽에 있는 벽을 향해 걸어갔다. 벽 전체가 오크 나무로 되어 있고 아름답게 다듬어져 있었다. 선장은 나무에 있는 손잡이를 눌렀다. 문이 안쪽으로 열렸다. 그는"자, 안으로 들어오세요. 짐을 전부 들고 오세요."하고 초대하였다. 가족은 커다란 옷장 같은 방으로 들어갔다. 선장은 문을 닫더니 스위치를 켰다. 그러자 벽 쪽으로 선반이 놓여있는 것이 보였다.

"이 배는 원래 홍콩 배였는데 새 정부가 몰수했어요. 중국 해안에서 무역을 하고 있었기 때문에 이 방이 필요했는데 지금은 이 방을 쓰지 않아요. 지도가 전부 우리 머리속에 있거든요. 강을 오래 다니다 보니 손바닥 안에 있는 것처럼 빤히 아는 겁니다. 그러니 여러분은 상하이에 갈 때까지 여기 있으셔도 됩니다. 아, 그래요. 제 전용 화장실로 통하는 문이 있어요." 그는 놋쇠 손잡이를 돌려 작은 문을 열었다. "제 손님으로 계시는 동안 이곳을 사용하세요." 브라잇 빅토리, 브라잇 로열티, 로터스 훌라우어는 눈을 동그랗게 뜨고 작은 문에 머리를 밀어 넣었다.

"와!" 빅토리가소리쳤다. "저것이 '수세식 화장실' 이라는거예요?"

다음 날 아침 새벽 에스에스민장은 조용히 양쯔강의 물결을 향했다. 배는 재빨리 방향을 돌렸고 마지막 닻줄이 선미에서 내려졌다. 그리고는 상하이를 향하여 강을 따라 내려갔다. 조금 후 안쪽 문에서 노크 소리가 들렸다. 베이 선장이 손수 커다란 쟁반에 따뜻한 차와 과자를 가지고 들어왔다. "사촌이 이 배의 식사 접대 담당 입니다. 그가 앞으로 아침을 날라다 줄 겁니다. 화장실을 통해서요."

노블 하트와 제이드 문은 전용 방 안을 둘러보았다. 챠트를 꽂는 선반을 제외하고 가로 세로 2.5 미터 되는 방이었다. 선반에는 그들이 벗어 놓은 젖은 옷들이 줄줄이 걸려 있었다. 선반 반대편에는 현창이 커튼으로 덮여 있었다.

"저것 좀 보세요!" 제이드 문이 커튼을 걷어 뒤로 묶더니 감탄하며 소리쳤다. "대나무, 소나무예요! 정말 예쁘네요! 좀 보세요, 노블 하트! 해가 밝고도 선명하게 떠오르고 있어요. 폭풍이 공기를 맑게 했나 봐요. 당신의 폭풍도 지나갔는지 모르겠네요." 그녀는 뺨에서 눈물을 훔쳤다. "저는 당신이 지난 밤 그만……." 그러고는 울어버렸다. 현창을 통해서 밝은 햇살이 비치고 있었지만 지난밤의 기억이 남아 있었다.

"창 소령이 조우 부인처럼 나를 죽일 줄 알았지." 노블 하트는 그녀가 못

다한 말을 끝냈다. "여보, 그 생각을 잊을수 없겠지. 그리고 창 소령은 자기 자신이 조우 부인보다도 나에 대해서 더 고소할 말이 많았던 거야. 그는 조우 부인을 알지도 못했으니까. 벼락 때문에 죽지나 않았는지 모르겠군. 그가 어떻게 되었는지 우리는 결코 알 수 없을지도 몰라."

이제는 브라잇 빅토리, 브라잇 로열티, 로터스 훌라우어도 다 일어났다. 쿠키는 금방 바닥이 났다. 그들이 차를 다 마시고나자 노블 하트가 말했다. "이제 우리가 해야 할 중요한 일이 있어. 우리를 구원해 주신 하나님을 찬양하는 일이야. 그리고 봐. 우리가 이 배 선장의 손님이 되다니. 누가 그렇게 되리라고 꿈이나 꿀 수 있었겠어. 하나님은 우리가 두려워하던 일 대신 우리에게 선이 이루어지게 하셨고 우리가 구할 수 있었던 것보다 더 많이 주셨구나. 우리 각자 기도로 하나님의 자비하심에 감사하자꾸나."

마지막 "아멘"이 끝나자 그들은 모두 벽에 등을 기대고 따뜻한 침구의 안락함을 사치스럽게 음미하고 있었다. 그 때 화장실 쪽에서 노크 소리가 났다.

"저는 베이 삼촌입니다. 여러분이 아시는 베이 노인의 사촌이지요. 선장이 아침을 보냈습니다."

베이 삼촌은 문을 통해서 쟁반을 내밀었고 노블 하트는 그것을 받았다. 아이들은 쟁반 위에 놓인 것을 보더니 눈이 동그래졌다. 검정콩이 든 쌀죽에 계란말이, 각종 밑반찬, 땅콩, 뼈 채로 먹을 수 있도록 바삭거리게 튀긴 작은 생선, 그리고 그 외에도 맛있게 보이는 대여섯 가지 다른 반찬들.

"야!" 브라잇로열티가소리쳤다. "아침 상이 대단하네!"

제이드 문의 눈에서는 눈물이 떨어졌다. 그것은 정식 상하이 아침이었다. 그녀가 어릴 때 먹던 것과 같은.

앙쯔강 상류의 배들은 강의 흐름이나 여울목이 위험해서 밤에는 항해를 하지 않는다. 그래서 충칭 동쪽의 완샹에서 에스에스민장은 잠시 머물게 되었다. "완샹에서 여러분에 대해서 물어볼지도 모릅니다." 베이 선장이 리 가족에게 주의를 주었다. "번개와 불의 충격에서 벗어나 군인들이 당신들을 잡으러 집으로 갔을 겁니다. 외무부와 매표소에 들렀던 일이 밝혀졌을 테고 당신들의 증발이 에스에스민장과 관련이 있을 거라고 추측할 겁니다. 전신, 전화가 완샹에 연결되어 있으니까요."

예측했던 대로 배가 정박하자 제복을 입은 관리 네 명이 배 위로 올라왔다. 그들은 곧장 함교로 올라와 선장에게 빨간 잉크로 서명한 공문을 전달했다. 베이 선장은 명령을 크게 읽었다. 문에 귀를 대고 있는 노블 하트에게도 충분히 들릴 정도로 또박또박 읽었다.

"에스에스민장 선장 동무, 이 명령서의 소지자에게 하기한 탈주자를 색출하여 인도할 것을 명령함."

> 노블 하트 리
>
> 또한 이 명령서의 소지자에게
>
> 탈주자의 아내와 세 아이들을 물적 증인으로서 양도할 것.
>
> **— 수비대장 (서명)**
>
> **— 완샹, 쓰촨성**

"그런데, 이 노블 하트 리라는 사람은 누구입니까?" 베이 선장은 순진하게 물었다.

"충칭에서 온 정보에 의하면 이 배의 승객입니다. 그리고 그의 가족 전부하구요. 승객 명단을 좀 보십시다."

"예, 물론, 여기 있습니다."베이 선장이 대답했다.

노블 하트와 제이드 문과 아이들은 긴장하며 기다렸다. 관리가 승객 명부를 살펴보는 동안 긴 침묵의 시간이 흘렀다. 노블 하트는 아내와 아이들의 심장 소리를 들을 수 있을 정도라고 생각했는데 그것은 아니고 다만 자기 심장이 자신의 갈비뼈 안에 갇혀 뛰는 소리였을 것이다. 마침내, 함교에서 소리가 들렸다. "흠! 그런 이름은 여기에 없군."

"물론입니다. 매표소의 명단과 탑승하는 승객 명단이 같을 때는 드물지요. 사람들이 병이 나기도 하고 마음을 바꾸기도 합니다. 아니면 시간에 늦어서 못타는 경우도 있고요."

"흠! 탑승한 승객의 서류에서는 아무 것도 찾을 수 없으니 사무장을 오라고 해서 우리를 안내하라고 하시오. 갑판 통로부터 찾아보겠소. 노블 하트가 그 표를 샀소."

한 시간 반 후 함교에 식탁과 의자가 놓이는 소리가 들렸다. 그리고 조금 후 베이 선장의 목소리가 들렸다. "소령, 죄송합니다. 공연한 수고를 하셨군요. 아직 저녁 식사 전이실테니 여기 앉으셔서 뭐 좀 가볍게 들고 가시지요."

판자 다른 편에서 노블 하트는 주의해서 대화를 듣고 있었다. 늘 듣던 충고, 타이르는 말이 들리더니 마침내 네 사람이 의자를 끌어 앉는 소리, 그리고 베이 선장이 함께 앉는 소리가 들렸다.

바로 그 때 화장실 쪽에서 조용히 누가 문을 두드렸다. 다섯 사람은 깜짝 놀라 펄쩍 뛰었다. 노블 하트는 그들에게 앉으라고 시키고 가만히 걸어가 손잡이를 천천히 돌려 틈을 내었다. 그러더니 그는 웃으며 문을 열었다. 베이 삼촌이 커다란 쟁반에 뚜껑이 덮인 그릇들을 가득 담아 가져왔다. "선장이 그 사람들을 식사에 초대 했어요," 베이 삼촌은 눈을 빛내며 말했다. "그는 주방으로 가서 상어 지느러미 스프, 게살, 오징어와 새우 등 우리가 상하이에서 가져온 것 중 가장 좋은 재료로 음식을 만들라고 시켰어요. 여기 가져 온 것도 같은 메뉴이지요. 하!"그는 조용히 낄낄 웃었다.

"같은 음식을 먹는데 한쪽은 이편에서 다른 쪽은 저편에서 먹고 있는 거지요!"

다음 날 아침 미명에 네 사람은 부축을 받으며 해안으로 내려갔다. 완샹의 큰 길로 올라가는 돌계단에 소령이 앉더니 잠이 들어 버렸다. 그는 에스에스민장이 뱃머리를 돌려 하류를 향해 나가는 것을 보지 못했다.

조금 후에 베이 선장이 화장실을 통해서 리 가족을 찾아왔다.

"예, 여기 배달한 음식은 그들이 먹은 것과 같은 거였습니다." 베이 선장은 낄낄 웃었다. "두 가지만 메뉴가 달랐는데요, 칭타오 맥주와 마오티니 술이었습니다. 그들은 많이 마시고 밤새 잘 잤지요. 그저께 불던 폭풍 때문에 강이 불었어요. 오늘 밤 후베이 성에 닻을 내려야 합니다. 쓰촨 만 벗어나면 아무 염려할 것 없습니다. 범죄자가 확실하더라도 성 경계를 넘어와서 잡지는 않으니까요. 이제 마음을 놓으세요. 모든 것이 잘 될 겁니다."

황푸강에서 상하이까지 가는 마지막 20킬로는 항해 중에서 가장 느렸다. 리 가족은 갑판 꼭대기에 있었다. 함교 위에서 동쪽으로 뻗어있는 중앙아시아 대평원은 물론이고 웅대한 양쯔강 골짜기가 아주 잘 보이는 곳이었다. 제이드 문은 이제까지는 고향으로 돌아간다는 기대에 부풀어 명랑하고 미소를 띤 얼굴을 하고 있었는데 걱정되는 표정으로 바뀌었다.

"오, 해가 지고 있네! 햇살이 비치는 밝은 낮에 고향에 도착하고 싶었는데. 상하이는 3월이라도 아주 추울 때가 있거든요, 특히 비가 오기라도 하면요."

에스에스민장은 수조우 강어귀 가까이 황푸의 서쪽 둑에 있는 상하이항 여객부두에 정박을 하였다.

"아, 좋아요!" 배가 선착장에 안전하게 도착하게 되었을 때 제이드 문은 크게 기뻐했다. "이제 우리는 인력거를 타고 해안 길을 전부 볼수 있어요!"

노블 하트와 제이드 문이 먼저 하선했다. 그녀는 옷가방과 잡동사니를 들었고 노블 하트는 침구를 묶은 세트 중 하나를 들고 내렸다. 세 아이들은 배에 남아 소지품들과 나머지 침구를 지키고 있었다. 선착장에 도착하자노블 하트가 말했다. "자, 이제는 제이드 문, 당신이 이 짐을 지키고 있어요. 내가 다시 가서 나머지를 들고 올 테니."

마침내 세 번째 배에 다녀와서야 짐 옮기는 것을 다 끝내고, 다시 마지막으로 베이 선장에게 가서 친절하게 대해준 것과 말 그대로 목숨까지 구해 준 것에 대해 감사를 하였다. 그들은 모두 고향 상하이에 돌아온 것에 너무 흥분이 되어 누가 그들을 그곳까지 오게 했는지 잠시 동안 잊었던 것이었다.

"노블 하트, 어째서 인력거가 보이지 않지요?"마침내 수백 명의 승객이 모두 배에서 내려 선착장에 운집하여 시내로 가려고 하고들 있을 때 제이드 문이 말했다.

"정말! 왜 그 생각을 못했을까! 충칭처럼 이곳에도 인력거가 이제 없어졌을지 몰라요. 거리로 가서 한번 살펴볼게요."

얼마 되지 않아 그가 돌아와서 말했다. "인력거는 없었소. 그래도 바퀴 셋 달린 짐 택시가 있어서 대절해 왔소. 전에 처럼 세 번에 나누어 옮깁시다." 마침내 택시 뒤에 매달린 짐 실는 칸에 물건을 쌓아 넣고 운전수가 모터 달린 자전거의 운전석에 앉아 페달을 밟을 준비가 다 되었다. 노블 하트가 그에게 물었다.

"사람들 타는 택시는 어디 있지요?"

"오, 거의 없어요. 제 차를 만나 짐을 실은 것만 해도 당신은 운이 좋았던 겁니다. 그래도 보세요. 어린 따님은 짐 위에 앉아서 타고 갈 수 있어요.

노블 하트는 열 살 된 로터스 훌라우어를 번쩍 들어 침구가 놓인 꼭대기에 앉혀 놓았다. 아이는 처음에는 웃었지만 나중에는 울었다. 그러나 결국 그곳에 앉아 가기로 마음을 먹었는데 걷는 것보다 그것이 나았기 때문이었다. 그러나 이때쯤 되자 다른 식구들이 걷기를 싫어했다.

"그런데요, 택시는 어디 있습니까?"노블 하트가 물었다.

"흠!" 짐 택시 기사가 거칠게 말했다. "당 간부나 혹 러시아 사람이나 택시 를 탈 수 있어요. 그래도 정 타고 싶으면 한 대를 잡는데 한 시간이 걸려요. 그렇지만 우리 같이 같은 성이 백 명이나 있는 보통 상하이 사람은 택시같은 것은 탈 생각도 않는 답니다."

노블 하트와 제이드 문은 그가 그들을 같은 성이 백 명이나 되는 보통 상하이 사람으로 구별해 주어 기뻤다. 상하이 택시 기사와 이야기하자 유창

하게 쓰던 쓰촨 방언이 아니라 자동적으로 상하이 방언이 나왔던 것이다.

"그래, 사는 게 어떠세요?"노블 하트가 대화를 시작했다.

"흠! 전에는 우리에게 영국인이 이래라 저래라 하더니 그 다음은 일본사람이고 지금은 북쪽 사람들이 군대와 함께 와서 우리에게 명령을 하네요. 왜 상하이 사람이 상하이 일을 보도록 해주지 않지요?"

짐 택시 기사는 말을 멈추었다. 그 지점에서 힘을 다해서 페달을 밟아야 수조우 계곡을 건너는 다리를 올라 갈 수 있었기 때문이었다. 헐떡거리며 가쁜 숨을 내쉬며 마침내 그는 다리의 평평한 곳에 왔고 그 다음은 좀 수월하게 좁은 운전석에 앉아 기어를 저속으로 놓고 앞을 향해 운전을 하였다.

거리는 자전거 벨 울리는 소리, 짐수레꾼의 외치는 소리, 손수레 벨이 시끄럽게 딸랑거리는 소리가 불협화음을 이루어 소란하기 때문에 더 이상의 대화는 불가능하였다. 노블 하트는 그저 행복했다. 그의 속에는 그 연로한 택시 기사에게 하고 싶은 질문이 수천 가지로 차올랐지만 거리는 대화를 할 만한 장소가 아니었다.

그것보다도 리 가족의 눈과 귀와 코는 상하이의 경치와 소리와 냄새를 평가하고 있었다. 노블 하트와 제이드 문에게 주위 환경은 익숙했지만 무언가 분위기가 달랐고, 향수를 자아내고는 있었지만 그들이 전에 결코 알지 못했던 이방의 도시라는 느낌이 강했다. 가든 대교는 그대로였다. 오른쪽으로 보이는 높은 상하이 맨션 호텔은 황갈색이 조금 더 더러워진 것 외에는 그전과 다름없이 같아 보였다. 그리고 아래 수조우 강에서부터 풍겨나는 저 냄새는 무엇이었더라? 틀림없이 상하이를 둘러싸고 있는 채소밭을 기름지게 하기 위해서 도시로부터 통 모양의 배에 실어 나르는 사람의 인분 냄새였지. 그러나 그 장면에서 노블 하트를 이상하게 불편하게 만드는 무엇인가가 있었다. '무엇이 그전과 그렇게 다르게 만들고 있는가?' 스스로에게 물었다. 후에 한밤 중에 깨어 났을 때 알 수 있었던 것인데 모두의 얼굴에 표정이 없었고 아무도 다른 사람에게 말을 걸지 않았다.

다리를 건너자 오른 쪽으로 인상적인 이중문이 어렴풋이 보였다. 노블 하트는 그곳에 걸려 있던 간판을 기억했다. '영국 영사관'. 그는 그것을 지난 1937년에 제이드 문과 브라잇 빅토리와 함께 일본군이 상하이에 진군해 오기 전에 중국 서부로 피난 갈 때 증기선을 타려고 가는 길에 보았던 것이다. 지금은 그곳에 여섯 글자가 쓰여 있었다. 흰 판에 검은 글씨가 세로로 걸려 있었는데 위에서부터 아래로 읽게 되어 있었다. '상하이시 이 것' '상하이시 저 것' 영어로 된 글씨는 아무 것도 없었다. 그러나 러시아 말로 된 표시가 있었는데 노블 하트는 그것을 읽을 수 없었다.

"오! 비가 와요!" 소란한 차량 소리보다 더 크게 제이드 문이 소리쳤다.

그들은 짐보따리에서 우산을 다섯 개 꺼내었다. 비가 오자 더 빨리 어두워졌다. 곧 그들은 지름길을 택해서 좁은 길을 따라 프랑스인 거류지였던 곳으로 갔다. 그곳에서 제이드 문이 자랐기 때문에 낯익은 큰 집에 부모님이 계시기를 바라며 찾아갔다.

"집이 그대로 있으면 좋겠는데? 그리고 정원도? 당신도 아시다시피 집에 대해서는 2년 간 아무 말씀도 없으셨지요. 왜 그러셨는지 궁금하네요. 비가 오지 말았으면 좋겠는데……. 갑자기 너무 어두워졌네요. 그건 나쁜 징조인데. 이제 나는 크리스천이 됐기 때문에 징조 같은 건 안 믿어요." 노블 하트는 왜 그녀의 목소리가 적어지는지 궁금했다. 더 이상 징조 같은건 안 믿는다는 그녀의 말에 확신이 없었다.

뒷거리에는 가로등이 거의 없었고 이제 대낮의 빛은 거의 완전히 하늘에서 사라졌다. 페달을 밟아야 가는 짐 택시 기사는 헉헉거리면서도 비와 거리를 저주할 힘은 아직도 남아 있는 것 같았다. 웅덩이에 빠지지 않으려고 그는 오른쪽 왼쪽으로 피해서 길을 갔고 그래서 일행의 진행 속도도 느렸다. 비는 이제 쏟아지고 있었고 포장이 안된 길은 진흙투성이였다. 딴딴한 땅을 밟지 않고 우묵 파인 데를 밟으면 물과 진흙이 폭포처럼 튀어 올랐다.

"충칭에서는 적어도 인도는 다 돌이었는데," 브라잇 빅토리가 말했다.

"상하이처럼 진흙이 아니고."

마침내 그들은 더 큰 길로 나왔다. 제이드 문과 노블 하트는 어둠 속에서도 그녀가 나서 자란 거리를 알아보았다. 이제는 어렴풋한 가로등 아래로 "장행로"라는 새 이름이 붙어 있는 것을 보았다. 그들이 오른쪽으로 돈지 얼마 안 되어 제이드 문이 태어난 집 문 앞에 서 있었다. '부모님이 집에계실까? 우리가 오는 것을 어떻게든 알고 계실까?' 제이드 문의 생각 속에는 질문들이 맴돌고 있었다.

어두웠지만 그녀는 벽돌과 석회와 돌과 먼지가 아무렇게나 그저 쌓여있는 것을 보았다. 집으로 나 있는 길은 이끼가 끼어 있었고 셔터는 일그러져 건덩거리고 있었다. 그곳은 돌보지 않아 버려져 있었다. 그녀는 자기 집이 이러한 모습을 본 적이 없었다.

젖어서 미끄러운 이끼 위를 조심스럽게 걸어서 커다란 이중문에 다가갔다.

"웨이! 웨이! 여보세요! 여보세요!"

아무 대답이 없었다.

"웨이! 웨이!" 노블 하트가 다시 소리쳤다.

그래도 대답이 없었다.

그 후에도 네 번이나 더 소리친 후에야 문 옆의 셔터가 끽 하며 열렸다.

"누구세요?" 불이 꺼진 방에서 여자 목소리가 들렸다.

"나는 제이드 문 송이에요." 자기의 처녀 때의 성을 말했다. "집에 송씨 식구 중에 누군가 있어요?"

"송씨 식구?" 그 목소리가 물었다." 여기는 그런 이름 가진 사람은 없어요. 왜 그들을 찾는데요?"

"저는 제이드 문 송인데요 바로 이 집에서 태어나서 자랐단 말이에요." 그녀는 이제 눈물을 흘리며 소리쳤다. 사랑하는 가족을 찾지 못하고 알지 못하는 사람의 냉담한 목소리만 어둠 속에서 들리니 기가 막혀 울었다.

"흥! 당신은 부르조아였군? 우리는 인민들이오."

그리고는 문이 닫히고 침묵이었다. 오직 우산을 때리는 빗소리만 들렸다.

"선생님!" 마당에서 부르는 소리가 들렸다. 택시 기사가 빗속에 서 있었다. "나는 이제 가 봐야 합니다. 여기 처마 밑에 짐을 내려 두겠소."

노블 하트는 더듬어 찾아서 그에게 돈을 주었다. 그는 페달을 밟으며 어둠 속으로 비를 맞으며 사라졌다.

"여보세요, 여보세요, 제발 문 좀 열어 주세요. 여기는 비가 와서 너무 추워요." 제이드 문의 목소리는 이제 더 높았다. "그저 문을 열고 우리를 들여보내 주세요. 비만 피하게 해 주세요."

문이 다시 열리는 대신 퉁명스런 목소리가 안에서 들렸다. "저리 가요! 경찰서에 가서 도와 달라고 하세요. 먼저 그곳에 갔어야지요!"

"제발 그저 우리가 비 맞지 않게 복도에라도 들여보내 주세요."

"당신이 올 수 있는 데가 아녜요! 저리 가요!"

제이드 문은 노블 하트에게 돌아섰다. 질문이 쏟아져 나왔다. "부모님은 어디 계신거야? 이 여자는 누구야? 우리는 어떻게 해야 돼? 어디로 가야 할까?"그녀의 간청에 더하기라도 하는 듯이 비가 갑자기 더 심하게 쏟아졌다.

바로 그 때 거리로부터 빛이 비춰더니 각 얼굴에 무자비하게 전등을 비춰댔다. "여기는 경찰이오. 거기 서서 뭘하고 있는 거요? 9시 전에는 집에 들어가야 하지 않소!" 그리고는 불과 함께 목소리도 어둠 속으로 사라졌다.

제이드 문은 입술을 깨물었다. 뺨에는 계속 눈물이 흐르고 있었다. 이렇게 되자 로터스 플라우어는 마구 울어 대었다. 다섯 명은 모두 우산을 가슴에 꼭 붙이고 마치도 이 지구상에서 붙잡을 것이라고는 그 우산 밖에 없는 것처럼 움켜쥐고 있었다.

상하이 집

1951 - 1952 년 겨울

"자, 여기 좀 봐" 경찰이 떠나고 난 뒤 침묵을 깨며 노블 하트가 소리를 높였다. "슬퍼해봤자 아무 소용이 없다. 하나님께서 충칭에서 떠나던 날 우리를 구해 주시지 않았니? 하나님께서 지금은 우리를 구해 주실 수 없을까? 기도하자. 그분께 도움을 구하는 기도를 드리자. 오, 하나님!" 그는 기도하기 시작했다. "여기 상하이는 비가 오고 있고 우리는 도움이 필요 합니다. 우리를 이 빗속에서 건져내어 제발 어디든지 안으로 들어가게 해 주세요."

노블 하트는 눈을 뜨고 위를 올려다보았다. 하나님께서 하늘의 창이라도 열어 주시기를 기대하고 있는지도 몰랐다. 그가 본 것은 하늘에 있는 창이 아니었다. 정확히 말하면 셔터였는데 전에 열렸다가 그렇게 매몰차게 닫혔던 그 창의 바로 위쪽에 있는 창문이 열렸다. 창 밖으로 촛불이 타고 있었고 그것을 들고 있는 사람은 회색 머리칼을 한 아주머니였다.

"잠깐만 기다리세요." 그 아주머니가 너무나 작은 소리로 말해서 노블하트가 그녀를 정면으로 보고 있지 않았다면 듣지도 못할 정도였다. 천천히, 그리고 조용히 문이 금방 열렸다. 다시 조용한 목소리가 들렸다. "들어 오세요." 리 가족 다섯은 서둘러서 자기의 물건들을 잡아 쥐고 집 안으로 들어갔다. 그 아주머니의 예를 따라 속삭이는 소리로 "감사합니다." 고 중얼거리며 조용히 그녀를 따라 이층으로 올라갔다.

"나는 말소리를 잘 듣지 못해요." 그 아주머니가 말했다. "그런데 아래층 데몬이 크게 소리쳐서 내가 들을 수 있었지요. 그 목소리로 봐서 누군가가 곤란해 하고 있는 것을 알았어요. 데몬이 우리 소리를 들으면 올라와서 내가 왜 당신들을 들였냐고 물을 거예요."

그녀는 그들의 이름을 묻지 않았다. 그녀에게 그것이 중요하지 않은 것이 분명했다. 그녀는 노블 하트에게 물었다. "상하이에 거주해도 된다는 증명서가 있나요? 그렇다면 오늘 밤 경찰에 신고하는 것이 좋을 거예요. 그들에게 이 주소를 주면 돼요. 장삼로 331-5 번지예요."

그녀는 노블 하트에게 어디로 가야 경찰서가 나오는지 가르쳐 주었다. 그가 나갈 때 브라잇 빅토리가 하나 밖에 없는 촛불로 아래로 가는 길을 비춰 주었다. 아주머니는 제이드 문에게 말했다. 당신과 아이들이 잠들어 버리기 전에 밥을 좀 지어 줄게요. 양배추 절인 것이 좀 있으니 함께 먹으면 될 거에요."

노블 하트가 돌아왔을 때 밥이 다 되어 밥그릇, 수저, 젓가락을 다섯 개씩 놓았다. 거의 죽과 같은 밥을 따뜻하게 먹고 포만감이 들었을 때 아주머니는 말했다. "오늘 여러분은 나의 특별한 손님인거 알아요? 어떻게 보면 나는 당신들이나 또는 아주 특별한 어떤 것을 기대하고 있었어요. 왜냐하면 오늘 아침 내가 누군가를 특별하게 도울 수 있게 해달라고 기도했거든. 그러자 당신들이 온 거예요."

"기도를 하셨다고요!" 제이드 문은 숨이 막혔다. "누구에게 기도하셨는데요?"

"아, 내 아버지께요. 나는 크리스천이에요." 그녀가 더 말하기 전에 제이드 문은 그녀의 손을 잡고 손에 입을 맞추며 거기에 눈물을 떨어뜨렸다.

노블 하트는 간신히 목청을 가다듬었다. "놀랄 일도 아니지요. 당신의 아버지께 우리가 기도를 하고 위를 바라보니 당신이 창문 가에 촛불을 가지고 서 계셨지요."

다음날 아침 제이드 문이 눈을 뜨자 어젯밤 그렇게 어두웠던 방에 햇살이 벌써 저만큼 비치고 있었다. 주위를 둘러보았다. 다섯이서 방안을 온통 차지하고 있었다. 그녀는 가족이 전부 에스에스민장에서 자던 그 모습대로 똑같은 공간을 차지하고 자고 있는 것을 보고 낄낄 웃었다.

'그래, 하나님은 틀림없이 우리가 다리를 뻗을 수 있을만한 충분한 공간을 주고 계시다.' 제이드 문은 혼잣말을 했다. 그러나 한 센티도 더 주시지는 않고! 잠자리에 앉아서 방 안을 둘러보았다. 젖은 신발이 벽에 세워져 있었고 젖은 양말들이 의자 뒤와 안주인의 나무 침대에 나란히 걸려 있었다. 냄비는 깨진 화덕에 놓여 있었고 낡아빠진 나무 식탁에는 지난 밤의 초토막이 있었다. 벽에 박힌 몇 개의 못에 잡다한 가방, 숄, 파란 잠바와 곤색 바지가 세트로 걸려 있었다.

갑자기 제이드 문이 생각해 냈다. '나는 이 방에서 태어났어. 상하이에서 첫날밤을 보낸 바로 이 방에서.' 그러다가 궁금해졌다. '우리 여주인은 어디 가셨나?' 바로 그때 아주머니가 문을 등으로 밀며 들어왔다. 그릇, 젓가락, 수저가 담긴 양동이를 그녀에게 지나치게 무거운 것처럼 두 손으로 들고서.

“여섯 가구가 한 부엌을 써요. 아래층에 있지요. 공중 화장실 바로 옆이에요. 그 두 곳에서만 물이 나온답니다!” ‘흠, 내가 잘 알지.’ 제이드 문이 속으로 생각했다. ‘우리 부엌, 우리 화장실인걸!’

이제 노블 하트도 일어나서 아침 햇살 속에서 기지개를 켰다. 옷을 입는데는 아무 문제가 없었다. 다른 사람들처럼 옷을 입고 잤다. “그런데, 주전자 있으세요? 나가서 두유하고 아침으로 먹을 만한 것 좀 사올게요.”

그가 나가고나자 제이드 문은 아주머니에게 몸을 돌렸다. “사과를 드려야 겠어요. 어제는 너무 흥분해서 성함을 여쭤보는 것도 잊었어요. 용서해주세요!” 아주머니는 웃었다. “그게 뭐 별일 이라고요! 날 그저 지지, 왕 언니라고 불러요. 크리스천 형제자매는 나를 그렇게 불러요”

아이들은 아직 다 잠들어 있고 이제 그들만 있었다. 제이드 문은 가장알고 싶은 질문을 하였다. “우리 부모님이 어떻게 되었는지 아세요? 송씨 일가요. 그분들이 이 집 주인인데요. 최소한 그랬었는데요. 그래서 저는 아직 부모님이 이 집에 사는 줄 알았어요. 집이 이사했다는 소식은 못 들 었거든요. 그분들이 어디 계신지 제가 몰라서…….” 갑자기 제이드 문은 왕 언니가 자기가 하는 질문에 하나도 대답할 틈을 주지 않고 자기만 계속 말하고 있음을 깨닫고 멈추었다.

“무슨 말하는지 알아요.” 아주머니는 천천히 시작했다. “그 인민 재판이라는 데를 제가 가야 했어요.” 제이드 문은 숨이 막혔다. 자기 부모에게 그런 일이 있으리라고는 꿈에도 생각하지 못했다.

“그래서 어떻게 되었어요?”

"하나님의 은혜로 살해당하지도 않고 감옥에 가지도 않았어요. 그래도 이 집에서 강제로 나가야 했고." 왕 언니는 잠시 망설였다. "다른 곳으로 옮겨 가야 했어요."

"어디로 갔는지 아세요?"

"예, 어딘지 알아요. 무슨 자백서 같은 종이쪽지를 받았는데 그들의 임무가 적혀 있었어요. 거기에 주소도 있을 거예요. 갖다 줄게요."

왕 언니는 벽에 걸린 작은 플라스틱 가방 있는 데로 가더니 가방 안을 한동안 만졌다. 그러더니 접힌 종이를 꺼내 제이드 문에게 주었다.

"이거예요?"

제이드 문은 서둘러 그 서류를 보았다. 그것은 늘 상투적으로 쓰는 자백서로 "자본주의자", "제국주의자", " 봉건주의자", " 반역자", " 반 혁명가", "국수주의자" 등등으로 가득했다. 거의 끝 부분에 제이드 문은 찾던 주소를 발견했다. **쓰촨로 41가 17 1/2번지.**

"아, 알아요. 홍코우 공원 근처예요. 우리 부모님은 나에게 호수에 있는 오리를 보여주려고 그곳에 데려 갔었답니다." 제이드 문은 그 주소 밑에 있는 글씨를 읽었다. " '차기 공고가 있을 때까지 전술한 사항을 청결히 유지 보호할 것' 그럼 부모님은 최소한 머무실 집은 있는 거네요." 왕 언니는 대답하지 않았다. 제이드 문은 왕 언니에 대해서 아무것도 묻지 않은 것이 생각났다.

"왕 언니, 상하이에 얼마나 계셨어요? 언제 여기로 이사 왔어요?"

"나는 전도 부인이었는데 은퇴했어요. 나는 상하이에서 태어나서 상하이 오페라 회사가 마라나타 교회를 인수하기 전까지 그 뒤편에 살고 있었어요. 그 후에 여기에 살도록 지시받았지요."

"그리고 다른 사람도 여기… 에 살도록 그들이 정해 줬나요?" 여기 우리 집이라는 말이 목에 걸려 나오지 않았다.

"그들이, 저 아래층 사람을 포함해서……."

왕 언니는 문으로 더듬거리며 갔다. 이미 꼭 닫혀 있었는데도 다시 한 번 더 밀었다. "아래층 데몬을 포함 해서요. 그녀는 경찰 스파이라서 모든 것을 보고해요."

"왕 언니, 이것을 물어도 실례가 되지 않을까요? 방 안에서 움직이실 때 손을 많이 쓰시는데요, 눈이 좀 안 좋으세요?"

"오, 몰랐어요? 나는 장님이에요. 완전히요." 왕 언니는 대답했다.

뜨거운 두유와 기름에 튀겨 흑설탕을 뿌린 밀가루 도넛으로 아침을 먹은 후에 리 가족은 상하이 거리로 나왔다. 수레가 다녔는데 정원의 두 배는 태웠기 때문에 다른 사람이 탈 때는 무자비하게 밀쳐냈다. 그래서 그냥 걷기로 했다.

"걷는 게 더 좋아요. 진짜 상하이 모습을 볼 수 있으니까요." 브라잇 빅토리가 말했다.

"노블 하트, 부모님의 주소 중에서 17과 1/2에서 1/2이 무슨 의미일까요?" 제이드문이물었다. "어떻게 1/2 번지에서 살 수가 있지요?"

"왕 언니에게 물었지만 모른대요."

리 가족은 이제 상하이 시내에 있는 장시로를 걷고 있었다.

"오! 저게 우리 아버지가 일하시던 은행 건물이에요!" 제이드 문이 소리쳤다. "지금은 무슨 건물로 쓰는지 모르겠네. 왜 아래 창문을 모두 판자로

막아 놓았지?" 은행 건물 정문의 반대편에서 걸음을 멈추고 보니 러시아 말로 쓰인 커다란 간판이 보였고 옆에 중국어로 "중러 우호 협회 - 시내 지점" 이라는 설명이 붙어 있었다.

"와! 군대 행진이다! 여기서 시작하네!" 브라잇 빅토리가 외쳤다. 위를 바라보니 흰 천에 세로로 붉은색 글씨가 쓰인 깃발들이 휘날리고 있었다.

"미국을 무찌르자! 미국을 무찔러 한국을 돕자! 종이호랑이를 죽여라! 미국을 한국에서 쫓아내자!" 다른 행인들처럼 리 가족은 복잡한 보도를 따라서 천천히 걸었다. 그래서 호기심을 만족시킬 수 있었는데 탱크, 무기 운반차, 지프차, 대포들, 자동소총, 박격포, 구급차, 트럭들이 줄지어 행진하고 있었다. 그들은 충칭에서는 그런 군사력을 보지 못했다. 나라에 대한 자존심이 노블 하트의 가슴에 용솟음쳤고 목에 응어리가 차올랐다.

"이것이 중국 군대다," 다른 누구에게보다 자신에게 말했다. "힘이 있어. 주석이 말했듯이 중국은 이제 세계 속에서 우뚝 서고 있다." 빅토리와 로열티는 눈을 크게 떴다. 노블 하트는 그들이 무엇을 생각하는지 궁금했다. 퍼레이드가 지나가자 그들은 다시 거리로 나왔다. 그때 브라잇 빅토리가 입을 열었다. "아빠, 저렇게 탱크나 총이나 저런 것이 많은 것 본적 있으세요?" "아니, 아들아, 본 적이 없단다. 지금 저것을 보여 주는 것은 인민들이 자원해서 한국에서 미국과 싸우도록 하기 위해서야. 다른 때 같으면 보여 주지 않겠지."

빅토리는 계속했다. "아빠, 저것들이 어느 나라에서 만들어졌는지 유의해 보셨어요? 삼분지 일은 러시아제이고 다른 삼분의 일은 미국제 그리고 나머지 삼분의 일이 중국제였어요. 그런데 아빠, 일본제는 어디 있지요? 일본 것들을 많이 빼앗지 않았나요? 지금 그것들이 어디 있을까요?”

“얘야, 그런 질문들은 아빠에게만 조용히 묻는 게 좋단다.”

마침내 그들은 41번가에 도착했다. 운하를 따라서 있는 지역이었는데 이전에는 꽤 괜찮게 보였을 것 같았다. 지금은 밤에 흙 나르는 배가 몇 척 여기저기 매여 있었고 인분 냄새가 좁은 길에서 강둑까지 배어 있었다. 41번길을 가고 있을 때 제이드 문은 문의 주소들을 서둘러서 열심히 읽어가기 시작했다. “하나…셋…다섯…일곱….” 그녀는 세는데 열중하고 있어서 나무 양동이 두 개를 지고 가는 나이든 여인과 부딪힐 뻔 했다. 나이든 여인은 양동이의 균형을 잡으려고 바닥에 내려놓았다. “좀, 실례하겠습니다.” 하고 그녀가 말했다.

“엄마!” 제이드 문이 소리치며 그녀를 붙잡더니 껴안았다. 목소리가 아니었다면 엄마를 알아보지 못할 뻔했다. 더러운 바지와 잠바에 짚신 샌달을 신고 있었기 때문이었다. 그리고 그 냄새…그것은 엄마의 냄새가 아니었다.

“엄마!” 제이드 문이 다시 소리쳤다. “엄마가 맞아요! 엄마예요! 우리 여기 있어요. 노블 하트 아시지요? 얘는 브라잇 빅토리예요, 브라잇 로티, 그리고 로터스 훌라우어예요. 어디 살아요? 아빠는 어디 계세요? 안녕하신가요? 엄마 류마티즘은 어떻게 됐어요?”

송부인은 웃었다. “넌 예전이나 똑같구나! 내가 하루 종일 대답해도 다하지 못할 질문을 단숨에 해버리는구나. 무슨 질문에 먼저 대답할까?” 제이드 문은 얼굴을 약간 붉혔다.

“아빠는 어디 계세요?”

"배 타고 나가 계시다. 그게 그의 임무야."

"그 연세에요? 지금 65세이시잖아요."

"아, 건강하셔. 언제나 바깥 공기를 마시니까."

"엄마 류마티즘은 어떠세요?"

"그건, 사실 좀 좋지 않아. 내가 사는 곳이 언제나 습하거든."

"왜 '우리' 가 아니고 '나' 라고 말씀하세요? 그들이 아빠와 헤어지게 했어요?"

"왜냐고? 그렇기도 하고 아니기도 해."

"자 이제 말씀해 주세요. 어디 사세요? 우리가 다 들어갈 수 있는 방 있어요?"

이제 송 부인이 얼굴을 붉혔다. "먼저 내 집을 보여줘야 겠구나." 송부인이 가리키는 곳은 낮은 콘크리트 건물로 반은 강에 잠긴 곳이었다. 그곳에는 정부에서 17과 1/2 번지 상하이 시청 화장실 113호라고 지정한 주소가 쓰여 있었다.

제이드 문의 눈에서 눈물이 흘렀다. 그러다가 마침내 물었다.

"여기에서…여기에서 사시는 거예요?"

"응, 그래. 문 바로 안쪽에 긴 의자가 있어. 거기서 자지. 청소하고 여기 들어오는 여자들에게 종이도 내준단다."

"그런데…아빠도 여기 살아요?"

"여기가 그의 주소이기는 하지만 일은 오물 배 위에서 하고 계셔. 배에서 식사하고 주무시지."

“우리는 속았어요.”

1952년 가을

“하나, 둘, 셋, 넷! 하나, 둘, 셋, 넷!” 숫자 세는 소리가 시끄럽게 계속됐다.

“왜 저 사람은 저렇게 소리치고 있어요? 다른 말은 하나도 않고 하나, 둘, 셋, 넷만 외치고 있어요?” 로터스 훌라우어가 불평했다. 동튼 직후 이른 아침이었고 ‘하나, 둘, 셋, 넷’ 하는 소리가 자명종 시계처럼 원치 않게 잠을 깨웠기 때문이었다.

“별거 아니야, 로터스 훌라우어. 여기 창가에 와서 보렴.”엄마는 셔터를 열어 밖을 보도록 해 주었다. 아래 뜰에 구령을 부르는 사람이 집을 등 뒤로 하고 얼굴은 열두어 명 되는 남녀 노인들을 향하고 있었다. 그들은 모두 같은 옷을 입고, 하나, 둘, 셋, 넷, 구령에 맞추어 손을 동시에 움직이며 체조하고 있었다. “아침 운동을 하고 있는 거야.” 제이드 문이 설명했다.

“군인이 인도하는데 모자에 빨간 별이 있는 걸 보고 군인인 걸 알았지.” 모자에 별 이야기를 하고 있을 때 갑자기 그 군인은 모자를 벗더니 땅바닥에 내리쳤다. 체조를 하니 더웠던 모양이다. 그때 제이드 문은 그에게서 이상한 것을 보았다. - 그는 완전 대머리였고 머리카락이 있어야 할 자리에 보통 사람에게서 볼 수 없는 빨간 줄이 쳐져 있었다.

로터스 훌라우어도 그 빨간 줄을 보고는 낄낄거렸다. "엄마, 저 사람 머리에 지도가 그려 있네요! 저 강하고 호수 좀 보세요!" 이 일로 인해서 제이드 문은 그 대머리와 지도를 나중에 잘 기억할 수 있었다. "그런데 왜 자기들 운동을 하는데 나를 깨워야만 하냐고요?" 로터스 훌라우어는 계속 알고 싶어했다. "글쎄다. 습관이겠지. 다들그러잖니. 그래도네가운동할 때는 저렇게 같이 모여 할 필요는 없겠지. 권투 연습은 혼자 하는 사람이 많구나. 저 길 건너를 봐라. 이상하게 몸을 구부리며 천천히 주먹을 휘두르는 저것을 사람들은 그림자 권투라고 한단다."

리 가족은 왕 언니 집에서 대여섯 밤을 잘 수 있었다. 그리고 얼마 동안 친척을 방문했는데 집들이 다 좁아서 그들이 영구적으로 머물 곳은 못되었다. 리 할아버지조차 예전의 넓은 집에서 방을 하나 밖에 쓰지 못했다.

왕 언니는 그들이 있을 곳을 위해서 기도해 주기로 약속했었는데 틀림없이 약속대로 바로 홀 하나를 건너 방이 두 개 있는 집을 구했다. 이제 빅토리와 로열티는 거실 바닥에서 잤고 노블 하트와 제이드 문과 로터스 훌라우어는 다른 방에서 잤다. 그 방에는 옛날 옷감으로 만든 커튼이 중간에 걸려 있었다. 식구들이 먹을 쌀, 소금, 그리고 다른 음식은 이 방에 놓았다.

물론 부엌과 화장실은 아래층에 있어서 다섯이나 되는 다른 가정들과 공용으로 쓰게 되어 있었다.

그날 아침 좀 늦게 식구들은 흰죽으로 아침을 먹었다. 식탁에 놓인 반찬이라고는 죽을 간할 수 있는 굵은 소금뿐이었다. 브라잇 로열티가 말했다.

"음식 투정을 하려는 게 아니고요, 엄마, 충칭에 있을 때 어려서 상하이에서는 언제나 맛있는 고기와 생선 그리고 과일을 드셨다고 하지 않으셨어요? 이렇게 소금만 넣은 흰죽으로 아침을 드신 적이 있으세요?"

"아니다, 로열티, 물론 아니야. 문제는 여기 상하이 뿐 아니라 홍수와 기근으로 피해 입은 곳이 많아서 음식이 귀한 거야. 사실은 많은 사람이 굶어서 죽어 가고 있단다." 제이드 문은 손바닥을 내밀며 조용히 하라는 표시를 하였다. "그렇지만 이런 말은 저 문밖에서는 하면 안된다!"

"예, 엄마." 아이들이 모두 함께 대답했다. 그들은 심각한 얼굴로 흰죽과 소금을 먹었다.

새 학기가 되어서 브라잇 빅토리는 고등학교에 들어가려고 지원하였다. 그러나 그의 아버지의 배경을 조사하더니 결국 입학시험을 볼 수 있는 자격조차 얻어내지 못했다. 대신에 시당국은 그에게 트랙터 시동 모터를 만드는 공장에서 청소부 조수로 일하라고 명령을 했다. 그가 매일 하는 일은 똑같았다. 쓸고, 닦고, 깨끗이 하는 일이었다.

어느 날 본부 건물의 그늘진 땅바닥에 앉아 점심을 먹던 빅토리는 한 젊은이가 그리 멀지 않은 곳에 앉아 있는 것을 보았다. 그가 먹기 전에 기도를 한 것일까 아니면 그저 이마를 긁적인 것뿐일까? 그가 식사 전에 감사기도를 했나 안했나를 알아봐야겠다고 생각하고 브라잇 빅토리는 그에게 가서 대화를 시작했다.

"실례지만 질문을 하나 해도 될까요?"

"물론 하세요."

"제 나이쯤 되어 보이시는데요. 최근에 이곳에 왔어요?"

"예, 고등학교 시험을 보려고 2년을 계속 시도했지만 시험조차 볼 수 없었어요."

"왜 그랬는지 아세요?" 브라잇 빅토리는 더욱 의심이 나서 물었다.

"그들은 결코 이유를 말하지 않지만 나는 왜 그런지 알 것 같아요."

"저에게 그 이유라고 생각되는 것을 말해주면 안되겠어요?"

"왜 안 되겠어요. 아마도 제 가족이 크리스천이기 때문일 거예요." 그의 새 친구는 조용한 목소리로 말했다.

"제가 묻고 싶던 질문이 바로 그거에요. 나도 크리스천이거든요!" 빅토리는 손을 내밀었고 상대편은 그것을 꼭 쥐었다. 그들은 열렬하게 악수를 하였다.

그렇게 하여 브라잇 빅토리와 스트롱 히어로의 따뜻한 우정이 시작되었다. 그도 청소부 조수라는 그럴듯한 직책을 가졌다. 그들은 자주 일도 같이 하고 먹기도 같이 먹고 일과 후 정치 모임에도 같이 갔다. 과외로 가는 모임이었고 대가를 받는 것도 아니었지만 선택의 여지는 없었다. 스트롱 히어로의 우정은 빅토리에게 특별히 도움이 되었는데 왜냐하면 그는 보통 일요일에 일을 해야만 했기 때문이었다. 공장에서 순차제로 휴일을 갖다 보면 칠 주나 팔 주만에 교회를 가게 되었다.

어느 날 공장장이 브라잇 빅토리에게 왔다. 그는 손에 종이 한 장을 들고 있었는데 그의 얼굴에 야릇한 표정을 하고 있었다. "리동무, 개인적으로 할 말이 있는데."두 사람이 따로 있게 되자 공장장은 불쑥 말을 꺼냈다. "나는종교가 공장을 운영하는 것과 무슨 관계가 있으리라고는 생각지 못했는데! 여기 이것 좀 봐!" 그는 브라잇 빅토리 손에 종이를 펼쳐 보였다. 거기에는 이렇게 쓰여 있었다.

"상하이 선라이스 시동 모터 회사 공장장, 귀하의 공장에서 아래의 직원을 앞으로 4주 동안 매주 화요일 일과 후 정치 학습에서 제외시켜 줄 것을 요청 합니다:

> 브라잇 빅토리 리
>
> 스트롱 히어로 리양
>
> 위 사람은 앞으로 4주 동안 매주 화요일 가바트 기념 교회의 집회에 참석하게 되어 있습니다. 그렇게 연락해 주기 바랍니다.
>
> **— 삼자 개혁 교회 (서명)**

"나는 '삼자 개혁 교회' 에 대해 들어 본 적이 없지만 종교국의 편지지를 사용하고 있군. 그러니 이 편지는 종교국에서 온 것이야." 공장장은 브라잇 빅토리에게서 편지를 돌려받고는 돌아가려고 하다가 뒤돌아서서 물었다. "스트롱 히어로 리양을 알고 있는가?"

"예, 공장장님."

"그러면 너희 둘은 앞으로 4주 동안 화요일 마다 정치 학습을 면제해준다고 그에게 말해라."

"알겠습니다!"

다음 화요일 일이 끝난 후에 빅토리와 히어로는 가바트 기념 교회로 갔다. 그 본당에는 그들과 같은 젊은이들로 빈 자리 없이 가득 차 있었다. 브라잇 빅토리는 모임이 시작되기 전에 될 수 있는 대로 다른 사람에 대해서 많이 알아보기로 작정을 했다. 그래서 20여세 되어 보이는 밝은 얼굴을 한 젊은이에게 가서 공손하게 말을 걸었다. "실례합니다만, 이 교회에 다니시는지 물어도 되겠어요?"

"아니오, 당신은요?"

"저도 이 건물에 들어와 본 적이 없어요. 우리가 여기 왜 왔는지 알아요?"

"전혀 짐작이 가지 않아요."

그때 한 사람이 앞에서서 조용히 하라고 했다. "내 이름은 후유방입니다. 나는 삼자 개혁 교회 간부입니다. 우리는 종교국에서 당과 가까이 협력하면서 일하고 있습니다."

브라잇 빅토리는 이것은 절대로 교회 모임이 아님을 알았다. 최소한 그것은 교회 모임의 표지가 될 만한 것이 하나도 없었다. - 찬송가도 없었고 기도도 없었으며 음악도 없었다. 일과 후에 모이는 정치 모임과 다름이 없는 용어가 규칙적으로 사용되었다. "한국을 도와 미국을 배격하자… 미국 제국주의… 반혁명주의… 썩어빠진 요소… 반동분자… 애국… 당을 사랑하자."

후씨는 말을 마치면서 그 모임의 의의를 밝혔다. "9월 10일 화요일 오후 여러분은 애국 운동장에 모이는 대형 집회에 참석하게 됩니다. 그 날 오후는 일과가 면제될 것입니다. 앞으로 화요일에 두 번 더 와서 교육을 받게 될 것입니다."

그 다음 화요일도 후씨는 강연을 했는데 해외에서 온 선교사들이 미국 정부를 위해서 일하는 스파이들이었고 문화적 제국주의의 대리인이었다는 것을 특히 강조했다. 그것은 브라잇 빅토리가 알지 못했던 용어였다.

화요일 마다 강연을 통해서 후씨는 모인 사람들이 애국 운동장 대 집회에서 어떻게 행동해야 하는지를 가르쳤다. 브라잇 빅토리는 나중에 스트롱 히어로에게 말했다. "그는 우리가 어떻게 '행동' 해야 하는지를 말했어. 그게 진상이야. 우리는 '행동'을 만들게 되어 있어. 연극처럼. 그는 우리를 무대에 배우처럼 세우고 연극을 지휘하는 사람이야!"

바로 그 위대한 날 두 소년은 애국 운동장 제 3 출입구에 한 시 정각에 도착했다. 놀랍게도 운동장의 앞에 넓은 공간이 있었고 그들은 그곳에 줄을 섰다. 인민 해방군 제복을 입은 젊은 여자들이 이름을 부르며 앞뒤로 다니고 있었다. 마침내 브라잇 빅토리는 그의 이름이 불리는 소리를 들었다. 그는 손을 들고"여기 있습니다!"하고 소리쳤을 때 소녀는 그에게 신분증을 주었는데 놀랍게도 거기에는 다음과 같이 쓰여 있었다.

"브라잇 빅토리 리 가바트 기념 교회"

그는 스트롱 히어로에게 속삭였다. "그들은 나를 가바트 기념교회 회원으로 기록했어! 그리고 봐, 출입구마다 우리 같은 사람들이 크게 무리지어 많이 있는 것 좀 봐!"

"글쎄, 이건 내가 상상한 것보다 더 큰 조직인걸. 이렇게 큰 집회를 조직하다니 대단하군!" 스트롱 히어로는 손수건을 꺼내서 얼굴을 닦았다. "우리를 안으로 들여보내 주기만 하면 좋겠네. 더워 죽겠군!"

정각 2시에 가바트 기념 교회 대표는 애국 운동장으로 행진해 갔다.

뙤약볕을 피해 지붕이 있는 안으로 들어가게 되어 얼마나 다행이었던지! 군복을 입은 젊은 여자는 그들을 자리로 안내했다. 스트롱 히어로가 외쳤다.

"저기 후씨가 있다! 대표단과 함께 있네. 강사가 아닌 거야." 본부석에 앉아 있는 사람들은 상하이 연못에서 후씨보다 훨씬 더 큰 물고기들임이 차차 밝혀졌다. 북이 울리는 소리가 들리고 거대한 군중이 조용해졌을 때 젊은 여자 아나운서가 마이크 있는 데로 올라가더니 마치도 극장에서 하는 것처럼 큰 소리로 외쳤다.

"상하이 부시장, 지아 비황 동무!"

후씨는 벌떡 일어나 크게 손뼉을 쳤다. 이것이 신호가 되어 빅토리와 히어로도 크게 손뼉 쳤고 나머지 다른 대표들도 따라서 했다. 부시장의 연설은 순전히 정치적이었다. 그는 미국을 '커다란 종이호랑이' 라고 몰아치며

"우리는 그 종이호랑이를 갈기갈기 찢어버릴 것입니다." 라는 말로 마지막 클라이맥스를 장식했다. 아나운서는 다시 마이크를 잡았다. "휑율랴오 동지, 삼자 개혁 교회의 부회장입니다!"

다시 후씨로 시작하여 열두어 명이 그를 따라서 크게 박수를 쳤다. 이것이 그날의 가장 중요한 연설이었다. 휑 동무는 다른 말도 했지만 이렇게 말했다.

"마오 의장은 오늘날 중국이 세계 속에서 우뚝 서가고 있다고 말씀하셨습니다. 저는 오늘날 기독교 교회가 중국인들 사이에서 높이 서가고 있음을 천명하는 바입니다. 역사상 처음으로 중국 수상이 기독교 대표들을 수도로 불러 그들을 위해 귀중한 시간을 삼일이나 내주셨습니다. 그분은 정치와 종교의 분리 정책을 쓰는 미국의 개념이 시대에 뒤떨어진 생각이라고 하시며 천 년 이상 유럽의 사상이 되어온 교회와 정치가 하나라는 개념을 수용하셨습니다. 그분은 우리가 지금 중국에서 집을 청소하고 있으며 청소가 끝나면 다른 손님은 받지 않는다고 말씀하셨습니다. 그러므로 선

교사들은 가야만 합니다. 그들이 가는 것을 여러분이 지켜보아야 합니다."

부의장은 이곳저곳에서 잠시 멈추었는데 후씨는 그 때마다 벌떡 일어서서 크게 박수를 쳤다. 그래서 브라잇 빅토리와 스트롱 히어로도 따라서 박수를 쳤고 나머지 일행도 따라했다.

이제 아나운서가 다시 마이크를 잡았다. "량 사이메이양, 크리스천 가정의 편집장입니다!"

"아그네스 죤슨 선교사는 캐나다 온타리오의 구엘프에서 왔습니다. 그런데 교육은 미국 뉴욕 주에서 받았기 때문에 미국 문화 제국주의의 앞잡이였습니다. 그녀는 자주 '미국에서는 이렇게 하는데' 라고 말하며 위대한 우리 중국 문화와 위대한 중국 인민을 끊임없이 멸시했습니다. 그녀가 오늘 여기 있다면 저는 '감옥에 백 년 동안 가둬야한다' 고 외칠 것입니다!"

후씨와 그의 일행에게서 우레와 같은 박수 소리가 났다. 량은 계속했다.

"더구나 저는 제 눈으로 선교사들이 우리 중국 인민을 육체적으로 학대하고 마구 대하는 것을 보았습니다. 귀조우 성에서 저는 호주 후리 맨틀에서 온 조엘 휘셔라는 선교사를 알고 지냈습니다. 어느날 저는 그가 자기 소유지에 들어와 땔감을 줍는 중국인과 말다툼하는 것을 보았습니다. 그 중국 사람은 땅이 중국 것이고 그가 중국인이기 때문에 그곳에서 땔감을 주울수 있는 권리가 자기에게 있다고 말했습니다. 선교사는 동의하지 않고 그를 억지로 잡아 둑 밑으로 떠밀었습니다. 그리고는 바구니와 지게를 그에게 다 던졌습니다. 죠엘 휘셔가 오늘 여기 있다면 저는 그를 구덩이에 처박고 두 손을 잘라 버릴 것입니다!" 우레와 같은 박수 소리가 났다. 빅토리와 히어로의 박수를 포함해서. 여섯 명이 더 연설을 했다. 그들은 선교사를 공격할 뿐 아니라 그들과 친했던 중국인 크리스천들도 공격했다. 연설이 길어질수록 더 맹렬하고 더 심한 욕설이 나왔다.

순씨라는 사람은 상하이 교회의 목사라고 소개를 받았는데 이렇게 요구했다. "외국인의 강아지들을 색출합시다……. 스스로 강아지 줄을 목에 걸고 끌려 다니던 자들을 끌어내어 영국 영사관 국기 게양대에 묶어 놓고 죽을 때까지 채찍으로 때립시다!"

후씨는 이번에는 배나 빠른 속도로 일어나서 온 운동장이 울리도록 우레와 같은 박수를 쳤다. 브라잇 빅토리는 스트롱 히어로의 손을 보았다.

히어로는 빅토리의 손을 보았다. 둘 다 박수치는 흉내는 냈지만 그 어느 쪽에서도 소리는 나지 않았다.

집회는 여섯 시에 끝났다. 덥고 지쳐서 브라잇 빅토리와 스트롱 히어로는 바로 집으로 왔다. 길이 갈라지는 모퉁이에서 그들은 멈추고 서로 바라보았다. 브라잇 빅토리가 각자의 생각 속에 있던 것을 소리 내어 말로 했다. "우리는 속은 거야."

상하이 생활

1952년 가을

다른 결혼한 여자들과 마찬가지로 제이드 문에게도 지정된 일이 있었다. 베이징에서 성별이나 나이에 관계없이 누구나 '생산적' 이 되어야한다는 지시가 내려왔다. 다행히 제이드 문에게는 단조롭고 기계적인 공장 일이 떨어지지 않고 채소 배급 센터의 일이 주어졌다. 채소가 든 나무틀 상자나 바구니들은 무거웠지만 최소한 하는 일은 다양했다. 더구나 그녀는 늘 가위와 플라스틱 가방을 들고 다니면서 쓰레기 더미에 가서 쓸 만한 것들을 잘라서 집으로 가져오곤 했다.

어느 날 제이드 문이 일을 마치고 집으로 돌아오는 데 문 앞에 경비처럼 서 있는 데몬과 마주쳤다. 그녀의 말은 칼날처럼 날카로웠다. "가방에 든 것이 뭐지요?"

"아, 고구마 조금 하고 박초예요." 제이드 문은 아무렇지도 않게 데몬에게 가방을 열어 보이며 대답했다.

"우체부가 오늘 아침 충칭에서 온 편지를 당신에게 가져왔던데, 덩 부인으로부터 온 거예요. 그 사람 알아요?"

“예, 덩 부인과는 오래 알고 지낸 사이예요.”

제이드 문은 얼른 뽑아 들고 데몬을 지나쳐서 위층으로 올라갔다. 다음 질문을 받지 않았으면 하고 바라면서. 나중에 그 사건을 왕 언니에게 자초지종 얘기 했다.

“오, 어쩌나. 바오 목사님이 감옥에서 나와서 바로 오후 이곳으로 기도회를 인도하러 오신다고 했는데. 데몬 눈에 띄지 않고 오실 수 있으면 좋으련만. 제이드도 와서 함께 기도해요.”

얼마 지나지않아 바오 목사가 큰 언니 집 문 앞에서 조용히 불렀다. “웨이! 웨이! 여보세요! 여보세요!” 모두 기뻐하며 노 목사를 집으로 맞았다.

“예” 바오 목사는 시간이 좀 지났을 때 제이드 문에게 말해 주었다. “저를 비롯해서 상하이 목사 중 많은 사람이 인민재판을 받았어요. 그렇지만 하나님께서 하나님의 방법으로 당신의 사람들을 지켜 주셨어요. 제가 인민재판에서 가장 두려워했던 것은 나를 고소하는 사람 앞에서 강제로 무릎을 꿇는 것이었어요. 수년 동안 무릎이 너무 아파서 무릎 꿇지 못했었거든요. 그래서 나는 앉아서 기도하거나 방 안을 걸어 다니면서 기도했어요.”

“내 때가 되어 무릎을 꿇으라는 명령을 받았을 때 고통스러울 것이 뻔했지만 그들에게 얘기할 수 없었지요. 하늘에 계신 아버지께 조용히 기도하면서 무릎을 꿇었어요. 놀라운 일이었어요. 고통스러우리라고 예측했던 대신에 무릎이 즉시로 마비가 되어 강제로 꿇어앉아야 했던 세 시간 동안 아무 통증을 느낄 수 없었어요. 그들은 나를 18개월 동안 감옥에 있게 했고 지난 주에야 풀려났답니다.”

“이제 나오셨는데 제일 하고 싶으신 일이 뭐세요?” 제이드 문이 물었다.

"무엇보다도 노래를 부르고 싶어요!" 바오 목사가 외쳤다. "18개월 동안 혼자 조용히 속으로만 불렀는데 이제는 하나님의 백성들과 함께 노래하고 싶어요. 무슨 찬양을 할까요?"연로한 목사는 열정적으로 시작했다.

> "영광의 왕이 죽으신 놀라운 그 십자가를 생각할 때
> 내게 유익하던 것 해로 여기고
> 자랑하던 것 조롱하겠네."

1절을 다 부르자마자 문이 활짝 열렸다. 바로 문 앞에 팔짱을 끼고 데몬이 서 있었다.

"아하! 무슨 노래를 부르시는가? 불법 모임을 갖고 있군? 경찰에 고발 하겠어요!"

*

어느 날 아침 열 살 난 로터스 훌라우어가 새 학교에 도착했을 때 교실에 무언가 흥분되는 기미가 있었다. 아이들은 군데군데 모여 무엇인가에 빠져 있었다. 혼자만 모를세라 로터스 훌라우어도 한 쪽으로 끼어들어가서 아이들이 집중하고 있는 것이 무엇인지를 보았다. 한 남자 아이가 자랑스럽게 목에 매는 빨간 마후라를 쳐들어 보였다. "나는 이제 젊은 개척자다!"

"그거 어디서 났니?" 로터스가 물었다.

"선생님이 나눠 주고 계셔."

로터스 훌라우어는 돌아다보았다. 아이들이 줄을 서 있는데 선생님께서 빨간 마후라를 링에 끼워 목에 걸어주고 계셨다. 로터스도 줄을 섰다.

“이름은?” 선생님이 물으셨다.

“로터스 훌라우어 리입니다.”

“흠, 로터스 훌라우어 리라” 선생님은 되풀이 말하고 카드를 뒤적이며찾았다. “리라고 했니? 로터스 훌라우어 리?”

“예, 선생님 동무.”

“너는 마후라를 받지 못한다, 로터스 훌라우어.”

“왜요, 선생님 동무?”

“네 카드에 있는 너의 아버지 이름에 검은 표시가 되어 있는데 그것은 아버지에게 무언가 잘못이 있다는 의미이거든.”

고개를 푹 숙이고 로터스는 자리로 가서 앉았다.

‘아버지에게 무언가 잘못이 있다니 그게 무슨 말일까?’

점심 때 로터스 훌라우어는 책상에서 대나무 젓가락과 알루미늄 도시락을 꺼냈다. 아름다운 가을날이었다. 로터스와 그와 친한 세 친구는 이런 날이면 밖에서 먹는 것을 좋아했다. 운이 좋으면 학교 운동장을 둘러싸고 있는 나무에서 새소리도 들을 수 있었다.

네 명의 소녀들은 곤색 바지와 목에까지 단추를 채우는 잠바를 입고 있었다. 더 어린 아이들은 빨강, 노랑, 자주, 초록 등 밝은 옷을 입었지만 로터스 정도의 나이가 되면 그런 옷은 입지 못하고 농부 바지와 마오 잠바를 국민복으로 그때부터 평생 동안 입어야 했다.

그러나 변화를 주는 부분도 약간은 있었다. 어린 소녀는 자기가 원하는 만큼 머리를 땋아 기를 수 있었고 리본 색을 마음대로 할 수 있었다. 얼굴도 다 달랐다. 예를 들어 칭후아는 ‘모두가 똑같이 보이게 되어 있지만 나는 다르게 할 거야!' 라고 선언하듯이 강렬한 눈빛을 하고 있었다.

그들이 좋아하는 나무 밑에 도착해서 네 명이 모두 풀밭에 앉았을 때 칭 후아의 눈에 있는 불꽃이 빛나기 시작했다. 그녀는 도시락 뚜껑의 한 귀퉁이를 살짝 열어 속을 들여다 보더니 뚜껑을 재빨리 다시 닫았다. "오, 오늘 내 도시락 반찬이 뭐게? - 게살이야!"

로터스도 도시락 뚜껑의 한쪽 귀퉁이를 열더니 안에서 나는 향기를 맡았다. 그러고는 다시 뚜껑을 닫았다. "내 도시락에는 뭐가 들었게? - 돼지고기 조림!"

다음은 유린의 차례였다. 도시락을 조금 열어 안에 있는 맛있는 음식 냄새를 맡아 보고는 깊은 한숨을 쉬더니 말했다. "내 도시락에는? - 왕새우다!"

마지막으로 리웬이 도시락 한쪽을 열어보더니 눈을 굴리고 입맛을 다셨다. "내 도시락에는 무엇이 들었을까? - 참기름에 튀긴 굴이다!"

네 명의 소녀들은 즐겁게 웃었다. 각자 도시락을 열어 뚜껑을 가지런히 밑에 받치고 식은 밥과 절인 양배추를 대단히 맛있게 먹었다.

*

상하이에 와서 노블 하트와 제이드 문은 교회와 목사님에 대해서 알아보다가 가까이에 있는 그레이스 교회에 다니기로 했는데 집에서 그리 멀지 않았다. 하루는 주일 예배를 마치고 황 목사께 가정 모임을 갖는 것에 대해 의논을 했다. 그들이 그런 모임을 갖고 싶어도 다른 성도들에게 데몬과 같은 스파이가 사는 건물로 오라고 하는 것은 위험한 일이었다. 황 목사와 장로 세 사람과 이 일을 의논하고 있을 때 건물 뒤에서 소동이 있어서 보니 인민 해방군 복장을 한 남자들이 많이 있었다. 그 중 네 사람이 다가왔는데 복장에 계급장은 달려 있지 않았지만 제복의 질로 보아서 그들이 경관임을 노블 하트는 알아보았다. 계급이 없는 사회라고 해도 계급이 있는 사람들은 어떻게든 그것을 보일 방도를 찾는 것 같았다.

“우리는 황 목사를 찾고 있습니다.” 앞에 서 있던 사람이 노블 하트가 뭐라고 말하려는 것을 제지하며 말했다.

“내가 황 목사인데요.”목사님이 나섰다.

“우리는 상하이 시청에서 나왔습니다. 여기에 큰 홀이 있다고 들어서요……”

노블 하트는 경관이 무슨 일을 하려는지 궁금했다.

“그런데 이 큰 홀에 상하이 시민이 공적으로 모이는 자리에 마오 주석사진이 하나도 걸려 있지 않다니요. 왜지요? 우리나라를 사랑하지 않는 건가요?”

노블 하트는 그의 모난 어조에서 앞으로 어려운 일이 닥치겠다는 예감을 하였다.

“동지, 그렇습니다. 우리 홀에는 마오 주석 사진이 없습니다.” 황 목사는 대답했다. “이 건물은 예수 그리스도를 통해서 하나님께 예배드리는 장소입니다. 사면을 보십시오. 우리는 벽에 예수 그리스도의 사진도 걸어 놓지 않았습니다. 그러니 마오 주석의 사진도 걸지 않은 것이지요.”

“흠! 그것이 당신의 대답이란 말이지! 그 말에 책임을 져야 할 것이요!”

네 명의 경관은 몇 명 모여 있던 크리스천들에게 등을 돌리고 인사도 없이 건물 밖으로 걸어 나갔다. 황 목사는 노블 하트를 향해 말했다. “이런 일이 있으리라고 짐작하고 있었어요. 일본군이 상하이를 지배하고 있을 때 여기에 와서 히로히토 천황 사진을 걸어 놓으라고 했어요. 그때도 같은 대답을 했지요. 그 일본 사람은 신사여서 그 문제에 대해서는 더 이상 말하지 않았어요. 그런데 지금 온 경관들은 그렇지 않을 것 같군요."

리 가족이 다음 주일 예배드리러 왔을 때 황 목사가 화요일 잡혀갔고 외부와 연락이 두절되어 아무도 그가 어디 있는지를 모른다는 소식을 들었다. 그뿐 아니라 그 건물은 이제 시청에 넘겨졌기 때문에 오늘이 마지막 예배라는 이야기였다.

"다이 장로님이 예배 인도하기 어려우시겠네." 노블 하트가 그의 아내에게 속삭였다. 그러나 현실적인 제이드 문은 다른 의문을 가지고 있었다. 찬양대가 '전진하라 십자가 군병들이여' 곡에 맞추어 들어오고 있을 때 "찬양대 가운은 누가 가져갈까요?" 하고 노블 하트에게 물었다. 특별 찬양 시간에 그녀는 다시 속삭였다. "피아노는 어떻게 될까요?" 이 건물이 예배를 위해 쓰이는 것이 이번이 마지막이기 때문에 노블 하트는 주의 성찬 예식이 거행될 때 시기적절한 행사라고 생각했다. 그러나 그때조차 제이드 문은 "저 성찬 도구를 누가 간직하게 될까요?" 라고 작은 목소리로 말했다.

다이 장로는 설교에서 결론적으로 말했다. "우리는 슬픈 때를 만났습니다. 우리 교회는 밀턴 기념 교회에 흡수됩니다. 삼자 교회에서 그렇게 통보를 해 왔습니다." 그는 더 이상 하고 싶지 않은 듯이 멈추었다. "건물은 성냥 공장이 되어 사람들의 삶에 생산적인 도움을 줄 것입니다. 우리 목사님은 오늘 여기 계시지 않고 멀리 계십니다. 마지막으로 머리를 숙이고 눈을 감으십시다. 마지막을 상하이와 전 중국에 있는 교회를 위해 기도하는 것으로 이 예배를 마치는 것이 좋겠습니다."

다이 장로가 기도하기 시작하자 거의 동시에 앉아 있는 모든 사람이 중국식으로 '통성으로' 기도했다. 오늘의 합심 기도는 지붕이 제대로 그 음량을 감당할 수 없을 정도로 크레센도를 이루었다. 십여 분이 지나자 다이 장로의 기도는 거의 함성에 가까워 다른 기도 소리보다 유난히 커졌다. 그러자 그것을 신호로 다른 사람들의 기도 소리는 점점 작아졌다. 다이 장로 자신도 차차로 톤을 줄여서 평상시의 목소리로 기도하였다. 마침내 '아멘' 하고 기도가 끝날 즈음에는 그의 기도 소리만 들렸다. 그가 기도를 시작했기 때문에 그가 마감을 해야 했다. 그러나 그가 혼자 "아멘" 하였을 때 홀에 있던 사람들도 모두 다 한 목소리로 "아멘" 하고 우렁차게 화답하였다. 예배는 공식적으로 끝이 났다.

그러나 예배하던 사람들에게 놀라운 일이 기다리고 있었다. 그들이 고개를 들었을 때 다이 장로가 그들이 기도하는 동안 굵은 붓으로 제단 뒤 높은 곳에 다음과 같은 글을 써 놓은 것을 보았다.

"음부의 권세가 하나님의 교회를 이기지 못하리라."

사람들은 울면서 조용히 차례대로 그 건물을 빠져 나갔다.

“백 송이 꽃을 피게 하라. - 그리고 지게 하라.”

1956년 여름 - 1956년 겨울 -1957년

“상하이가 해방된 것을 기념하는 대벽 신문 기념호를 내려고 하고 있는데 보통 때보다 두 배로 크게 만들려고 합니다.” 린 편집장이 직원들에게 말했다. 린은 광동 사람이었지만 직원들에게 언제나 정확한 만다린 말을 사용했는데 마치도 “하늘과 땅 아래 아무것도 두려워할 것이 없지만 만다린어를 하는 광동 사람을 두려워하라” 는 말이 거짓이라는 것을 의도적으로 증명하려는 것 같았다.

“마오 주석께서는 ‘백 송이 꽃을 피게 하라’ 고 너그러우신 제안을 하셨습니다. 그분은 당과 정부가 지성인에게 지나치게 심하게 대하고 그들의 창작력을 억눌러서 나라에 손해를 입혔다고 생각하고 계십니다. 그분은 지식인을 공산당에 모으기 원하시며 이렇게 함으로 그들에게 자유로운 대우를 약속하셨습니다. 주석님의 말씀 중 가장 중요한 것은 ‘백 송이 꽃을 피게 하라’ 는 것입니다. 그것은 사람들에게 기발하고 독창적인 생각이 있으면 솔직하게 그것을 말할 수 있도록 하라는 의미입니다. 동시에 주석께서는 ‘당 쇄신’ 운동을 시작하셨는데 분파주의, 관료주의, 주관주의를 비판과 자아비판으로 벗어나자는 것입니다. 이것은 여러 동지들이 마음속에 생각하고 있는 것을 솔직하게 쓸 수 있다는 의미 입니다. 베이징에서 오는 자료만을 실었던 것 대신에 그것을 대벽 신문에 실어 출판할 것입니다."

린 편집장은 베이징 선전 문구를 언제나 '자료들' 이라고 했다. 그는 너무 정직해서 그것을 다른 편집장들처럼 '뉴스' 라고 완곡하게 말하지 못했다.

린 편집장은 노블 하트에게 돌아서 "리 동무, 충칭에서 돌아온 직후 우리 신문사에서 일하게 되었는데 여태까지는 여기서 기자로서 날개를 펴 볼 기회를 갖지 못했지요. 말하자면 창조적인 어떤 것 말이지요. 그래요, 리 동무, 인민 해방군에 의해 상하이가 해방된 것과 관련하여 비교적 가벼운 기사를 써 보세요!"

노블 하트는 오늘 다른 날보다 일찍 대벽 신문사 사무실로 가고 있었다. 그는 다른 직원들이 도착하기 전에 린 편집장의 말을 듣고 싶었다.

그는 신문사 정면 문으로 들어가 중앙 홀 아래에서 오른 쪽으로 돌았다. 그는 다시 건물에서 떨어진 부스러기 더미와 옛 건물을 보수하기 위해 들여 놓은 새 자재 더미를 넘어가야 했다. 마침내 그는 린 편집장 방에 들어갔다.

"편집장 동무, 여기 저보고 써 보라고 하신 좀 가벼운 글을 가지고 왔습니다." 노블 하트가 기사를 린 편집장에게 주자 그는 그 자리에서 그것을 다 읽었다.

"인민 해방군이 상하이에 들어왔을 때 그들에게 놀랄 일이 엄청나게 많았습니다. 그들은 대부분 북부 사람들이었고 그들 중 많은 사람이 저 배반자 창카이섹의 억압적인 정책 때문에 학교에 다니지 못해서 글자를 읽을 줄 몰랐습니다. 그들이 상하이에서 만나게 된 서양 문화의 단면은 두렵고 놀랍고 그들에게는 결코 이해할 수 없는 것들이었습니다.

상하이가 해방되고 나서 한 소대가 전에 영국 회사가 쓰던 난징로의 사무실을 숙소로 쓰게 되었습니다. 군대가 다 그렇듯이 인민 해방군도 배를 채워야 했습니다. 이 소대에도 쌀은 있었지만 그것을 그 사무실 안의 어디에서 씻어야 할지 알 수가 없었습니다. 마침내 한 동무가 쌀을 씻을만한 장소를 발견했습니다. 사금파리 항아리 같은 것이 바닥에 높이 붙어 있었습니다. 그곳에는 이미 물이 들어 있어서 그 동무는 무릎을 꿇고 그곳에서 쌀을 씻었습니다.

모든 것이 잘 되어 쌀도 다 씻었습니다. 그런데 다른 동무가 들어와서 그 항아리 뒤 벽에 줄이 걸려 있는 것에 호기심이 생겼습니다. 그는 그것을 힘껏 잡아당겨 보았습니다. 그러자 물이 사금파리 항아리에서 쏟아져 나와 쌀을 순식간에 쓸어 없애버렸습니다.

운이 없었던 그 동지들은 그날 밤 배고픈 채로 자야 했습니다. 그날 쓸 수 있는 마지막 쌀이었기 때문이었습니다."

"하하하!" 린 편집장은 무릎을 치며 즐겁게 웃었다. "잘했군! 잘했어!" 광동 사람으로서 그는 북쪽 사람에 대한 농담이라면 기회를 놓치지 않았다. 그러더니 조용히 왼손으로 턱을 받쳤다. 잠시 생각한 후에 "바로 이런 글이 내가 생각한 것이지만 이것은 좀 더 사정이 나아지면 실읍시다. 이런 유의 농담은 아직은 시기상조야. 미래를 위해 이것을 남겨 두겠소."

'미래를 위해 남겨두는 것'이 무엇을 의미하는지 편집장도 기자도 당시에는 알지 못했다. 그들이 안 것이라고는 린 편집장이 사무실 구석에 있는 서류 더미 위에 그것을 던져 놓았다는 것뿐이었다. 충칭에서 개구리 전쟁의 이야기처럼 노블 하트는 사금파리 항아리의 이야기를 써서 거기 놓은 그날을 비탄에 잠겨 후회하게 될 것이었다.

*

“이번이 상하이에 온지 다섯 번째로 맞는 겨울이에요.” 제이드 문이 몇 달 후에 불평을 해 댔다. “충칭에서 상하이를 그리워했는데 특히 겨울에 날마다 흐리고 어두운 날이면 더욱 상하이를 그리워하곤 했지요. 아마도 상하이도 추운 날은 얼마나 추운지를 잊었던 것 같아요.” 그녀는 손을 꺼내 보이면서 “제 손 튼 것 좀 보세요! 갈라지면 얼마나 아프다고요. 집에서도 장갑을 끼는데 별 도움이 되지 않아요.”

“그래요. 당신처럼 특히 순환이 잘 되지 않는 사람에게는 정말로 힘들어요.” 노블 하트가 이해심을 가지고 대답을 했다.

“화로에 석탄을 좀 사 때면 안 될까요?”

“제이드 문, 당신 손이 빨갛게 되어 피를 흘리는 것을 보고 나도 그 생각을 했어요. 석탄 파는 가게에 갔더니 쿠폰이 있냐고 하는 거예요. 그래서 동사무소에 갔어요. 그랬더니 화로에 넣는 석탄은 쿠폰이 나오지 않는다고 말합디다.”

“쿠폰이 안 나온다니요? 어떻게 그럴 수 있어요?”

“글쎄, 그들은 나에게 베이징에서 온 공식 지침서를 보여 주었는데 이렇게 쓰여 있습디다. ‘양쯔강 북쪽은 춥고 남쪽은 따뜻하다. 그러므로 집 난방을 위한 연료의 쿠폰은 남쪽이 아닌 북쪽에만 발급될 것이다. 우리는 양쯔강 보다 16킬로나 남쪽에 살고 있지요. 유감스럽게도!”

"그럼 집에서 난방을 조금치도 할 수 없다는 말이래요? 털실 잠바나 바지만 계속 입는 것도 이젠 지겨워요! 공처럼 보이잖아요!" 노블 하트는 제이드 문이 울음을 터뜨리려고 하는 것을 보고 얼른 화제를 바꾸었다.

"그래요. 나는 최근에 로터스 훌라우어를 유의해서 보았는데 완전히 숙녀가 되어가고 있어요. 아직 열네 살 밖에 되지 않았는데도 말이지. 걔도 제발 펑퍼짐한 바지와 그 헐렁헐렁한 잠바 말고 다른 것 좀 입을 수 있었으면 좋겠어. 제이드 문, 좀 따뜻한 곳으로 이사 가면 어떨까 하고 생각해봤는데. 당신에게 훨씬 나을 것 같아요. 광동은 어때, 아니면 하이난 섬이라도. 홍콩보다 남쪽인거 알아요? 하이난 섬에서는 일 년 내내 바나나, 파인애플, 코코넛을 기른다고 들었는데."

"여보, 하이난 섬은 생각지도 마세요! 말을 꺼내는 것만도 재수가 없어요! 황제들이 옛날에 죄수들 귀양 보내던 데잖아요."

*

린 편집장은 집무 시간이 지나서 노블 하트에게 말했다.

"리 동무, 나는 작년에 주석께서 '백 송이 꽃을 피게 하라' 고 우리에게 말했을 때 기자, 작가, 예술가, 의사, 선생, 변호사들, 즉 한마디로 지식층의 문제에 대해 정직하게 대응하는 것이라고 생각했어요. 그런데 지금 보니 그것이 모두 생각과는 반대였어요. 왜냐고요? 그것은 지식인들이 스스로 목을 매기에 충분한 밧줄을 주는 정부와 당의 책략이었다는 의심이 드는 거예요."

그는 자동적으로 주위를 둘러보며 '누가 듣지나 않는가' 하고 살폈다. 노블 하트의 마음속에는 그가 너무도 잘 알았던 충칭의 덩 편집장 생각으로 가득했다. 그러나 그의 이야기를 할 계제가 아니었다. 오히려 그는 "글쎄요, 이 국가적인 새로운 전환점이 편집장께 해가 되지 않으면 좋겠군요. 저는 진심으로 편집장을 존경하고 있습니다."

편집장은 그의 말을 바로 잘랐다. "이미 늦었어요. 나는 자아비판을 준비하라는 연락을 받았거든요. 오늘 오후에 배달된 것 좀 보세요. 내 종말의 시작이지요." 조용하게 그는 종이 한 장을 노블 하트에게 내밀었다. 노블 하트는 재빨리 그것을 전부 읽었다. 두 번째 조항에 함정이 있는 것을 곧 알 수 있었다.

> 첫째, 대벽 신문에서 당신은 우익, 파시스트, 봉건주의자, 반혁명적인 사상을 부추겼다. 둘째, 충성스런 요원들이 베이징에서 오는 뉴스를 발간하라고 했음에도 불구하고 당신은 발간하지 않았다. 셋째, 당신은 위대한 인민해방군을 비판하는 기사를 쓰도록 조장했다.
>
> 당신은 자아 비판문을 써서 1957년 2월 1일 오전 10시 상하이 시청 본부로 가지고 와야 한다.

2월 1일은 새벽부터 비가 오고 춥고 바람이 불었다. 상하이에서 가장 나쁜 날씨였다. 하늘조차도 쓰디쓴 바람을 보내는 것 같았고 땅은 불쾌하여 찬 진창길로 응답하는 것 같았다. 노블 하트와 다른 기자들, 부편집장과 사본 독자들은 모두 린 편집장의 인민재판 자리에 출석하라는 공식적인 고지를 받았다.

한 동료 기자가 노블 하트에게 속삭였다. "구식 방법이군- '오리가 보도록 거위를 죽여라.' 우리 나머지 사람들에게 하는 경고인 거야."

노블 하트는 실내에서 방청을 하도록 되어 있어서 안심했다. 오늘 밖에서 몇 시간 있다가는 몇 명은 폐렴에 걸릴 수도 있었다. 편집장은 명령을 받은 대로 일어서서 자아 비판문을 읽었다. 충칭에서 '개선하는' 고백에 대한 경험이 있는 노블 하트는 금방 무엇인가가 잘못되었음을 느꼈다. 편집장은 정부와 공산당을 높이는 발언을 하였고 자신의 죄와 부족함을 인정하였으며 자신에 대한 고소가 사실이라고 인정하였다. 그러나 그곳에는 있어야 할 것이 빠졌다. 무엇이었을까?

'아, 그래, 그는 그들이 쓰는 상투적인 말을 쓰고 있지 않아. 그들이 원하는 용어를 쓰지 않고 있어. 너무 긴장하고 있고 자존심을 유지하고 있는데 그것으로 목숨을 잃게 될지도 몰라!'

이제까지 노블 하트는 린 편집장만 바라보고 있었다. 전면 테이블이 앉아 있는 사람들이 그저 군복을 입고 있고 그들 중 하나는 완전 대머리에다 머리카락이 있었던 자리에 이상하게 빨간 줄무늬가 있다는 것만 알 수 있었다.

린 편집장이 고백문을 다 읽고 나자 앞에 앉은 사람들이 낮은 목소리로 잠시 동안 서로 의논하고 있었다. 그러더니 하급자가 공표했다. "창 대령께서 판결문을 읽으시겠습니다."

대머리인 사람이 대령이었는데 그가 읽기 시작했다. 노블 하트는 눈알이 빠져나오는 줄 알았다. 북만주 헤이룽장 숲에서 3년 간 근로 봉사로 태도를 개선한다는 등의 판결문 소리가 그에게는 거의 들리지 않았다. 왜냐하면 그 판결문을 읽고 있는 사람이 누군지 알아보았기 때문이었다. 그 창 대령이라는 사람은 바로 5년 전 충칭에서 그가 피해 온 바로 그 사람이었다.

그날밤 집에서 제이드 문이 물었다. "창 소령을 처음보고 알아보지 못했어요?"

"나는 린 편집장이 마음에 걸려 앞에 앉은 사람은 보고 있지 않았어요. 그리고 내가 어떻게 그 대머리 장교가 누군지 알았겠어요? 당신도 기억하다시피 창 소령은 번개 맞아 죽었을지도 모른다고 생각했잖아요. 그리고 그것이 2,200킬로나 먼 곳에 5년이나 지난 일이니까!"

"어쨌든 그 목소리를 듣자마자 당신은 그 자리를 나왔어야 했어요!"

"제이드 문, 내가 그러려고 했다 해도 그 인민재판 자리를 나오지는 못했을 거요. 그들은 문을 들어갈 때 이름을 체크했거든. 우리는 그곳에 죄수처럼 있었던 거요."

"그가 당신을 알아보았을까요?"

"글쎄……"

"오, 노블 하트! 갑자기 생각났어요! 그 사람 머리가 어떻게 생겼다고요?"

"완전 대머리에 이상한 빨간 줄이 지도처럼 그려져 있어."

제이드 문은 갑자기 종잇장처럼 하얘져서 앞뒤로 비틀거리기 시작했다. 노블 하트는 그녀를 잡아 넘어지지 않게 하고 의자에 앉혔다.

"나는 괜찮아요."

"왜 그러는데? 왜 그렇게 갑자기 쓰러지려고 해?"

"물 좀 한 컵 주세요……. 고마워요. 당신에게는 말 안했지만 로터스 훌라우어와 내가 바로 우리 집 앞 정원에서 그 사람을 보았거든요. 체조를 인도하고 있었어요. 군복을 입고 빨간 별이 붙은 모자를 쓰고요. 그가 모자를 벗어던졌을 때 그 대머리하고 빨간 줄을 보았어요. 로터스 훌라우어가 그것이 지도 같다고 했어요. 그때 번개 칠 때 그렇게 되었나 보죠?"

"그게 언제 이야기요?"

"몇 년 됐어요. 상하이에 온지 몇 달 안돼서니까요. 그때도 당신을 쫓아온 거라고 생각해요?"

"그러기야 하겠나. 우연의 일치이든지 아니면 다른 사람이겠지."

"노블 하트, 그날 로터스 훌라우어와 같이 본 사람이 창 소령 같아요. 그는 소매 밑에 칼날을 가지고 있음에 틀림없어요. 당신 이름을 새겨가지고요. 당신 등 뒤에서 찌를 날만 고대하고 있는 거예요." 제이드 문은 자기도 모르게 떨었다.

일주일 후 노블 하트는 이제 대벽 신문의 편집장 대행으로 사무실에 있었다. 한 군인이 오더니 노블 하트의 비서에게 명령서를 보여주었다. "기다리세요. 원하시는 것을 찾아 볼게요."그녀는 벽과 구석에 있는 서류와 기사 더미 속에서 마침내 클립으로 철이 되어 있는 것을 발견했다. "이것이 찾으시는 거예요?"

군인은 살펴보더니 "그래요. 이거예요." 하며 종이 뭉치를 잘 접어서 잠바의 안주머니에 넣어 단추를 채웠다. 그리고 떠났다. 비서는 노블 하트에게 말했다. "죄송하지만 먼저 의논드릴 걸 그랬나 봐요. 그렇지만 정부에서 무얼 원할 때 어떻게 해야 하는지 사정을 이해하실 거예요." "그가 뭘 원했는데?" "그 군인들의 웃기는 사금파리 항아리 이야기요. 신문에 실은 적 없잖아요? 그런데 어떻게 정부가 그런 얘기가 있다는 것을 알았는지 궁금하네요." 이제는 노블 하트가 떨 차례였다.

*

"이름은?"

"노블 하트 리"

"나이?"

"43세"

"직업은?"

"대벽 신문사 편집장 대행"

"서 있으시오. 안 쪽 문을 향하시오."

그를 심문할 사람은 아직 나타나지 않았다. 일주일 전 바로 이 자리에서 린 편집장을 재판하던 그 충칭의 창 소령, 아니 창 대령이 올까? 우선 노블 하트는 자신이 린 편집장이 있던 곳에서 5센티도 떨어져 있지 않은 곳에 서 있음을 알았다. 제이드 문이 여기 있었다면 그것이 나쁜 징조라고 했겠지. '여기 없어서 다행이다. 충칭에서처럼 재판 과정을 다 지켜보는 것은 하나도 좋을 게 없어.'

그 문이 열리는데 노블 하트는 15분이나 기다려야 했다. 제일 먼저 들어온 사람은 그 대머리에 지도가 그려진 사람이었다. 노블 하트는 속으로 외쳤다. "창 대령!" 네 명의 장교가 뒤에 있는 의자에 앉았다. 창 대령이 대표였다. "상사 동무, 고소문을 읽으시오."

노블 하트 리는 다음과 같은 이유로 체포되었음.

1. 그는 1952년 충칭에서 재판을 받다가 공판이 끝나기 전에 달아난 탈주자임.

2. 충칭에서 창카이섹 편으로 알려져 있었음.

3. 인민들을 억압하고 함부로 대했음.

4. 그는 계속해서 인민 해방군을 조롱했음. 예를 들면 충칭에서는 소위 개구리 전쟁이었고 상하이에서는 사금파리 항아리 사건임.

상사는 종이를 접고 앉았다. 창 대령이 일어났다.

"노블 하트 리," 그는 표독스럽게 말했다. "나에게서 벗어난 줄로 알았겠지? 그래, 맞아. 나에게서 달아났었지. 그런데 나는 지난 5년 간 너희들이 한 행동을 전부 알고 있었다. 하! 하! 그리고 나는 네가 그 미신적인 크리스천이라는 사람들과 같이 어울리는 것도 알고 있다. 그렇게 외국 종교를 앞세워 그 뒤에 잘도 숨었지? 그런데 중국에서 크리스천의 수명은 길지 않을 것이다. 크리스천은 미 제국주의의 도구에 불과한 바보들이다. 기록을 위해서 나는 이 법정에서 네가 대 인민 해방군에 대해서 쓴 글을 읽으려고 한다." 창 대령은 두 이야기를 노블 하트가 쓴 그대로 한자도 빠짐없이 읽었다. 그리고는 요약했다.

"동지들, 이것 보세요. 노블 하트 리는 우리 붉은 군사들을 가장 비천한 동물인 개구리에 비교했소. 그리고 우리 위대한 인민군을 무식한 시골뜨기라고 비웃었소." 대령은 노블 하트에게 말했다.

"너는 충칭에서 너의 하나님이 나에게서 너를 구해 주었다고 생각했지? 나도 들었지. 그곳 사람들 사이에 도는 이야기니까. 그런데 이번에도 너의 하나님이 너를 구해줄지 한번 볼 것이다. 너는 총살을 당해야만 한다. 네가 비웃는 우리 붉은 군인의 손으로 총을 머리 뒤에 한 방 쏠 것이다. 시대가 달라졌다. 네가 여태까지 살아 있는 것은 운이 좋았던 거다. 위대한 주석께서 너와 같이 '크리스천' 이고 '지식인' 이라고 하는 자들에게 이제까지는 너그러우셨던 거다."

이 말들을 뱉으면서 창 대령은 이상해졌다. 그의 목소리가 갑자기 높아지고 얼굴은 빨갛게 변했으며 대머리의 붉은 줄들이 진홍빛이 되었다. 노블 하트는 숨이 멎는듯 했다. "벼락을 맞으려나보다!" 대령은 떨면서 앉았다. 상사가 일어서서 공식적인 발표를 했다. "법정은 노블 하트 리에대한 언도를 지금 내릴 것입니다."

테이블 앞에 앉아 있던 장교들은 잠시 동안 서로 수군거렸다. 노블 하트는 뒤에 있는 동료들이 점점 더 긴장을 하고 있는 것을 알 수 있었다. 마침내 창 대령은 정신을 수습하고 종이에 무엇인가를 적어서 상사에게 주었다. 상사는 일어서서 창 대령에게 경례를 붙이고 무슨 이유에선지 노블 하트가 이해할 수 없는 행동을 했다. 그는 죄수에게 돌아서서 경례를 했다. 그리고 다음과 같이 읽었다.

"노블 하트 리는 광동성 하이난 섬으로 이송한다. 그곳에서 농부의 지도 아래 3년을 나라가 운영하는 고무 농장에서 노동을 함으로 개과한다."

3부
하이난 섬 1957 - 1958

"공동체의 타오 대표나 농장의 첸 단장은 중화 인민 공화국의 공산당에서 충성스런 위치에 있는 사람들이기 때문에 이 사건에서 어떤 불법이나 잘못된 일을 할 가능성이 전혀 없습니다."

행정관은 자리에서 일어나 판결문을 읽었다. 그것도 역시 미리 작성된 것이었다. "이 법정의 명령에 따라 노블 하트 리는 해피 데이 국영 고무 농장에서 그의 현재 형기가 끝난 후로부터 3년을 더 노동하게 되었음을 선고한다."

노동을 통한 개선

1957년 여름

"방! 방! 방! 방!"

끊어져 있던 옛 철도의 철로를 망치로 때리는 소리가 기숙사 전체에 울려 퍼졌다. 아침 5시 반, 중국 남부 하이난 섬 해피 데이 국영 고무 농장에서의 일이었다. 60명의 사람들이 일제히 그 소리에 깨어 일어났다.

벨 소리에 벌떡 일어나기는 했지만 열 명 가량은 한숨쉬며 밤이 한 시간만이라도 더 계속되었으면 하고 소원했다. 그중에 노블 하트도 끼어 있었다. 그는 방금 아주 즐거운 꿈을 꾸었던 것이다. 가족과 함께 집에서 식탁에 둘러 앉아 커다란 게를 먹고 있었다. 꿈에서 그는 젓가락 끝으로 집게발의 달콤한 흰 살을 꺼내어 게 자체의 맛을 즐기기 위해 소금이나 아무런 소스도 찍지 않고 먹고 있었다. '흠, 아침으로 뭐가 나올까, 청정 해역의 게일까?' 그는 자조적으로 혼잣말을 했다.

5시 45분에 줄을 서서 점호를 했다. 오늘 아침은 세 명이 결석했다. 늘 그렇듯이 그들은 아파서 아직 침대에 누워 있을 것이었다. 사실일 수도 있고 꾀병일 수도 있었다. 어쨌든 보조 의사가 와서 보고 치료를 할 것이었다.

그가 치료하면 보통 병이 더 심해지기는 했지만. 꾀병인 사람은 오전 중에 일하러 나오게 되는데 그런 경우 아침은 굶었다. 아침 메뉴는 멀건 죽에 절인 배추였다. 그것을 에나멜 그릇에 한 국자 부어 먹고는 자기가 먹은 그릇과 젓가락을 씻어 다음 식사 때 가져와야 했다. 6시 30분에 다시 이름을 불러 칼과 양동이를 각 사람에게 주었다. 그들은 그것을 가지고 고무 농장으로 갔다. 하이난은 영하로 내려가는 적이 없어서 고무나무가 울창했다.

노블 하트는 이렇게 이른 아침에 걷는 것을 좋아했다. 한 가지 이유는 다른 노동 캠프에서처럼 무장한 군인들과 행진하지 않기 때문이었다. 그는 자주 호우 헬랑과 같이 걸었는데 그는 전에 상하이에서 인증 받은 공인 회계사로 일하다가 지금은 '노동을 통한 개선' 과 '농부에게서 배우는' 과업을 함께 할당받은 사람이었다. 노블 하트는 호우 헬랑과 보조를 맞추기 위해 조금 더 빨리 걸었다. 그와 나란히 걷게 되었을 때 그에게 말했다.

"요한복음 3장을 오늘 다시 외워 봐요. 어제 일부를 빠뜨렸어요." 그러자 헬랑은 시작했다. "바리새인 중에 니고데모라는 사람이 있었는데……."

다음 날은 헬랑이 노블 하트를 연습시키는 날이었다. 그들은 둘 다 신자이기도 했고, 둘 다 상하이 출신이어서 서로 상하이 본토말로 이야기를 나눌 수 있었기 때문에 서로를 좋아했다. 말씀을 외울 때 서로 의견이 다르면 두 사람은 나중에 고무나무 뒤에 숨어 성경을 찾아 보았다. 노블 하트는 언제나 신약 성경을 몸에 지니고 있었다. 상하이에서 재판을 받을 때나 그 후에 하이난으로 오는 긴 항해 길에서는 허벅지에 끈으로 묶어 가지고 다녔지만 지금은 그렇게 하지는 않았다.

하루 일이 시작되었다. 나무에서 떨어지는 고무를 24시간 받으면 30그

램 쯤 되는데 그것을 양동이에 모으는 것이었다. 벗겨진 부분의 밑동 나무 껍질에 깊이 비스듬한 상처를 내어 24시간 받아지도록 그릇을 나무에 갖다 대어 놓고 나서 양동이가 가득 찰 때마다 저장 탱크 수레로 옮기는데, 한 양동이에 얇은 대나무 조각 하나를 받았다. 하루 일과가 끝나면 각 사람이 그날의 할당량을 채웠다는 증거로 그 조각을 제시하였다.

생고무 수집 탱크에 있는 사람이 점심 때 알루미늄 도시락을 나누어 주었다. 오늘 점심은 찬밥에 약간의 소금이었다. 노블 하트는 특히 굵은 바다 소금을 좋아해서 신문지에 쌓인 소금 알을 하나도 남기지 않고 먹었다.

저녁엔 가끔 놀라운 반찬이 있었는데 보통 때의 밥, 국에 더하여 신선한 호박이나 잎이 있는 채소가 나오거나 아마도 한 달에 두 번 정도 국에 작은 돼지고기 조각이 둥둥 떠 있었다.

7시부터 9시 반에 정치 훈시가 끝나야 하루가 끝이 나고, 열 시에는 불이 나갔다. 노블 하트는 그날 밤 대나무 침대에서 몸을 펴고 하루를 돌이켜 보았다. 다른 날과 달랐던 점은 오는 길에 동료 억류자 류씨와의 대화였다. 류씨는 길에서 그를 따라와서 친절하게 물었다.

"제가 알기에는 당신은 노동을 통한 개선을 하기로 되어 있지요. 무엇을 고친다는 것입니까?"

"몇 가지가 있어요. 가장 심각한 것은 내가 인민군에 대해서 마땅히 보여야할 존경심을 보이지 않은 기사를 두 가지 썼다는 것입니다. 나는 그런 글을 쓴 것에 대해서 진심으로 뉘우치고 있습니다."

"당신을 이런 데로 보낸 사람들이 밉지요?"

"왜요? 아닙니다. 나는 한 번도 그들을 미워한 적이 없습니다. 아시다시

피 나는 크리스천이지요. 크리스천은 사람들을 사랑해야지 누구를 미워하면 안됩니다. 사실 성경에 이렇게 쓰여 있습니다. '사람이 하나님을 사랑한다고 하고 형제를 미워하면 거짓말쟁이이다. 보이는 형제를 사랑하지 못하는 사람이 어떻게 보이지 않는 하나님을 사랑하겠느냐?"

그러자 류씨는 다른 식으로 물어 보았다. "나는 창카이섹이 본토로 들어와서 이 지독한 놈들을 다시 야난 동굴로 밀어내는 것을 보고 싶습니다. 당신도 그렇지 않습니까?"

"아니요, 나는 그런 생각은 해 본 적이 없습니다. 성경에는요, 모든 권력이 하나님으로부터 온 것이라고 되어 있거든요."

류씨는 다시 말을 돌렸다. "나는 기회만 있으면 홍콩으로 달아나고 싶답니다. 당신은 어떻습니까?"

"아내와 아이들이 중국에 있기 때문에 홍콩으로 가는 것에는 관심 없습니다." 라고 노블 하트는 대답했다.

3주가 지난 어느 날 아침 노블 하트는 류씨의 침대가 비어있는 것을 보았다. 그는 점호에도 나오지 않았고 이상하게도 그날 아침 그의 이름을 부르지도 않았다. 일하러 가면서 헬랑이 물었다. "류씨가 간 것 알았어요? 나는 그럴 줄 알았어요."

"왜요?"

"어제 제가 어금니가 아파서 하이코우에 진찰받으러 갔잖아요? 의사가 이를 치료하고 나서 돌아오는 버스 시간까지 한 시간이 남았더라고요. 그래서 그저 상하이로 가는 배편이 있나 보려고 증기선 매표소에 가 보았지요. 물론 내가 가려는 것은 아니었고요. 벽에 있는 운항표를 보고 있는데

글쎄 놀라지 마세요. 그 류씨가 매표구에 걸어오지 않겠어요? 그는 창구에 있는 사람과 아는 사이임에 틀림없었어요. 그 둘은 항코우 사투리로 이야기 했는데 그가 이렇게 말하는 것을 들었어요. 이 일이 끝나서 좋아요. 이제야 광동으로 가는 배를 탈 수 있으니까요!"

그때 헬랑은 둘이 다 속으로만 생각하고 있던 것을 말로 내뱉었다. "류씨는 첩자였나?"

위대한 도약

1958년 가을

"당신이 말을 잘 이해하고 또 만다린어를 알기 때문에 찾아왔는데 이것을 나에게 설명해 줄 수 있겠습니까?" 노블 하트는 새벽 공동체 19조의 우두머리인 타오 대표가 건네주는 인쇄물 한 뭉치를 받아 들었다. 만 명이나 되는 공동체를 통솔하는 장이 노동자 막사에 와서 죄수를 찾는 것도 놀라웠고 공동체 장인 타오 대표에게서 '해 줄 수 있겠느냐' 는 등의 부르조아 층에서나 쓰는 공손한 말, 공산화된 중국에서는 써서는 안 되는 단어를 듣게 되어 더욱 놀라웠다.

"그럼요. 당연히 해 드리지요. 제가 할 수 있는 데까지는 도와드리겠습니다만, 5분 후면 고무 농장으로 가야 하기 때문에……." 노블 하트는 방문객에게 양동이와 칼을 보여 주었다.

"아, 내가 그 문제는 단장에게 말해서 해결해 놓았습니다. 그가 당신 이름을 가르쳐 주었거든요." 타오 대표가 대답했다. 노블 하트는 첫 페이지의 맨꼭대기 제목을 눈으로 보았다. 〈소규모 폭발물 용광로 제조 및 작동 방법에 관한 상세 지침서〉 타오 동지는 계속했다. "기술 용어가 너무 많아 우리 공동체에서는 이해 할 수 있는 사람이 없어서 당신에게 온 것이오." 노블 하트는 서류를 훑어 보았다. 읽어 가면서 수십 가지 질문이 마음속에 떠올랐다. '베이징에 있는 누가 어떻게 하이난 섬에 있는 농부 공동체가 무쇠를 만들 것이라고 생각했을까? 철광석을 어디에서 가져올까? 석탄은? 그리고 그들은 왜 이 불가능한 상황에 나를 밀어 넣으려고 할까?' 그는 크게 말했다. "미안합니다만, 이것은 시간이 좀 걸리겠는데요. 내일 이 시간에 다시 와 주실 수 있겠습니까?"

그의 얼굴에 실망의 기색이 역력했지만 타오 대표는 떠났다.

노블 하트는 즉시로 캠프를 책임 맡은 단장 첸에게 가서 서류를 보여 주었다. 단장은 소리쳤다. "일을 빼달라니! 결코 있을 수 없는 일이오! 할당량을 채우시오. 지옥에나 가라고 하시오! 자기네 문제는 자기가 해결해야지, 그것은 나는 모르는 일이오!"

노블 하트는 서류 뭉치를 고무 채집장에 가지고 갔다. 그는 재빨리 서둘러서 한 시간 일찍 끝내고는 땅바닥에 앉아 서류를 읽었다. 찬밥과 소금을 먹으면서도 읽었다. 오후 일이 끝날 무렵이 되어서는 20쪽을 전부 읽었고 공동체가 따라야 할 과정과 필요한 장비와 재료들을 - 가능한 한 가장 쉬운 단어를 써서 - 종이의 여백에 써 놓았다.

노블 하트가 저녁 스프를 다 마셨을 때 누군가 어깨를 두드렸다. 돌아보니 타오 대표 였는데 그의 목소리가 날카로웠다. "캠프 단장이 당신을 정치 훈시에서 빼줄 것이오. 그 서류에 쓰여 있는 것이 무엇인지 오늘 내로 알아야겠소."

노블 하트는 대답했다. "실례지만 식사를 끝내고 나서요."

타오 대표는 식당에서 물러갔다. 그가 보이지 않게 되자 노블 하트는 벌떡 일어서서 반대편 방향으로 향해 갔다. 그는 속으로 생각했다. '첸이 말했다고 타오가 말한 것과 첸이 정말로 말한 것이 다를 수 있어. 두 사람 사이가 아주 안 좋은 것 같은데 내가 중간에 끼어 더 나쁘게 하면 안 될 거야.'

다행히도 캠프 단장을 바로 만났다. "첸 동무, 오늘 밤 타오 동무 일로 저녁 집회를 빠져도 되겠습니까?"

"왜 자기 일을 남에게 하라는 거야?" 그리고 같은 투로 더 투덜대더니 캠프 단장은 마침내 허락했다. "좋아, 그러나 열시에는 불이 나간다!"

마지막 말의 의미를 노블 하트는 알아들었다. "물론입니다. 저도 타오 대표 동지에게 단장께서 허락하실 거라고 말했습니다. 그래도 제 침대 근처에 그분이 오는 것은 저도 싫습니다." 대표는 아직도 식당에서 기다리고 있었다. 노블 하트는 그에게 물었다.

"이 서류 내용이 왜 오늘 밤 필요하십니까?"

"이 서류와 함께 온 편지가 있었는데 위대한 지도자께서 사인한 것이었소. 그분은 하이난 산에 철광석이 있기 때문에 우리가 광동 지역의 대도약의 효시가 되어야 한다고 말씀하셨소. 그분은 우리가 5개년 계획을 1년으로 단축해야 한다고 하시오!"

노블 하트는 타오 대표의 목소리가 떨리고 서류를 든 오른 손도 떨리고 있는 것을 보았다. 계획을 전부 듣고는 자신도 떨면서 노블 하트는 하루 종일 자기 머리속에 맴돌던 질문을 해댔다. "누가 철광석을 캐지요? 양은 충분할까요? 석탄은 어디에서 오나요? 누가 코크스에 넣어 그것을 태웁니까? 어디에서요? 장비는 어디에서 오게 되지요? 이 모든 일의 책임자는 누가 됩니까?"

그는 마지막 질문에 대해서만 대답을 했다. "내가 모든 것을 책임 맡게 되었소. 그리고 공동체 일도 전부 지금과 같이 맡아야 하오."

10시가 되어 타오 동지는 떠났다. 그의 얼굴은 상기되어 있었고 술에 취한 사람처럼 비틀거리며 걸어갔다. 혼자 중얼거리면서, "대도약, 앞을 향한 위대한 전진……."

*

"오늘 1조 생산 팀은 바나나 농장에 가서 다 익은 것을 거둔다. 2조는 막사 변소를 비우고 분뇨를 양배추 밭에 갖다 분다. 3조는 파인애플 밭을 괭이로 판다. 4조, 석탄을 찾으러 나간다. 5조, 하이코우에 보내는 트럭과 함께 가서 철광석 폭발물 용광로 계획을 위한 장비를 운반한다."

노블 하트에게는 다른 생산 팀에게 하는 명령이 들리지 않았다. 그는 하이코우 시로 차를 타고 가는 일을 생각했다. 그곳은 그가 18개월 전 하이난 섬에 처음 도착하고 난 후로는 한번도 가보지 않은 곳이었다. 그런데 지금 트럭의 조수석에 타고 가는 것이었다. 특별 대우였다!

무수히 붙은 빨간 테이프를 떼고 캠프 단장 첸과 두 번의 화끈한 대립이 있은 뒤에 타오 대표는 마침내 노블 하트가 일시적으로 새벽 공동체 19조에 전입해 오도록 간신히 설득을 하였다. 그의 직책은 '철광석 폭발물 용광로 계획 고문' 이었다. 그가 이 프로젝트의 실세 책임자인 셈이었다.

이 변화는 그에게 있어 놀라운 것이었다. 고무 채취하는 한 가지 일만 하다가 철광석 폭발물 용광로 계획이라는 복잡한 일을 은밀하게 추진하는 일을 책임 맡은 것이었다. 그를 비롯해서 하이난 섬의 그 누구도 제대로 알지 못하는 일이었다. 즉, 그 뒤죽박죽으로 복잡하게 지시 사항이 적힌 그 20쪽짜리 서류 외에는 아무런 단서가 없는 일이어서 노블 하트는 날마다 그것을 연구했다.

"하이코우시 샘물 가 15번지."

노블 하트는 종이를 넘기면서 다시 보았다. 그들이 공동체를 떠나기 전에 다 외운 주소이지만 다시 한 번 더 보았다. 그는 트럭 운전수에게 물었다. " 샘물가 15번지가 어디인지 압니까?"

"전혀 모릅니다. 본토에서 왔거든요."

"하이난 말을 할 줄 압니까?"

"그런 말을 뭐 하러 배웁니까? 광동어가 원 중국말이지요. 모두가 광동어를 배워야 합니다."

"그럼 트럭을 멈추세요."노블 하트는 뛰어 내려 뒤에 앉은 사람들에게 말했다. "여러분 중에 샘물가를 아는 사람이 있습니까?"

그들을 서로 쳐다보았다. 한 사람 씩 차례로 고개를 흔들었다.

"하이난 말을 하는 사람은요?"

한 사람이 수줍어하면서 일어났다.

"좋아요. 당신이 차 안에 타세요."

하이코우는 하이난에서 가장 큰 도시였는데 거리가 행인으로 복잡하고 손수레가 많았다. 자전거는 얼마 없었고 트럭은 더 드물었으며 차는 없었다. 물어 물어서 그들은 마침내 샘물 가를 찾았다. 그들이 15번지에 왔을 때 노블 하트는 놀라서 숨이 멎는 듯 하였다. 그것은 교회 건물이었다! 그는 간신히 희미해진 글자를 읽을 수 있었는데 '하이코우 복음 전당' 이라고 한 때는 커다란 이중문 위 돌 상인방에 조각되어 있던 글씨였다. 글씨를 지우려고 했지만 원래 글씨를 돌에서 완전히 지울 수 있을 만큼 깊이 파지 못했다.

'벽돌공이 고의로 저렇게 남겨둔 것이 아닐까?' 노블 하트는 생각에 잠겼다. 같은 문에 새로운 간판이 세로로 걸려 있었다. 가로 19센티, 세로 8센티 되는 널빤지에 검은 글씨로 '중화 인민 공화국 광동성, 하이코우 현 정부 창고' 라고 길게 쓰여 있었다. 옛 문지기가 문 바로 안에서 의자에 앉아 꾸벅꾸벅 졸고 있었다. 트럭이 도착하는 소리도 그를 깨우지 못했다. 노블 하트는 그를 흔들어 깨우면 물었다. "이 창고 담당자는 어디 있습니까?"

"그는 나갔소. 30분 내로 돌아온다고 했는데."

거리에서 창고까지 들어가려면 안뜰을 몇 군데 지나야 하는 것처럼 보였다. 갑자기 노블 하트에게 한 생각이 떠올랐다. '이곳에 크리스천이 아직도 몇 명 살고 있을지도 몰라!' 그는 운전수에게 말했다. "내 좀 둘러보고 오겠으니 책임자가 오면 날 불러 주세요."

노블 하트는 천천히 첫 번째 아치문을 지나 그 때는 아무 일도 하지 않고 시간을 죽이는 것이 그의 유일한 일인 것처럼 어슬렁거렸다. 날카로운 기자의 눈에 처음 눈에 들어오는 방들이 한 때는 교실이었던 것으로 생각되었다. 의심할 것도 없이 기독교 학교의 교실이었을 것이다. 지금 그곳은 주거용으로 변해 있었다. 그는 두 블록을 더 갔다. 여기에 남아 있는 페인트, 저기에 벗겨지고 있는 흰 도료, 땅에 떨어져 있는 조그만 판자 조각들이 슬픈 느낌을 자아냈다. 삐죽삐죽한 관목과 한 때는 꽃 침대였던 가구가 활기차던 이 지역의 아름다움과 색깔을 말해주고 있었다. 그런데 이제는 색이 다 죽어 있었다. 단조로운 회색이 모든 것을 수의처럼 덮고 있었다.

노블 하트가 막 돌아서려고 했을 때 목소리를 가다듬는 소리가 들렸다. 본능적으로 그는 주위를 돌아보았다. 문 앞에 머리가 하얀 할머니가 서 계셨다. 그녀는 뼈대가 굵었고 몸이 컸다. 위엄과 평화가 그녀의 넓은 얼굴에서 빛났다.

"실례합니다만, 누군가를 찾고 계십니까?"

“예, 고맙습니다. 솔직히 말씀드리면 이 근처에 아직도 누군가 크리스천이 있는가 알고 싶었습니다.”

“예, 물론 있습니다. 당신 앞에 있는 이 사람도 그렇고요. 크리스천인지 물어도 되겠습니까?”

“예, 확실히 그렇습니다. 제 이름은 노블 하트 리인데 상하이에서 왔습니다.”

“내 이름은 바 유뎅이고요, 이 교회에서 오랫동안 전도 부인으로 일했습니다.”

“하이코우에서 갈 만한 교회가 지금 있습니까? 저는 너무나 소식에 굶주려 있습니다. 일 년 반 동안이나 주님의 일이 어떻게 되고 있는지 소식을 듣지 못했습니다.”

“이 교회는 작년에 문을 닫았습니다. 도시에서 예배를 드리는 곳은 없고요, 제가 알고 있는 한, 이 섬 전체에도 없을 겁니다. 단지 주 안의 형제 자매들이 가정에서 모여서 기도를 드리고 있을 뿐입니다.”

바로 그 때 영지의 정문에서 소리가 들렸다. “리 동지! 어디 있습니까? 책임자가 돌아왔습니다.” 노블 하트는 서두르지 않았다.

“그런데 부인께서는 어떻게 교회 영지 안에 아직 살고 계십니까?” 바 부인은 웃었다. “글쎄요. 내가 너무 늙어서 아무런 말썽을 일으키지 않으리라고 그들이 생각하나 봅니다. 이제 80세이니 여기에 나를 그냥 두어 두는 겁니다.”

노블 하트는 그녀에게 예전식으로 절을 했다. “다시 만나 뵙게되면 좋겠습니다.”

“고맙습니다, 우리는 다시 만날 것입니다.”

*

"당신은 상하이에서 오셨지요?"운전수가 물었다. 벽돌, 송풍기, 공기관, 시멘트 그리고 다른 물건들을 싣고 시내에서 공동체로 가는 간선 도로가 먼지투성이에 바퀴에 진흙이 묻어서 사람이나 물건이나 덜컹거렸다.

노블 하트와 운전수만 차를 타고 있었다.

"맞아요. 나는 상하이 사람이에요."노블 하트는 엔진, 짐, 길의 시끄러운 소리보다 더 크게 소리쳤다. "그리고 당신은 광조우 사람이지요? 광동어를 하지요?"

"예. 그래도 제 아내는 하이난 사람이랍니다. 결혼해서 여기 살고 있어요. 결혼 했어요?"

"예, 아이도 셋이 있어요."

"부인이 여기 없으니 행운이군요!"운전기사가 그렇게 격하게 말하는 것에 놀라며 노블 하트는 조용히 말했다.

"무슨 말하는지 모르겠군요. 나는 아내가 여기 있었으면 좋겠습니다."

"아니, 아니에요, 몰라서 그런 거예요! 아내를 매일 가까이 보는 것이 지옥과 같아요. 자기 부인이 아니라고 할 수도 있어요"

"무슨 말인지 모르겠네요."노블 하트는 혼란스러웠다.

"이 망할 놈의 공동체 제도 때문이에요. 나는 아내를 잠깐 스쳐 지나갈 뿐이에요. 그녀는 공동 부엌 팀에서 일하고 있기 때문이지요. 아내는 여자 숙소에서 자고 나는 남자 숙소에서 자요."기사는 화를 내며 식식거렸다.

"아, 알겠어요." 노블 하트는 신중하게 말했다.

"아내를 개인적으로 만나는 것은 2주 만에 한 번씩 뿐이에요. 그것도 30분 간요. 그곳에 침대가 있기는 있어요. 그런데 아내는 그 30분 동안 울고

만 있는 거예요. 침대에 걸터앉아서요. 그러면 그 방 담당 마녀가 소리지르는 겁니다. '시간 됐어요! 나와요! 다음 부부 차례예요!"

"정말 안됐군요."노블 하트는 중얼거렸다.

"그러면 거기 앉아 있는 여자가 볼펜으로 노트에 모든 부부의 이름을 기록합니다. 목을 비틀어버렸으면 좋겠어요. 당신처럼 아내가 멀리 있는 것이 차라리 낫습니다."

노블 하트는 적당하게 화제를 돌렸다. "아이가 있어요?"

"예, 아들 하나 딸 하나예요. 그래도 보육원에 있기 때문에 일주일에 한 번씩 만납니다. 30분 간. 걔네들은 노래와 춤으로 완전히 세뇌 당해서 자기 부모가 누군지도 모릅니다. 아이가 있어봤자 아무 소용없는 거지요."

"그래도 점점 나아지겠지요. 잘 참아야 할 거예요."

"참으라고요. 가족도 문제지만 그 마오쩌뚱과 당 때문에 배가 고파 못 살겠어요. 어제 우리 배당 쌀이 삼분의 일로 줄었다는 이야기 들었어요?"

"왜 그랬대요?"

"북쪽에 가뭄이 들었대요. 그러나 사실 북쪽 사람들은 쌀을 안 먹지요. 하늘이 준 재앙이겠지만 여기 우리 하이난 사람에게는 사람이 준 재앙에요."

"쉿, 소리가 너무 커요." 노블 하트가 경고했다.

운전기사는 계속 크게 얘기했다. "생산량을 증가시키기 위해 침수지의 물을 뺐다고 해요. 그런데 바다 쪽을 막아 만든 운하에 홍수로 인해 소금이 든 해수가 넘쳐서 관개 시설로 만든 논을 다 버려 놓았답니다. 그런데 이제는 위쪽 밭에서 석탄을 캐낸답시고 비옥했던 토지를 전부 진흙과 돌투성이로 만들어 놓는 거예요."그는 할 말이 많았다. 노블 하트는 주위가 시끄러워서 뒤에 있는 사람들이 들을 수 없을 정도이어서 다행이라고 생각했다. 누가 스파이인지 아무도 모르기 때문이었다.

그는 더 적극적인 방법으로 그를 조용히 하게 하려고 시도했다. "그래도 공동 수확을 해서 이 모든 야채나 과일이 있는 거지요."

"예, 잘 알지요. 저기 있는 파인애플 농장 보이세요? 저 파인애플은 모두가 외화를 벌어들이기 위해서 홍콩이나 마카오로 간답니다. 파인애플이나 바나나를 먹어본지 6개월이나 되었단 말입니다."

계속 노블 하트는 이의를 제기했다. "농사 지을 땅을 그래도 가지고 계시지요?"

"지금은 아닙니다. 공동체가 모든 것을 삼켜 버렸어요. 3달 전에 내 땅 권리증을 내놓아야 했어요. 그 땅은 부자가 가지고 있었던 건데 50년대 초 토지 개혁 때 분할해서 나누어 받았었지요. 그런데 지금 다시 개혁을해서 나는 아무것도 가진 게 없답니다."

갑자기 운전수는 무서워하며 거의 길로 뛰어내리려고 하였다. "이보세요, 리 동무, 내가 한 말 아무에게도 하지 않겠지요? 모두가 알고 있지요. 그래도 앞에서 말을 꺼내면 금방 뒤통수에 총을 맞게 됩니다."

그렇게 말하면서 운전수는 오른 손으로 머리 뒤를 치며 엄지손가락으로 총 모양을 만들어 쏘는 시늉을 하면서 큰 소리로 꽝 하고 총소리를 흉내 내었다.

노블 하트는 자기가 얼마나 정상적이 아닌 자리에 있는지 깨닫기 시작하는 중이었다. 한편으로는 노동 캠프 죄수로서 제일 밑에서 모든 명령에 복종해야 하는 입장이었고, 동시에 다른 한편으로는 철강 제련 용광로 계획이라는 하이난 섬에서 이전에 볼 수 없었던 가장 의욕적인 시도에 책임을 맡고 있는 처지였다. 얼마나 첨예한 길을 걷고 있던 것인지 곧 알게 될 것이었다.

한 가지 문제는 법적으로 노블 하트가 소속된 대장 첸과 광동성 정부의 명령에 의해서 그의 수하에 들어가 제 이인자로서 일하게 된 공동체 대표 타오 사이가 감정적으로 좋지 않은 것이었다. 거기에 말썽의 소지가 있었는데 3개월을 말미로 전역이 이루어졌기 때문이었다.

하루는 타오 대장이 노블 하트에게 왔다. "리동무, 좀 서둘러서 최소한 용광로에 불이라도 붙일 수 없겠소? 상부에 무언가를 보여주어야만 하겠는데."

"문제는 바로 그 '불을 붙이는 데 있습니다.' 하이난 섬에 철광석도 있고 석회석도 있는데 석탄이 없는 것이 문제입니다. 광조우성 당국에 석탄을 주십사고 편지를 보냈지만 답장이 없고 전보를 보냈지만 받았다는 연락도 없습니다."

"마오 주석이 기한을 정해서 우리에게 명령을 하셨고 성의 모든 용광로의 모델을 만들도록 지시를 하셨기 때문에 우리가 그렇게 하지 않으면 나는 체면을 잃게 되오. 당신으로 말하면 체면을 잃는 정도로 끝나지 않지!"

노블 하트는 악마와 깊은 푸른 바다 사이에 서 있었다. 3개월 내로 고무농장으로 돌아가지 않으면 첸 대령과 '노동을 통한 개선' 이 중국의 인텔리들을 다루는 유일한 길로 믿고 있는 다른 윗사람들의 진노를 사게 될 것이었다.

다른 한편으로 그가 지금 제철 용광로 계획에서 떠난다면 지도력이 부족해서 도중하차한 것이기 때문에, 그것만이 중국의 산업 발전 5개년 계획을 1년으로 단축시킬 수 있는 유일한 방법이라고 믿고 있는 고위층과 타오 대표의 화를 받게 될 것이었다. 그 운명의 3개월 한계선이 다가옴에 따라 그는 특별한 지혜를 달라고 기도를 하였다.

*

바로 그날이 왔다. 그날 일을 마치고 노블 하트는 그의 침대로 가서 개인 소지품을 챙겨 네모난 보자기에 싸서 대나무 지게막대기 끝에 걸고 다른 한쪽 끝에는 침구를 걸어 메고 밀짚모자를 푹 눌러 쓰고 조용히 새벽 공동체 19호를 빠져 나왔다. 타오 대표에게 인사를 할 수가 없었다. 분이 폭발할 것이 뻔하기 때문이었다. 반은 짐꾼 차림으로 어둠 속에서 밭을 가로 질러 걸어가는 노블 하트의 모습은 하이난 섬의 다른 백만 명의 노동자와 같이 보였다.

캠프에 도착해서 노블 하트는 곧장 예전에 쓰던 침대 있는 곳으로 갔다. 아무도 쓰지 않았구나 하고 생각하며 먼지와 거미줄을 걷어내고들고 온 침구를 정돈했다. 저녁 식사 시간에 다른 동료들과 짧고도 내밀한 시선을 주고받았다.

그 캠프의 유일한 다른 기독교인이었던 호우 헬랑 만이 손을 내밀어 악수를 하고 모두가 느끼고 있는 것을 말할 용기가 있었다. '건강한 모습으로 다시 보게 되어 기쁘다고.'

노블 하트가 나가 있던 3개월 동안 쌀 배급이 반으로 줄었다. 헬랑은 이제 그들의 주식의 반은 쌀겨와 벼 줄기로 만든 딱딱한 빵이라고 말해 주었다. 각자의 몫은 줄을 서서 대저울로 달아서 받았다.

노블 하트는 그의 임무 명령서를 그가 도착한 것을 본부 관리에게 알릴 의무가 있는 경비에게 주었다. 그는 지체 없이 서류를 받아 방을 나갔다.

들판을 가로질러 오느라 피곤에 지쳐서 노블 하트는 잠자리에 들어가 몸을 뻗었다. 공동체의 임무가 공식적으로 자정까지인 것으로 되어 있었기 때문에 다른 죄수들이 들어야 하는 사상 교육 반에 참석해야할 의무는 없었다.

갑자기 밖이 소란스러워졌다. 그는 잠자기는 틀린 것을 알고 눈을 떴다.

갑자기 횃불들이 기숙사로 몰려들었고 사람들이 그 뒤를 따라 왔다. 더욱 소란스러웠는데 그저 군중이 웅성거리는 소리가 아니라 화를 참지 못하고 으르렁거리는 소리였다. 노블 하트는 놀라서 침대에서 일어났다. 여기 사람들의 가장 깊은 속까지도 완전히 통제되고 있는 곳에서 무엇인가 통제 할 수 없는 일이 벌어지고 있구나.

"무슨 일이에요? 무슨 일이 일어난 거예요?" 그가 물었지만 아무 대답이 없었다. '도대체 저 사람이 여기서 무엇을 하고 있는고? 이 군중들하고?' 그 대답을 들으려고 오래 기다릴 필요도 없었다. 타오가 앞으로 나왔다. 그는 저주를 퍼부으며 노블 하트의 어깨를 잡고 흔들었다. 얼굴을 벌겋게 하고 숨은 헐떡거리고 있었다.

"동무! 나를 그렇게 남겨 두고 가다니 그 무슨 심사요? 간다고 말도 하지 않고. 본때를 보고 싶소? 계획이 전부 비틀어지는 것을 보고 싶소? 그래서 나를 망치고 공동체를 전부 망치려는 거요?"

그는 노블 하트를 침대에 내동댕이쳤다. 그러더니 분을 이기지 못하고 일어서서는 식식거렸다. 그 공격에 노블 하트는 놀라기도 했지만 화가 났다. 그는 자제하려고 애쓰며 말했다.

"예, 저도 인사를 드리고 와야 하는 것은 알고 있었습니다. 사과드립니다. 그렇지만 아시다시피 오늘이 마지막 날이었기 때문에 저는 떠나올 수밖에 없었습니다. 다른 선택의 여지가 없었단 말입니다."

"다른 선택의 여지가 없었다고!" 타오는 불같이 화를 냈다.

"그러면 우리는, 동무가 떠나면 우리에게는 다른 선택의 여지가 있단 말이요?" 그가 설마 주머니에서 수갑을 꺼낼 줄은 생각도 못했다. 그는 노블 하트의 오른쪽 손목을 잡아 찰깍하고 수갑을 채웠다. 그리고는 왼쪽 손목에도 채웠다.

"왜 이러는 겁니까?" 노블 하트는 자기가 다른 죄수들과 마찬가지로 취급되는 것에 화가 났다.

"내가 왜 이러는지 알게 될 거다! 신 신어. 빨리!"

노블 하트는 그대로 했다. 복종할 수밖에 다른 도리가 없었다. 무엇인가로 그의 등을 대고 밀고 있었다. 노블 하트는 '이게 총일까?' 하고 생각했다.

몇 분 안 되어 그들은 노블 하트가 한 시간 전에 건너온 길을 다시 돌아가고 있었다. '일이 이상하게 돌아가는 군. 그래도 수갑을 뒤로 아니고 앞으로 차서 다행이야. 신도 신을 수 있고 바지도 입을 수 있으니 말이야.' 노블 하트는 속으로 중얼거렸다.

창 문 앞의 죽음

1958년

캠프에서 일어나는 일에 비밀이 있을 수 없었다. 요리사 도우미 중 한 사람이 기숙사에서 소동이 있을 때 식당에서 부엌 불에서 나온 재로 냄비를 닦고 있었다. 그는 그 사건이 평소에 일어날 수 있는 일이 아니었기 때문에 보고를 해야 한다고 생각했다. 그는 자기 선에서 보고할 만한 윗사람을 찾다가 저녁 교육이 진행되고 있는 집회장에서 나오는 희미한 불빛으로 마당에서 어슬렁거리는 제복 입은 경비원을 만났다.

"여기에서 무슨 일이 있었습니다. 사람들이 횃불을 들고 기숙사로 들어가서 몇 분 간 있다가 다시 나왔습니다. 그리고는 오던 길로 되돌아갔습니다."

"어느 방향으로 갔는가?"

"공동 구역 방향입니다, 동무."

캠프 책임자 첸이 경비병의 보고와 노블 하트 리에 대한 정보를 듣고 또 그가 없어진 것을 알고는 금방 결론지었다. "그것은 저 공동 구역 책임자 타오임에 틀림없어. 그는 명령이든 아니든 자신이 필요한 대로 데려가기로 작정한 거야!"

첸은 4명의 경비병을 무장시키고 요리사 두세 명에게 고기 써는 식칼을 들게 하였다. 자신도 권총을 차고는 횃불을 들고 알프스로 향하는 한니발처럼 목적지를 향해 행진해 갔다. 첸과 그의 일당이 떠난 것은 소동 후 한 시간도 더 지나서였다. 들판의 길을 알지도 못하고 아무 표시도 없었기 때문에 몇 번이나 길을 잃다가 마침내 새벽 공동 구역 19호에 도착한 때는 10시가 지났다. 모두가 조용했고 불도 전부 꺼져 어두웠다.

환한 횃불을 들고 무장한 군인들을 보고 공동 구역의 정문 경비병은 물러섰다. 첸 대장은 2층 건물의 중앙으로 곧장 걸어갔다. 기대한 것과 같이 가장 큰 건물의 커다란 문 곁에 "새벽 공동 구역 19호 본부" 라는 팻말이 걸려 있었다.

첸은 권총 집에서 권총을 꺼내들고 엉덩이로 문을 치면서 소리쳤다. "카이먼! 카이먼! 문 열어! 문 열어!" 아무 대답이 없었다. 다시 소리쳤다. 아무 대답이 없었다. "문을 열지 않으면 부수고 들어가겠다!" 한 여인이 이층 창문에서 촛불을 들고 내려다 보았다. "무슨 일입니까?"

"타오 대표를 만나야겠소! 지금 당장!"

사람도 촛불도 물러갔다. 2분 후 다시 돌아와서 말했다. "타오 대표는 지금 안 계십니다."

첸은 문 앞에서 앞뒤로 왔다 갔다 했다. 권총의 방아쇠를 손가락으로 돌리면서. 그는 다시 소리쳤다. "문 여시오. 아니면 부수고 들어가겠요!"

빗장을 내리고 나무 막대가 들리는 소리가 들렸다. 마침내 문이 빼꼼히 열렸다. 그 새를 참지 못하고 첸은 발로 문을 찼다. 문이 벽에 부딪쳐 꽝 하고 소리를 내더니 그 반동으로 다시 닫힐 지경이 되었다. 첸은 욕설을 해대면서 처음보다 더 심하게 한 번 더 발로 찼다. 이번에는 안에 있는 사람이 문을 잡아 열었다. 첸이 문지방을 넘어가자 다른 사람들도 따라 들어갔다.

"타오란 놈 어디 있어? 지금 당장 나와!"

창문에서 대답하던 여인이 나왔다. 뚱뚱한 중년 여인이었는데 "제가 모시고 올 수 있는지 알아보겠습니다. 제발 여기서 기다려 주세요." 그녀는 불안한 나머지 무의식적으로 "제발 --해 주세요" 라는 해방 전 어휘를 사용하였다.

"빨리 데려 오시오! 기다릴 수 없소!" 첸은 퉁명스럽게 대답했다. 첸을 따라 온 사람들이 공동 구역의 대기실을 서성거렸다. 첸도 오른 손에 총을 들고 식식거리며 왔다 갔다 했다. 뚱뚱한 여인은 금방 돌아왔다. "제발 여기 앉으세요."

"그 제발이라는 말 좀 쓰지 마시오. 타오만 당장 데려 오란 말이요!"

그 여인은 안으로 사라졌다. 안 쪽 문이 다시 열렸을 때는 타오가 온순한 태도로 방에서 나왔다. 그의 뒤에 여인이 서 있었다. 타오의 눈은 권총에 붙박혀 있었다. 첸이 권총을 휘두르며 앞뒤로 서성이고 있었기 때문에 그의 시선도 그것을 따라 움직였다.

"예, 선생님! 예! 제가 뭘 해드릴까요? 선생님?"

"그 '선생님' 이란 소리 좀 작작하쇼! 내가 원하는 건 단 하나 뿐이요, 단 한 가지 말이요!"

"예, 선생님! 그게 뭔데요, 선생님?"

"노블 하트 리가 있는 데를 말해요! 당장!"

"예, 선생님! 그래도 우선 좀 앉으시지요? 이 문제에 대해서 말씀을 드리자면요. 우리 공동 구역의 미래가 전부 여기에 달려 있답니다. 제철 용광로를 완성해야만 하는 겁니다."

타오는 평정을 되찾아가고 있었다. 권총만을 따라가던 그의 시선이 첸의 오른 쪽 어깨로 옮겨져 있었다. 그러나 이유를 설명하려는 그의 시도는 첸을 극도로 분노하게 만들었다. 허공을 향했던 총을 타오의 배에 겨누며 소리쳤다. "무슨 잔말이 그렇게 많아? 당장 데려오지 못해? 감히 내 구역에서 사람을 납치해 가?"

첸의 목소리가 높아지자 타오의 눈은 다시 권총으로 향하며 첸의 떨리는 손을 보고 다시 조금 몸을 떨었다. 타오에게는 첸의 집게손가락이 방아쇠를 당기려고 하는 것으로 보였다.

"예, 예. 물론." 그는 서둘러 대답했다. "이쪽으로 오세요."

그는 길을 가로질러 낡은 건물 끝을 돌아서 문을 밀어 열었다. 문을 열자 용접하는 냄새가 밤공기를 채웠다. 타오는 첸에게 안으로 들어가도록 손짓했다. 바닥은 철판 조각으로 어질러져 있었고 반쯤 만들다 만 모터 달린 송풍기가 있었으며, 모래와 시멘트 부대, 그리고 내화 벽돌 더미, 연장들로 가득했다.

"저기 있소." 타오가 맨 끝 쪽 간이침대를 가리켰다. 노블 하트는 깊이 잠들어 있었다. 들판을 두 번씩이나 건넌데다 그날의 긴장이 겹쳐서 피곤 했기 때문이었다.

"일어나!" 첸이 명령했다. "네가 속했던 곳으로 돌아간다! 당장!"

노블 하트는 눈을 반쯤 뜨고 신음했다. "으-음?"

"일어나! 침대에서 내려오지 못해?"

"첸은 노블 하트의 어깨를 움켜잡아 침대에 앉혔다. 노블 하트는 자기 눈을 의심했다. - 첸 대장이 여기 있다니 - 바로 이 장소에 - 그에게 명령하며? 이제 그는 잠이 깨었다. 그것은 꿈이 아니었다.

"신발 신어! 빨리!"

노블 하트는 속으로 생각했다. 저 명령을 바로 몇 시간 전에도 들었는데……. 그는 첸 뒤에 서 있는 타오를 보았다. 그는 같은 명령을 내릴 때와는 달리 조용히 연약한 모습으로 서 있었다. 노블 하트가 일어서자 첸은 바닥에서 밧줄을 집어 그의 손을 뒤로 묶었다. '오 - 오! 다시 죄수가 되다니! 이번에는 뒤로 묶였네. 제이드 문이 여기 있었다면 나쁜 징조라고 생각했을 거야. 사정이 갈수록 나빠지려나.'

첸은 권총으로 노블 하트에게 문 쪽으로 가도록 지시했다. 전에처럼 선택의 여지없이 복종할 수밖에 없었다. 건물 밖으로 나오자 경비가 있었고 부대에서 온 요리사들은 횃불을 새 것으로 갈아들고 있었다. 그것은 그들이 곧장 부대로 돌아갈 것임을 의미했다. 그들은 건물의 모퉁이를 돌았다.

그 뚱뚱한 여인은 이층 창문 옆에 다시 서 있었다. 이번에는 촛불은 들지 않았다. 조심해야함에도 불구하고 틀림없이 호기심을 이기지 못하여 무슨 일이 벌어지고 있는지를 알고 싶어 한 것이었다. 일행이 그 때까지도 열려 있던 사무실 문을 빠져 나오자 타오는 재빨리 뒤에서 문을 닫았다.

노블 하트는 속으로 중얼거렸다. '이것으로 당분간 당신을 보지 않게 되면 좋겠군요. 타오씨.' 그는 앞일을 알지 못했기 때문에 곧 앞에 닥칠 비극을 알 수가 없었다. 공동체의 정문에 도착하자 첸은 부대에게 멈춰 서도록 명령했다. 그는 노블 하트의 손목을 다시 묶었는데 너무 꽁 묶어서 고통스러웠다. 그러고는 '전진하라!' 고 명령했다.

말이 끝나자마자 총 소리가 들렸다. 총알이 머리 바로 위로 쌩쌩하고 날아갔다. 첸과 그의 부하들은 재빨리 횃불을 끄고 몸을 숙이며 달려갔다.

다음 총알이 어디로 날아올지 몰랐다! 꺼져가는 불빛을 통해서 노블 하트는 정문 곁에 있는 도랑으로 몸을 날렸다. 손이 아직 묶여 있었기 때문에 반쯤은 그냥 굴렀다. 총알이 여기저기 날아다니는 판이어서 휑한 공간에서 있기 보다는 어디라도 엎드려 있어야했다.

그러나 도랑에 떨어지자 무엇인가 쩍 갈라지는 소리가 들렸다. 불쏘시개로 쓰는 마른 막대기를 부러뜨리는 것과 같은 소리였다. 동시에 그는 자기가 무엇인가 부드러운 것 위에 떨어졌음을 알게 되었다. 고통스런 비명이 그의 등 뒤에서 들렸다. 누군가 먼저 도랑에 누워있던 것 이었다!

"미안합니다. 당신이 여기 있는 줄 몰랐습니다." 노블 하트가 말을 꺼냈다. 처음에는 신음 소리만 들렸다. 그러고는 "당신이 내 팔을 부러뜨렸어요!" "어쩔 수가 없어요. 팔이 뒤로 묶여 있거든요."

그러는 동안에 첸의 부대원들도 공동체 본부를 향하여 총을 쏘아댔는데 첫 번째 총알이 그 방향으로부터 날아왔기 때문이었다.

노블 하트는 자기가 밑에 깔고 있는 사람에게 물었다.

"우리에게 총을 쏘는 사람이 누구지요?"

"공동체에 주둔하고 있는 군의 소대입니다. 저도 거기에 속해 있지요. 우리는 여기 정문에 잠복해 있다가 단장이 캠프로 당신을 데려가지 못하도록 하라는 명령을 받았습니다."

총성이 계속되었다. 첸 쪽은 무거운 총소리였고 소대는 총소리가 가벼웠다. 그때 무거운 총소리가 사라지기 시작했다. 첸과 그의 부하들이 싸움터에서 물러간 것이었다. 노블 하트는 이제 말을 더 계속 할 수 있었다. "제가 리 동지입니다. 그래서 이렇게 손이 뒤로 묶였지요. 당신 위에 떨어져서 미안합니다. 그런데 움직일 수가 없어요……."

일 년은 지나간 것 같았지만 사실은 15분 정도 밖에 지나지 않았을 때 노블 하트는 도랑을 따라 몸을 꿈틀거려 간신히 움직여서 자기가 깔고 있던 사람에게서 떨어져 나갈 수 있었다. 다행히 도랑에 물은 없었다. 그 사람을 아프게 하지 않으면서 몸을 움직이려고 했기 때문에 그 과정이 느렸다. 그 사람은 노블 하트가 몸을 움직일 때마다 신음 소리를 내며 "아야!" 소리를 연발했다.

노블 하트가 그에게서 떨어지자 그 사람은 팔이 부러진 것과는 상관없이 도랑에서 나오는데 거의 지장이 없었다. 자기가 나오고 나서 성한 팔로 노블 하트를 꺼내주었다. "여기! 묶인것 좀 풀어 주세요." 노블 하트는 간청했다. 그러나 그 사람은 자기 문제가 급했다. "부러진 팔을 고칠 의사를 찾아야 하는데." 하며 어둠 속으로 사라졌다.

노블 하트는 공동체 사무실로 가는 것 외에 다른 선택의 여지가 없었다. 그 방향을 보았을 때 불이 환하게 켜 있고 사람들의 뛰어 다니는 발자국 소리가 여기 저기 들렸다. "무슨 일이지? 그는 궁금했다. 그는 촛불이 켜있는 사무실에 가까이 다가가며 누군가가 자기 손의 밧줄을 풀어 주었으면 하고 바랐다. 그러나 노블 하트가 사무실의 문지방을 넘어갔을 때 아무도 그에게 주의를 기울이는 사람이 없었다. 그들은 모두 응접실 한 가운데 있는 커다란 탁자에 널부러져 있는 한 여인을 보고 있었다. 그 여인은 공동체 책임자인 타오의 뚱뚱한 부인임을 노블 하트는 알아보았다. 의사는 열심히 그녀를 진찰하고 있었다. 가슴을 문지르며 맥박을 재고 청진기로 소리를 들으려고 하였다. 마침내 그가 허리를 펴고 일어났을 때 그의 얼굴은 땀으로 범벅이 되어 있었다. "타오 동지, 유감스럽지만 부인께서는 가셨습니다."

"갔어! 어떻게 그럴 수가 있지? 그렇게 강하고 건강했는데!"

"타오 동지, 그게 문제가 아니지요. 창문 곁에서 가슴에 총을 맞은 겁니다. 가슴에 명중된 겁니다."

"그 총알은 어디 있소?"

"앞으로 들어가기는 했는데 뒤로 나온 흔적은 없습니다. 아마 몸 안 어딘가에 있을 겁니다. 가슴 뒷부분에 있는 뼈 사이 어딘가이겠지요."

"그 총알을 꺼내주시오! 그것을 증거로 삼아 내 아내를 죽인 죄로 첸을 고소할 거요!" 타오는 신경질적으로 말했다.

"네, 그렇게 할 수 있습니다. 들것을 구해서 두세 사람에게 부인을 병원으로 옮기도록 하십시다." 의사가 동의했다.

들것이 오도록 기다리는 동안 노블 하트는 의사에게 가서 부탁했다. "의사 동지, 혹시 메스를 갖고 계세요? 제 손목의 밧줄 좀 끊어주시겠어요?"

의사는 밧줄을 끊으면서 말했다. "상처가 심하군. 출혈도 심하고. 밧줄에 탔군 그래. 함께 병원에 가는 게 좋겠소. 내가 손목을 치료해 주리다. 자, 들것을 기다리지 말고 갑시다."

함께 걸으며 의사는 말했다. "죽은 사람보다는 산 사람을 돌보라. 그것이 내 신조요."

타오 부인의 시체가 병원에 도착했을 때 노블 하트는 손목 치료를 끝내고 붕대를 감고 있었다. 노블 하트는 의자에 앉을 수 있어서 기뻤다. 몸은 피곤했지만 정신은 말짱해서 의사가 상처를 따라 총알이 지나간 자리를 찾는 것을 보았다. 마침내 긴 핀셋으로 총알을 잡아 꺼내었다. '펍', 피부를 통해 나오는 소리였다. 총알에 묻은 지방을 제거하기 위해 흡입기를 사용했다. 언제나 기자인 노블 하트는 일어나서 그 운명의 총알을 바라보았다.

"어떤 종류의 총알입니까, 의사 동지?" 의사는 잠시 보더니 천천히 대답했다.

"흠, 이건 작은 총알이오. 우리 소대에서 쓰는 건데, 이상하군. 공동체 지도자의 부인은 첸 단장의 사람이 아니라 우리 소대원의 총에 맞아 죽은것 같군."

"정숙하시오!" 계급을 달지 않은 경관이 공표했다.

그 장면은 노블 하트에게 매우 친숙했다. 수비대 지휘 본부 안에 있는 탁자 주위에 인민 해방군 장교 다섯 명이 앉아 있고 두 명의 비서가 모든 것을 상세히 기록하는 것이었다. 아나운서는 있었지만 변호사는 없었다. 중국의 인민군에게 변호사는 부르조아의 직업이었기 때문에 전부 없애버렸다.

그러나 노블 하트가 목격했고 경험했던 법정과 한 가지 다른 것이 있었다. 보통은 누가 피고인지 금방 알 수 있었는데 오늘은 그것을 알 수 없었다. 첸 대령과 불의의 침략자 여섯 명이 피고인가? 아니면 먼저 발포를 한 타오 대표와 그의 부하들이 피고인가? 다른 사람들도 소환되었는데, 자기를 비롯해서 의사와 들 것을 들었던 두 사람도 함께 불려 왔다. '이 사람들이 다 어떤 일로 소환되었는가? 글쎄, 좀 있다보면 금방 알 수 있겠지' 하고 노블 하트는 생각했다.

누군가 사건의 개요를 준비해 와서 대변인이 그것을 읽었다. 단조롭게 읽는 소리를 들으면서 노블 하트의 기자적인 본능이 살아났다. '아니, 저건 첸의 강압적인 행위에 대한 고소도 아니고 나를 억지로 잡아 간 타오를 비난하는 것도 아니네.그저 총에 맞은 타오 부인을 애도하는 말뿐 총을 누가 쏘았다든가 하는 얘기는 한 마디도 없지 않은가?'

마침내 의사가 증인석에 불려 섰다. 그는 타오 부인을 구하기 위해서 어떻게 노력하였으며 어떤 이유로 그녀의 죽음을 확인했는지를 이야기하도록 요청을 받았다. 그러나 그녀를 죽인 총알에 대해서는 질문이 없었다.

노블 하트는 불편해지기 시작했다. 이러한 느낌은 끝까지 그가 증인석에 불리지 않았기 때문에 더욱 커졌다. 그런데 나를 소환했으니……. 그 이유가 뭘까? 그는 속으로 중얼거렸다.

상사는 사건의 전말을 읽고 나서 그 종이를 접어 책임 맡은 관리에게 주고는 앉았다. 그 관리는 일어서서 목소리를 가다듬더니 질문을 했다. "이 안에 있는 사람 중에 지금 읽은 내용 외에 덧붙일 얘기가 있습니까?" 아무도 감히 정부의 사건이라고 언급된 서류에 무엇을 더하거나 질문을 하려고 하지 않았다. 모두가 침묵하였다. 대변인이 일어섰다. "행정관들께서 이 사건의 처리를 맡아 주시겠습니다."

행정관들은 서로 머리를 맞대고 무엇인가 속삭이면서 의논을 하였다. 마침내 속삭이는 소리가 멈춰지고 그들 중 한 사람이 가방에서 서류를 꺼내었다. 관리들이 그것을 돌아가면서 읽고는 한 사람 한 사람 고개를 끄덕였다. 책임 맡은 행정관이 대변인에게 고개를 끄덕이자 대변인은 선포하였다. "지금부터 대표 행정관께서 인민 법정의 판결문을 읽으시겠습니다."

그러자 그 행정관은 방금 서로 돌려 본 그 서류를 소리 내어 읽기 시작했다. “해피데이 국영 고무 농장과 새벽공동체 19호 그리고 다른 경로로 조사된 정보로부터 다음과 같은 결론에 도달 했습니다.

“공동체의 타오 대표나 농장의 첸 단장은 중화 인민 공화국의 공산당에서 충성스런 위치에 있는 사람들이기 때문에 이 사건에서 어떤 불법이나 잘못된 일을 할 가능성이 전혀 없습니다. 타오 대표의 부인께서 불의의 사고로 유명을 달리 한데 대하여 깊은 위로의 말씀을 드립니다. 조사한 바에 의하면 상기 사건의 근본적인 원인은 다른 사람이 아닌 해피 데이 국영 고무 농장에서 개선을 위해 구류 중인 노블 하트 리 때문인 것으로 결정되었습니다. 리가 모든 문제의 원인입니다. 리라는 존재나 그의 행동이 없었더라면 앞서 말한 사건은 일어나지도 않았고 일어날 수도 없었던 사건입니다. 그러므로 피고 노블 하트 리는 심사단에 의해 다음과 같이 기소되었습니다.

1. 상술한 비극적인 사건을 유도한 말과 행위로 유죄임.

2. 새벽 인민 공동체 19호의 국민병인 수 데파의 팔을 공격하고 부러뜨린 악질적 행위로 유죄임.

3. 타오 아이덩 부인의 죽음을 유발한 혐의.

행정관은 종이를 접어 비서에게 넘겨주었다. 그러더니 유례없는 발언의 기회를 주었다. “상술한 점에 대해 이의 있습니까?” 노블 하트는 선고문을 들으면서 피가 얼굴로 솟구치고 머리카락 끝이 쭈뼛이 서는 것 같았다. 책임 행정관과 배심원 중 두 명만이 그의 반응을 보았다. 다른 사람들은 앞만 보고 있거나 모두 고개를 숙이고 있었기 때문이었다. 그러나 노블 하트는 그들의 마음의 눈으로 그를 주목하고 있음을 느낄 수 있었다. 말소리는 들리지 않았어도 비난하든지 동정하든지 줄 중의 하나임을 알 수 있었다.

그때 노블 하트는 자신을 추슬러 말했다. "행정관 동지, 허락해 주신다면 제가 하고 싶은 말이 있습니다." 행정관은 눈을 두 번 깜빡거렸다. 틀림없이 누군가 이야기를 하겠다고 하리라고는 생각하지 못했던 것이었다.

더구나 이제 피고로 밝혀진 사람이 그런 요구를 하리라고는 생각하지 못했다. 그는 노블 하트가 놀랄 정도로 이렇게 말했다. "할 얘기가 있으면 하라고 내가 말했소. 말해 보시오."

"행정관 동지, 본인은 이 사건을 재심해 줄 것과 관련된 다른 증인의 증언을 요구하는 바입니다. 평결을 재조사해 줄 것을 요청합니다. 저를 증인석에 서게 조차 하지 않고 죄가 있다고 판결하다니요. 저는 피고가 아닙니다. 저 자신이 희생자입니다. 상술한 사건의 전반부에는 제 양 손이 앞으로 묶여 있었고 그 사건의 후반부에는 뒤로 묶여 있었습니다. 저는 군중의 행동을 유도하지 않았습니다. 제가 군중의 행동에 의해 피해를 입은 사람 입니다. 부러진 팔에 대해서는 유감스럽게 생각합니다. 날아오는 총알을 피하느라고 구덩이에 뛰어들었을 때 부러진 것입니다. 타오 부인의 죽음에 대해서는 누구의 총알이 원인이었는지 물어 보았습니까?"

타오 부인이 언급될 때까지 기묘한 정적이 법정을 감쌌다. 바로 그때 타오 대표가 폭발을 했다. "내 아내의 이름을 들먹이다니, 맛을 보여 주겠다!" 입에 담지 못할 욕설을 노블 하트에게 쏟아 놓더니 주먹으로 그의 얼굴을 치려고 했다. 그는 재빨리 몸을 굽혀 주먹을 피했다. 타오가 다시 그에게 다가 오기 전에 행정관들이 그를 뒤로 잡아 팔꿈치를 꺾었다.

“정숙! 정숙!” 책임 행정관이 주먹으로 테이블을 치며 소리쳤다.

순간 들리는 소리라고는 타오의 가쁜 숨소리뿐이었다. 그는 아직도 행정관에게 잡힌 상태로 있었다. 책임 행정관은 소리쳤다. “이 사건은 종료 되었소! 모두 법정에서 나가시오!”

참석했던 다른 사람들과 함께 노블 하트는 방에서 나가려고 했다. 배심원 중 한 사람이 그를 붙잡으며“당신은 여기 남으시오!”라고 했다. 과거에도 매번 언제나 그랬듯이 노블 하트는 명령에 복종하는 것 외에 다른 방도가 없었다. 그는 행정관이 타오를 문 밖으로 데리고 가서 뒤에서 잠그는 것을 보았다. 그리고 주위를 둘러보았을 때 방 안에 자기 혼자만 남은 것을 알았다. 군인들은 다시 테이블 앞 자기 자리에 멀리 떨어져 앉아 있었다. 책임 행정관은 대변인에게 고개 짓을 했다. 한 사람 대신 천 명에게 발표하기에 합당한 목소리로 그는 소리쳤다. “이제 선고가 있겠습니다! 책임 행정관께서 판결문을 읽으시겠습니다.”

행정관은 자리에서 일어나 마치 구형을 한 후 아무 일도 없었던 것처럼 판결문을 읽었다. 그것도 역시 미리 작성된 것이었다. “이 법정의 명령에 따라 노블 하트 리는 해피 데이 국영 고무 농장에서 그의 현재 형기가 끝난 후로부터 3년을 더 노동하게 되었음을 선고한다.”

*

고무 농장에 조용한 아침이 왔다. 몇 달 만에 처음으로 노블 하트는 고무를 채취하러 나이프와 양동이를 가지고 길을 나섰다. 길을 반쯤 갔을 때 호우 헬랑이 그를 따라와 손을 꽉 쥐더니 말했다. “축하해, 노블 하트. 인민법정 같은 데서 담대히 서서 진실을 말하다니.”

“헬랑, 고마워!”

4부
상하이와 북 중국

검찰관은 즉시 본론으로 들어갔다. "중국은 공산주의이고 무신론의 나라요. 하나님을 믿는 것은 미신이요. 그런데 왜 당신은 밥을 먹기 전에 기도하는 것을 고집하는 거요. 그것도 모든 사람들이 보는데서요?"창 대령은 일어서서 말했다. "본 법정은 브라잇 빅토리 리가 고소된 대로 유죄임을 선언한다. 그러므로 그는 북 중국 섬서주에 있는 석탄 탄광에서 노동을 통한 개선을 위해 5년간 일할 것을 명령한다."

러시아인의 진입

1957년 가을 - 1958년 겨울

“너는 내 귀중한 꽃이야. 하나 밖에 없는 나의 작은 꽃.” 제이드 문은 로터스 훌라우어의 머리를 길게 빗어 땋아 주며 말했다. “고등학교에 못 가게 되면 네 오빠들처럼 공장으로 보낼 거야.” 제이드는 긴 검은 머리를 오른손으로 빗으며 한올이라도 빠뜨리지 않도록 왼손으로 쓰다듬었다. “그리고 생각해봐. 오늘이 초등학교의 마지막 학년을 시작하는 날이지. 학교 다니는 마지막 해가 될지도 모르는 거야. 주님이 너를 위해 특별한 일을 해 주시지 않는다면 말이지.”

제이드 문은 목이 메었다. 로터스 훌라우어의 눈물이 뺨을 타고 내려와 바닥에 뚝 떨어졌다. 로터스 훌라우어는 오른 손 등으로 뺨의 젖은 부분을 닦았다. 블라우스 주머니에 신분증명서가 제대로 있는지를 확인하고 집을 나와 학교로 향했다. 모녀는 둘 다 그날 무슨 일이 일어날지 아무도 몰랐다.

아침 늦은 시간에 군복을 입은 키 큰 백인 두 사람이 지프를 타고 학교로 들어왔다. 군복에 리본과 메달을 단 모습은 아무 장식도 없고 명찰도 없는 평범한 중국군의 단조로운 복장에 비해서 눈이 부셨다. 그들은 교장 선생님에게 대충 성의 없이 인사를 하고는 바로 로터스 훌라우어의 교실로 성큼성큼 걸어 들어왔다. 교장 선생님은 부록처럼 그들의 뒤를 따라 왔다.

"이 반이 졸업반 중에서 가장 우수한 반입니까? 두 명 중 키가 더 큰 사람이 선생님에게 러시아말로 말했다. 로터스 훌라우어에게 그것은 거칠고 난폭하게 들렸다. 그림자처럼 지프에서부터 그들을 따라 오던 통역이 중국말로 통역을 했다.

"예, 그럼요!" 아무 소개도 없이 직접 질문하는 외국인의 접근 방식에 놀라며 선생님이 대답했다. 장교는 계속했다. "우리는 북쪽 섬서가에있는 중러우호협회에 통역으로 훈련할 12명의 학생을 이 학교에서 뽑으려고 왔소."

교장 선생님은 "예, 예, 물론이지요, 그것을 원하신다면. 물론입니다. 물론이에요. 그래도 누가 가야 할지는 학교 당국의 재량에 맡겨야 합니다!" 그는 그 마지막 선언으로 말을 끝내려고 했다. 그러나 결국 마지막 말은 키가 큰 러시아인이 하는 것이었다. 그는 교장 선생님을 무시하고 "우리는 우리가 가져온 자료로 언어 적성 테스트를 할 겁니다. 과학적인 것이지요. 우리는 모든 것을 과학적으로 합니다. 지금 학생들에게 시험지를 돌리겠습니다."

그 다음 주에 결과가 발표되었다. 로터스 훌라우어는 12명 중에서 두 번째로 성적이 좋았다. 그런데 그 12명 중 왜 남자 아이들은 뽑지 않았을까 하는 의심이 본능적으로 들었다.

"제이드 문 리, 당신의 딸, 로터스 훌라우어, 15세, 는 현재 이후 중러우호협회 러시아 통역 학교로 전학되었음을 통보하는 바입니다. 즉시로 시행

하시오.”

— 상하이시 교육부(서명)

“흠, 중국인이 명령을 내렸지만 러시아인이 결정을 하였군. 이건 무슨 새로운 종류의 제국주의이지?” 제이드 문이 말했다.

다음 날 아침, 12명의 십대 소녀들은 교실에서 어색하게 서 있었다. 긴장되고 불확실한 상태였다. 선생님 두 분이 한 명은 앞에 서고 다른 한 명은 뒤에 서서 상하이 거리를 예난 가까지 호위해 데려다 주었다. 그들은 4층짜리 건물에서 멈추었다. 구내 주위에 사람 키 두 배 정도에서 6미터 정도 되는 벽이 둘러 있었고 그 담벼락 위에는 깨진 유리 조각이 햇빛에 반사되어 반짝거리고 있었다. 우중충하고 음산한 분위기였다. 보초는 선생님이 내미는 명령서를 읽었다. 그리고는 나무문을 두드려 신호를 했다. 그러자 문이 조금 열렸다. 로터스 훌라우어는 반대편에 러시아 제복을 입은 사람을 볼 수 있었다. 그 학교에는 중국 여학생이 백 명 있었다. 여러 학교에서 고르고 고른 학생들이었다. 모두가 여학생으로 남학생은 한 명도 없었다.

여학생들은 그 학교가 ‘특수’ 학교임을 금방 알게 되었다. 러시아 역사, 러시아 지리, 러시아 문학, 그리고 대부분은 러시아 언어를 시간, 시간마다 배웠다. 로터스 훌라우어가 좋아했던 중국어로 된 중국 학교의 과목은 하나도 없었다. 로터스 훌라우어는 지나치게 열심히 공부하고 너무나 많은 것을 외우려고 했기 때문에 밤이 되면 베개에 얼굴을 묻고 조용히 흐느껴 울다가 잠들었다.

하루는 러시아 교관이 러시아 말로 프랑스 사람들이 오리에게 어떻게 음식을 강제로 먹이는지에 대해서 얘기해 주었다. 간을 더 크게 만들기 위해서 음식을 목 밑으로 내려가게 하는데 젓가락으로 밀어 넣는다는 것이었다. 로터스 훌라우어는 반 친구에게 그것이 자기라고 말했다. "내가 오리야. 그들은 젓가락으로 내 목 안에 음식을 강제로 집어넣고 있는 거야. 그런데 그들은 왜 내 간을 크게 하려는 거야?"

로터스훌라우어는 "큰 코" 에대해서 들은 적이 있었다. "큰 코" 는 언제나 미국 사람으로 단편이나 소설, 연극이나 영화에서 언제나 악한 사람으로 나왔다. 이제 그녀는 바로 눈 앞에 "큰 코" 를 보고 있지만 그들은 미국인이 아니고 러시아인이었다. 그러나 그녀에게 그들은 모두 같아 보였다.

누가 미국인이고 누가 러시아 사람인지 구별할 수 없었다. 단지 미국인은 언제나 악당이고 러시아인은 언제나 영웅이라는 차이 밖에 없었다.

어떻든지 로터스 훌라우어는 러시아에 관한 것들을 빨리 배워 갔다. 어느 날 말벌이 열린 창을 통해서 교실에 날아 들어왔다. 중국인 선생님이라면 벌이 윙윙 날아 다녀도 가만히 두고 볼 것이었다. 러시아인은 달랐다.

그는 책상에서 신문지를 말아 쥐더니 실내에서 벌을 쫓아다녔다. 학생들이 아직 배우지 않은 러시아 말을 내뱉으면서. 5분 동안 교관은 얼굴을 벌겋게 하고 분이 나서 식식거리며 교실 안에서 말벌을 쫓아다녔다. 마침내 벌이 들어 온 창문으로 나갔다. 여학생들은 눈을 내리 깔았다. 중국인이라면 농부라도 가지고 있을 위엄을 그들은 가지고 있지 않았다.

가을이 지나고 상하이에 겨울이 다가오고 있었다. 겨울은 러시아 총영사관에서 주최하는 음악회, 발레 공연, 오페라 등 문화 행사가 많은 계절이었다. 첫 음악회는 러시아의 예술가들이 굉장한 의상을 입고 하는 발표였는데 그곳에 참석한 중국인은 한번도 보지 못했던 화려한 공연이었다.

러시아 무대의 화려함을 보았을때 중국인 중 몇이 중얼 거렸다. '수정주의자' 그리고 '자본주의 앞잡이들'. 그러나 대부분은 그저 입을 다물고 압도하는 무대에 빠져들었다.

로터스 훌라우어는 오케스트라로부터 열 번째 줄에 있는 무대 중앙의 지정석에 앉아 있었다. 그날 밤은 그녀가 꿈도 꾸어 보지 못했던 찬란함이 있었다. 이상하게도 그렇게 붐빈 극장에 한 자리가 아직도 빈 채로 남아 있었다. 로터스 훌라우어의 왼쪽 자리였다. 그래서 그녀는 공연이 무르익을 무렵 한 남자가 자기 옆에 풀썩 앉을 때 그런가 보다 하고 생각할 뿐 놀라지 않았다. 그는 러시아인으로 두터운 오버 코트를 입고 있었다. 그 계절에는 보통 그렇게 두터운 코트를 입지 않았기 때문에 로터스 훌라우어는 놀랐다. 러시아인이 앉을 때 코트 자락이 열리더니 오른쪽 포켓이 로터스 훌라우어 쪽을 향해서 시계추처럼 흔들렸다. 포켓 안에 무언가 딱딱한 것이 철썩하고 그녀의 왼쪽 팔을 쳤다. 본능적으로 피했지만 오페라 자리가 그렇게 넓지 않았기 때문에 멀리 피하지는 못했다.

그 남자는 러시아 말로 중얼거렸다. "미안합니다."

그가 자리에 앉자 술 냄새가 풍겨왔다. '다른 자리를 찾아보는 것이 좋겠어.' 라고 속으로 생각했다. 그러나 둘러보아도 비어있는 자리가 없었다.

그 러시아인 옆에 앉지 않으려면 극장을 떠나는 수밖에 없는데 그러고 싶지는 않았다. 공연이 너무도 좋았기 때문에 떠날 수는 없었다.

"페트로비치 부인은 아직 나오지 않았나요?"

그 질문이 자기에게 하는 것임을 알고 로터스 훌라우어는 난감했다. 어떻게 할까? 대답하면 대화를 하게 되는 것인데.

"페트로비치 부인이 아직 나오지 않았느냐고 물었소." 이번에는 강철 같은 고집이 목소리에 배어 있었다. 갑자기 로터스 훌라우어는 안이 싸늘해지는 것을 느꼈다. 그녀는 자리를 벗어나지 않으면서도 최대한 그 남자에게서 멀리 떨어져졌다.

"아뇨, 아니… 아직 나오지 않았습니다." 가까스로 대답했다.

그 때 머리가 새하얀 나이가 지긋한 남자가 나와서 라 트라비아타의 아리아를 부르고 있었다. 로터스 훌라우어가 얼핏 프로그램을 보았을 때 페트로비치 부인은 바로 다음 차례였다. 그녀는 그것을 들고 "페트로비치 부인" 이라는 이름을 손으로 가리켰다.

"좋아! 나는 페트로비치요. 페트로비치 부인은 내 아내고. 그녀는 부정을 저질렀어. 저 돼지 보로딘 소령과 잤단 말이지. 그녀를 죽이고 말거야!"

그러더니 그 러시아인은 오른쪽 오버 주머니에서 권총을 꺼냈다. 총구, 개머리판, 몸통, 크롬 도금을 한 권총이 번득이고 있었다. 그는 손가락으로 방아쇠를 어루만졌다. 그리고는 로터스 훌라우어에게 말 안 되는 질문을 했다. "내가 저 여자를 쏠거라고 생각하나?"

로터스 훌라우어는 자기 자리의 팔걸이를 꽉 잡았다. 분명한 러시아 말로 용기를 내어 말했다. "하지 마세요!"

러시아인은 놀라서 물었다. "왜 하지 말아야 하지?"

"왜냐하면 이 음악회를 망치게 되니까요."

"오!" 러시아인은 권총을 무릎 있는 데로 내렸다.

흰 머리의 노인은 이제 막 아리아를 끝내려는 중이었다. 우레 같은 박수에 절을 하고 무대를 떠났다. 아나운서는 무대의 끝에서 매력적인 가성으로 소개를 하였다.

"다음 순서입니다. 페트로비치 부인!"

페트로비치 부인은 왼쪽 날개에서 무대로 등장했다. 그녀의 발걸음을 따라서 조명이 비춰지자 짙은 오렌지색의 롱 드레스가 미풍에 떨어지는 가을 낙엽처럼 물결치며 펄럭였다. 청중은 그 장면에 사로잡혀 박수를 쳐댔다. 로터스 훌라우어는 자기 생애 중 그렇게 아름다운 것을 본 적이 없다고 생각했다.

'어머나!' 갑자기 공포가 밀려왔다. '그녀는 스포트라이트 때문에 앞이 안 보인다! 군중 속에 앉아 있는 그녀의 남편을 볼 수 없지. 더구나 저 권총은 틀림없이 보이지 않아!'

페트로비치 부인은 무대 중앙에 와서 계속 이어지는 박수에 대한 답례로 깊이 절을 하였다.

조명 두 개가 희미해져감에 따라 박수 소리도 멈춰졌다. 페트로비치 부인은 극장 안의 여인들이 부러워할 만한 터질듯 한 힘과 열정으로 소프라노 독창을 시작했다.

로터스 훌라우어 옆에 앉아 있던 남자는 천천히 권총을 들었다.

"제발, 선생님, 하지 마세요!" 로터스 훌라우어의 목소리가 긴장 때문에 거칠게 나왔다.

그는 그녀를 향하여 멀리 권총을 뻗었다. "하지 말라니? 저 돼지새끼 하고 잤다니까!"

"제발, 선생님! 쏘면 안돼요!"

"왜 안 된다는 거지?"그 질문에는 순진함이 배어 있었다.

"왜냐하면요 너무 아름답기 때문이에요. 아름다움을 부수시면 안 됩니다." 로터스 훌라우어는 자기 입에서 이상한 말이 그렇게 쉽게 나오는 것에 놀랐다.

그 러시아인은 다시 권총을 올렸다. 이제 페트로비치 부인의 눈이 조명에 적응되었다. 아마 그녀에게 크롬이 번쩍하는 것이 보인 것 같았다. 두려움과 공포로 그 아름다운 얼굴이 질리더니 아름다운 목소리가 중간에 끊어졌다. 오렌지 드레스 자락을 휘날리며 무대 뒤로 사라졌다. 로터스 훌라우어 옆에 앉았던 남자가 일어섰다. 부인을 따라가려나 봐. 로터스 훌라우어는 깜짝 놀라 코트 자락을 붙잡았다. "멈추세요! 경찰에 잡혀갈 거예요!" 그 러시아인은 권총을 다시 주머니에 집어넣으려고 하였다. 그러나 실수해서 바닥에 떨어뜨렸다. 로터스 훌라우어는 그 짧은 순간 기회를 봐서 왼쪽 발로 재빨리 밀었다. 권총은 두 줄이나 앞으로 떨어졌다. 러시아인은 무릎을 꿇고 바닥을 더듬어 권총을 찾았는데 계속 저주의 말을 내뱉고 있었다. 로터스 훌라우어는 자기 자리에 다시 앉았다. 겉으로는 무관심하고 편안해 보였지만 마음속은 수천 가지 질문으로 복잡했다.

*

"엄마, 오늘이 집에서 자는 마지막 밤이 될 거예요. 당분간"

"왜 그런 거야, 로터스 훌라우어?"

"우리를 지도하시는 말리노프스키 소령이 새 기숙사가 완성되었으니 이제 우리를 24시간 러시아식으로 살게 한대요."

"왜 기숙사에 살게 하는 거야? 나는 이 러시아 학교가 하는 일이 도무지 이해가 안돼."

"엄마, 우리는 잘 먹고 있어요. 제가 거기 밤낮으로 있으면 제 먹을 것 걱정은 안하셔도 되잖아요. 그럼 엄마가 더 수월하시지요."

"로터스 훌라우어, 그렇게는 생각하지 마라. 집에 쌀 한 톨이라도 있으면 그건 네 거야. 오빠들도 전부 공장 기숙사에 있으니 나와 네가 먹는 것 정도는 아무 일도 아니란다."

제이드 문의 목소리는 이야기를 계속해 가면서 심각해졌다. "나는 네가 그 학교에 있는 것이 걱정이 된다. 그래서 특별히 너를 위해서 기도해 달라고 왕 언니에게 부탁했단다. 언니의 기도를 하나님께서 잘 들어 주시는 것을 나는 알고 있어. 그런데 일요일은? 주일에는 집에 오는 거야?"

"제 생각에는요, 엄마, 몇 주에 한번 씩 밖에 집에 못 올 것 같아요."

"그럼 교회는 어떻게 해?"

"러시아 사람들은 교회 얘기를 한 적이 없어요. 아마 교회에 대해서 아무 것도 모르는 것 같아요."

*

"오늘부터 예비 숙녀인 여러분은 러시아 문화를 새롭게 배우게 됩니다. 남자와 여자의 관계에 대하여 배울 겁니다. 러시아 남자가 어떻게 중요한지 배울 겁니다." 말리노프스키 소령은 한참 동안 멈추었다. 로터스 훌라우어의 등뼈에 싸늘한 기운이 흘렀다. 본능적으로 그녀는 다른 여자 아이들에게서도 같은 반응을 느꼈다. 소령은 계속했다. "어떻게 러시아 남자를 즐겁게 해 주며 편안하고 완전히 몸을 풀게 해 줄 수 있는지. 그가 무엇을 좋아하고 무엇을 좋아하지 않는지. 어떻게 여러분이 그를 행복하게 해 줄 수 있는지를 배울 겁니다." 로터스 훌라우어는 자신의 얼굴이 목에서부터 붉어지는 것을 느꼈다.

"간단히 말해서 나는 이 이야기가 여러분의 장래를 위해서 유익하기 때문에 하고 있는데 여러분은 러시아 장교를 위안하는 상대가 되는 것을 배워야만 합니다." 말리노프스키 소령이 스스로 러시아 문화 강좌를 맡았다. 로터스 훌라우어는 그가 하는 말에 어떤 때는 놀라고 어떤 때는 공포에 질렸다. "우리는 여러분을 14세에서 16세 사이에서 뽑았는데 어릴 때 러시아화 되기를 원했습니다. 우리는 여러분이 다른 중국 소녀들 같이 빼빼하지 않도록 잘 먹게 하여 오동통하도록 했습니다. 여러분과 같은 소녀들을 더 뽑을 겁니다. 왜냐하면 러시아 장교들이 중국에 더 많이 들어올 것이기 때문입니다. 사실상 중국 군대의 윗자리는 전부 러시아 장교들이 차지할 것입니다." 말리노프스키가 하는 말 중에서 어떤 것은 로터스 훌라우어가 이해할 수 없는 것이 있었는데 모두가 러시아말로 했기 때문이었다.

다음에 집에 왔을 때 로터스 훌라우어는 엄마에게 물어 보았다. "엄마, '위안' 이 된다는 것이 무슨 뜻이에요?"

로터스 훌라우어가 집에서 하루를 지낸 후로 한 달이 지났다. 그녀는 영적으로나 육적으로 매우 지쳐있었다. 그래서 다른 소녀들이 한 번도 성공하지 못했던 시도 - 다음 주일 하루를 쉬게 해달라는 요구를 하기로 결심했다. 다른 것 보다 로터스 훌라우어는 하나님의 백성들과 함께 교회에 가서 예배드리고 싶었다.

"그런 거 부탁하지 마." 친구들이 경고했다. "문제만 일으킬 뿐이야. 말리노프스키 소령의 사무실에 가까이 가는 것은 위험한 일이기도 해."

아무 것도 잃을 것은 없고 아마 얻는 것은 있을 지도 모른다고 생각하고 로터스 훌라우어는 소령의 사무실로 갔다. 그녀는 밖에 있는 비서에게 - 소매에 상사 계급장을 단 제복을 입고 있는 뚱뚱한 러시아 여자였다 - 소령을 만날 수 있겠는가고 물었다.

"정말로 소령님을 만나고 싶어요?" 그 상사는 눈썹을 치켜들며 물었다.

"그저 말하고 싶은 메시지만 나에게 주면 내가 전해 줄게요."

"아뇨, 개인적인 부탁이라서 제가 만나야 합니다. 부탁드립니다."

"아, 그래요? 학생이 무슨 부탁을 하고 있는지 알고나 있는지 모르겠네!"

그 이상은 설명하지 않고 상사는 돌아서서 안 쪽 사무실을 향해 있는 문을 열고 들어갔다. 잠시 후에 나오더니 "들어가도 좋아요."

로터스 훌라우어는 상사의 얼굴이 왜 그렇게 심란해 보이고 목소리가 경직되어 있는지 알 수가 없었다. 그러나 멈춰서 묻지 않고 상사가 열어 주는 문으로 들어갔는데 상사는 그 문을 열린 채로 놓아두었다. 안에 들어서자 로터스 훌라우어는 널따란 책상을 마주하고 말리노프스키 소령 앞에 섰다. 그녀는 그 사무실 안에 들어 와 본 적이 없었다. 갑자기 그곳이 불편하게 느껴졌다.

"그래, 네가 나를 보러 왔단 말이지. 현명한 생각이야. 네가 먼저 이렇게 와 주어 나는 기쁘다."

"실례지만, 소령님? 부탁드릴 말씀이 있습니다. 다음 주 일요일에 제가 집에 가도 될까요?"

"그럼, 그럼," 소령은 말했다. 그러나 그것은 로터스 훌라우어의 질문에 대한 답이 아니었다. 그는 책상 뒤에서부터 일어나서 양손을 비볐다. 그는 걸어 나와 문을 닫더니 주머니에서 열쇠를 꺼내 문을 잠갔다. 다시 책상으로 돌아가 그 위에 앉더니 로터스 훌라우어에게 닿을 정도로 가까이서 물었다. "그래 언제부터 나를 보러 오려고 생각 했었지?"

"글쎄요, 저는, 저는… 아마 오늘일 겁니다, 소령님."

"나는 벌써 오래 전부터 너를 마음에 두고 있었는데. 네가 처음 왔을 때부터 너는 눈에 띄었다. 몇 살이었지? 열여섯 살? 네 나이에 비해 성숙해 보였거든. 그리고 정신적으로도 감정적으로도 너는 성숙하단 말이야. 그래, 그래, 너와 나 - 우리는 잘 맞는 한 쌍이 될 거야!"

소령을 쳐다보면서 로터스 훌라우어는 뒷걸음으로 문까지 와서 손잡이를 비틀었다. 문은 열리지 않았다. 그녀는 간청했다. "저를 내보내 주세요! 내보내 주세요. 제발요. 지금 갈 거예요!"

"아하! 거절하는 것처럼 흉내내 보는 거지? 좋아! 나는 튕기는 여자가 좋더라!"

소령은 그녀에게 가까이 왔다. 그녀는 한 걸음 뒤로 물러섰다. 로터스 훌라우어는 이제 그의 숨소리를 들을 수 있었다. 짧고 거친 숨소리가 점점 더 가까이 오고 있었다. '저렇게 숨 쉬는 남자를 나는 본 적이 없어. 남자들은 다 저런가?' 로터스 훌라우어는 생각했다.

계속 몇 발자국을 뒤로 갔지만 이제 그녀는 방 한 구석 모퉁이에 몰려 있었다. 더 이상 피할 곳이 없었다. 그녀는 자기를 위에서 내려다보고 있는 큰 얼굴을 때리기 시작했다. 그러나 그렇게 하는 것이 상황을 더욱 나쁘게 만들 뿐임을 알게 되었다. 그래서 그녀는 설 수 있는 대로 꼿꼿이 서서 소리를 질렀다. "도와주세요! 도와주세요!"

마음속으로는 기도했다. '오, 주님! 도와주세요!'

소령은 뱀처럼 쉬쉬거렸다. "요 귀여운 고양이! 아무도 도와 줄 수 없어! 하나님조차 못하지! 너는 내 거야."

로터스 훌라우어는 간청할 따름이었다. "제발! 제발 나를 이 방에서 나가게 해 주세요!"

"그래, 그런데 나에게 복종할 마음도 없으면서 왜 이 방에는 들어왔니?"

그는 다시 쉬쉬거렸다. "내가 보여주지, 이 귀염둥이!" 그는 그녀의 오른쪽 손목을 잡고 팔을 비틀어 뒤로 돌렸다. 그녀는 아파서 소리 내어 울었다. 그녀의 손목을 잡은 채로 넓은 책상 쪽으로 그녀를 밀었다. 오른 손으로 손목을 잡고 왼 손으로 그녀의 몸을 그 위에 눕혔다.

"그래 이제, 내 귀여운 고양이야, 네가 옷을 벗을래 아니면 내가 벗겨줄까?" 로터스 훌라우어의 대답은 오직 비명 소리 뿐이었다. "도와주세요! 도와주세요!" 소령의 커다란 손이 그녀의 입을 때렸다. "그런 말은 더 이상 안돼!" 그녀는 그의 손아귀를 벗어나려고 발버둥쳤다. 그러나 그는 그녀를 무자비하게 책상 위에 밀었다. 그의 커다란 얼굴이 그녀에게 점점 더 가까이 다가오고 있었다. 로터스 훌라우어는 정신을 잃기 직전이었다. 그녀는 기도했다. "주님, 제가 기절하지 않도록 해주세요!"

바로 그 때 문에 노크 소리가 났다. 그저 평범한 노크 소리가 아니었다.

멀리서 무거운 통나무로 세게 치는 것 같은 소리였다. 동시에 외치는 소리가 들렸다.

"카이먼! 카이먼! 문 열어라! 중화 인민 공화국 이름으로 명령한다!" 그 목소리는 중국어였다. 소령은 욕을 해댔지만 움직이지는 않았다. 그의 얼굴은 아직도 로터스 훌라우어에게 가까이 있었다. 다시 밖에서 소리가 들렸다. "문 열어라! 안 열면 부수겠다!"

그래도 소령은 꼼짝하지 않았다. 갑자기 밖이 조용해졌다. 그러자 그는 다시 로터스 훌라우어에게 주의를 돌렸다. "아하! 갔다. 자, 이제, 내 귀여운 고양이……."

그가 말을 다 끝내기도 전이었다. 무언가 깨지는 소리가 엄청나게 크게 들리더니 문이 활짝 열리더니 마루에 떨어졌다. 문의 꼭대기는 비서의 책상에 걸쳐졌다. 성을 부술 때 쓰는 망치를 네 명의 중국 병사가 들고 친 것이었다. 그들은 넘어진 문을 밟고 사무실로 들어왔다. 그들 뒤를 따라서 병사 네 명이 더 들어 왔는데 소총과 칼빈 총을 들고 있었고 마지막으로 장교가 손에 종이를 들고 들어 왔다. 장교는 책상에 로터스 훌라우어가 누워 있는 것을 보지 못했다. 손에 있는 종이를 읽기에 바빴기 때문이었다.

"말리노프스키 소령, 상하이 러시아 언어 학교 책임자.

당신은 오늘 부로 상하이 러시아 언어 학교를 폐교해야 한다.

이 통보를 받은 후 48시간 내에 중국을 떠날 것을 명령한다.

당신은 이제 중국에 있어서는 안 되는 사람이다.

— 마오쩌뚱 (서명)

— 중화 인민 공화국, 베이징

로터스 훌라우어는 책상에 앉아 눈에서 머리카락을 떼 내었다. 소령에게 맞은 입이 얼얼했고 피가 나고 있었다. 그녀는 블라우스로 피를 닦았다.

이제 소령은 멍청히 서 있었다. 총구가 겨누어진 상태에서 물러나기 시작했다. 그는 방금 로터스 훌라우어가 얼마 전에 몰렸던 그 구석으로 밀려 갔다.

그때 로터스 훌라우어는 강한 팔이 그녀의 어깨를 두르고 "그래, 미안하구나. 이런 일이 일어날 줄을 나는 알았던 거야." 하고 러시아 말로 하는 소리를 들었다. 그녀는 올려다보았다. 바깥 사무실에 있던 그 상사였다.

로터스 훌라우어는 나이 든 그 여자에게 돌아서서 그녀의 넓은 어깨에 머리를 기대고 한참을 울었다.

그날 오후 말리노프스키 소령에게 경고장을 읽어주던 중국 장교는 학교 식당에 소녀들을 모이게하여 설명을 했다.

"우리가 중국에 초대했던 러시아 고문들이 더 이상 참을 수 없을 정도로 방자하게 구는 것을 지나치게 오랫동안 참아 왔다. 러시아 군대가 이미 중국에 와 있는 장교들 중심으로 쿠데타를 일으켜 중국을 장악하려고 한다는 소문이 있었지만 무슨 일이 일어나고 있는지 파악을 못하고 있었다. 하루는 마오쩌뚱 주석께서 니키타 후루시초프 소련 수상에게서 편지를 받았는데 러시아 장교가 중국 군대를 지휘하겠다는 공식 서한이었다. 마오쩌뚱 주석께서는 극도로 분노하셔서 모든 러시아 군대 고문들을 자기 나라로 돌려 보내는 일만이 남았다고 말씀하셨다. 중국 정보부는 상하이에 있는 통역 학교가 한 언어를 다른 언어로 통역하는 일과는 매우 다른 무언가를 하려는 전초기지라는 것을 오래 전 부터 알고 있었다. 마오 주석께서는 그 학교를 없애는 것으로 그분의 불쾌함을 표현하고 계신 것이다. 그러니 여러분들은 오늘 모두 집으로 가도 좋다."

그날 오후 집에 오자마자 로터스 훌라우어가 한 첫 번째 일은 왕 언니를 찾아가서 기도해 주셔서 감사하다고 말씀드린 일이었다.

브라잇 빅토리의 문제

1960년 여름

"그 옛날의 험한 십자가에 나는 영원히 진실하겠네.
그 수치와 비난을 기쁘게 당하면서.
그러면 그분은 언젠가 나를 부르시겠지,
멀리 있는 내 본향으로.
그곳에서 나는 영원히
그분의 영광을 함께 누릴 거야."

가사가 어둠 속으로 녹아들었다. 천정 꼬인 줄에 매달려 있는 전구 한 개의 빛은 밝지 않았다. 이 신자들은 함께 하나님을 예배하기 위해 모였는데 찬양은 조용히 해야 했다. 정부가 조직한 삼자 애국 운동으로 교회 문이 닫히자 - 공식적인 용어로는 '합병' 이었다 - 이 일곱 명의 사람들은 찬양하고 성경을 읽고 기도하기 위해 함께 모였다. 바오 목사 부부, 왕 언니, 제이드 문, 브라잇 빅토리, 브라잇 로열티, 그리고 로터스 훌라우어였다.

모임은 밤에 있었다. 일요일 밤에 불규칙적으로 모였다. 일요일도 대부분의 공장에서 일을 했고 공장에서 일하는 시간에 빠져 나오는 것은 드문

일이었기 때문에 바오 목사 댁의 모임은 불규칙했다. 그런데 바로 그 불규칙 한 것이 비밀을 유지하는데 도움이 되었다.

"이 찬송은 제게 아주 특별합니다. 제가 감옥에 있을 때 수 천 번도 더 제 머리를 스친 곡이지요. 어떤 때는 독창으로 들렸고, 어떤 때는 큰 성가대가 부르는 찬양 같았는데 언제나 내 영혼을 한없이 고양시킨 찬양이랍니다." 바오 목사의 말이었다.

그의 말이 다 끝나기도 전에 문에서 노크 소리가 들렸다. 그러더니 탕탕 치는 소리가 들렸고 그 다음에는 큰 소리로 외치는 소리가 들렸다. "경찰이다, 문 열어라!" 바오 목사는 방을 가로질러 가서 문을 열었다.

제복을 입은 사람 세 명이 들어와서는 그 중 한 사람이 말했다.

"여러분은 모두 친척이오?"

"아니오, 육신적으로는 아닙니다."바오 목사가 대답했다.

"'육신적으로는 아니라'는 말이 무슨 뜻이오?"

"우리는 성령 안에서 형제자매입니다."

"흥! 그 '성령' 인지 뭔인지 하는 엉터리 같은 말은 빼놓고 하시오! 내가 알고 싶은 것은 당신들이 친척인지 아닌지 하는 것이오."

"아니오, 우리는 피가 섞인 친척이 아닙니다."

"그렇다면 당신들은 그저 일곱 명이 모여 있다는 말이군. 그건 허락받지 않은 불법 모임을 갖고 있었다는 말이오. 여기! 이름, 나이, 주소, 그리고 공장 이름을 쓰시오!" 경찰은 각 사람에게 종이를 나누어 주었다.

잠시 후 그것을 모아 받아 들고는 말했다. "당신들을 우리가 현장에서 체포하지 않은 것을 행운으로 아시오. 이것을 각자가 속한 공장에 알려서 그들이 처분을 하도록 할 것이오. 당신들에게 무엇이 좋은 것인지 생각한다면 이런 헛된짓은 않는게 좋을거요. 흥! '성령 안에서 형제자매?' 무슨 돼먹지 않은 말이야!"

*

"스트롱 히어로 오빠, 수박 씨 좀 더 드세요. 차 한 잔 더 드릴까요?"

스트롱 히어로 리양은 자기 잔에 덮여 있는 알루미늄 뚜껑을 벗겨서 예절 바른 관습을 따라 양 손으로 잔을 내밀었다. 로터스 훌라우어는 그가 양 손으로 잔을 내미는 것을 보고는 입가에 옅은 미소를 띠었다. 로터스 훌라우어는 8년 전 충칭에서 가져온 찻주전자로 차를 따랐다. 그 찻주전자는 특별한 기회에만 사용하는 것이었다. 오늘이 바로 그 특별한 날이었는데 브라잇 빅토리의 24번째 생일이었던 것이다. 축하하기 위해서 히어로를 집에 초대했다. 둘은 오래 전에 그 날을 비번으로 신청했었다.

제이드 문이 일을 마치고 집으로 돌아오고 그들 네 명이 리 가족의 안방에 있는 침대와 긴 의자에 앉았을 때 그들 모두는 오랫동안 잊고 있었던 편안함을 느꼈다.

로터스 훌라우어는 뜨거운 물을 가지러 아래층으로 내려갔다. 제이드 문은 수박 씨를 더 가지러 안 쪽 방으로 들어갔다. 히어로는 빅토리에게 몸을 기울이더니 적은 소리로 말했다. "동생이 참예쁘네."

*

며칠 후 트랙터 기동 장치를 만드는 공장의 십장이 브라잇 빅토리에게 자기 사무실로 오라는 연락을 보냈다. 빅토리는 가기 전에 히어로에게 그것을 보여 주며 "이게 무슨 일일까?" 하고 물었다. 스트롱 히어로는 절대로 금방 대답을 하는 사람이 아니었기 때문에 엄지와 검지 사이로 귓불을 비볐다. 그것은 그가 생각을 하고 있다는 표시였다.

"빅토리," 한참 후에 이렇게 말했다. "금방 생일이 지났고 진급할 날짜도 많이 지났으니 진급시켜주려고 하는 걸까?"

"글쎄, 이제 이 청소 빗자루를 졸업하면 정말로 행복하겠는데. 열 개 이상 낡아 버렸으니 많이도 했지. 그런데 전에 바오 목사님 댁에서 경찰과 맞부딪친 일 때문이 아닌가 하는 생각이 들어서……."

공 십장은 브라잇 빅토리가 들어왔을 때 책상 뒤에 앉아 있었다. 책상에는 서류가 가득 쌓여 있었고 바닥에 구겨진 종이가 여기저기 버려진 것으로 보아 행정을 능률적으로 하는 사람은 아니었다. 빅토리는 비를 들고 바닥을 쓸고 싶어 손이 근질거릴 정도였다. 그러나 청소원에게 사무실은 접근 금지 구역이었다.

"저를 보자고 하셨습니까?" 빅토리는 연락장을 내밀었다.

"그렇지, 그렇지. 리 동지." 십장은 위에 쌓여 있던 서류를 막 뒤적이더니 그 중 하나를 가지고 다가 왔다. 그는 그것을 잠시 보았다. 그러더니 "지난주가 생일이었군, 그렇지? 이제 스물네 살이 된 거지. 여기서 청소 보조원으로 8년간이나 일했고. 리 동지는 모범 근로자였기 때문에 진급을 해야 할 때도 된 것 같소."십장이 말을 멈추었을 때 빅토리의 가슴은 희망으로 부풀어 올랐다. 공십장은 계속했다. "그런데 내가 물어보고 싶은것이 두 가지가 있소. 하나는 경찰에게서 온 보고서인데 허락 없이 불법 집회를 하다가 잡혔다는 이야기요. 그것은 반혁명적이고 심각한 과오요. 다른 하나는 우리 공장 사람들에게서 온 보고인데 리 동지가 밥을 먹기 전에 고개를 숙이고 눈을 감는 특이한 습관이 있다는 것이었소. 왜 그러는 것이요?"

빅토리의 얼굴에 피가 몰려 벌개졌다. 부끄러워서라기 보다는 화가나서였다. 그는 속으로 중얼거렸다. '더러운 스파이들, 없는 데가 없단 말이야!'

그가 주저하자 십장은 목소리를 높여 대답을 요구했다.

"왜 그렇게 하느냐니까?"

빅토리는 곧바로 서서 자세를 바로 했다. "십장 동무, 솔직하게 말씀드리겠습니다. 그건 음식을 주신 하나님께 감사하다고 말씀드리는 겁니다."

"흥! '하나님' 이라면 자네가 기독교인이라는 말인데, 맞는가?"

"예, 십장 동무. 그렇습니다."

"그럼 경찰이 통보해 온 다른 문제는 가정집에서 불법적인 모임을 갖다가 잡혔다는 것인데 사실인가?"

"우리나라의 헌법은 신앙의 자유를 보장하기 때문에……."

" '헌법' 같은 얘기는 그만 두고. 불법 모임에 있었다는 말이지?"

"경찰은 그렇게 말하지만, 그건……"

십장은 말을 가로챘다. "나는 공산당원이기 때문에 무신론자이지. 충고 하나 해 주지. 시류에 탈 줄 알아야 하네. 그 종교 같은 건 잊어버려. 승진이라도 하고 싶으면!"

잠시 침묵이 있었다.

빅토리가 물었다. "그게 전부입니까, 십장 동지?"

"전부이네."

3일 후 다른 연락이 왔다. 빅토리는 다시 스트롱 히어로와 의논을 했다. 히어로는 다시 엄지와 검지로 귓불을 만지작거렸다. 이번에는 아무 예측도 하지 않고 다만 "함께 기도하고 있을게." 라고만 했다. 전에처럼 공 십장은 책상 뒤에 앉아 있었다. 브라잇 빅토리는 소환장을 내보이며 말했다.

"저를 부르신다고요, 십장 동지?"

"그래, 그래, 리 동지." 그는 종이를 뒤적이며 말했다. "리 동지, 휴가를 간지가 오래 됐지. 이 공장 행정실에서 자네에게 다른 일을 맡기기로 결정을 보았다네." 십장의 얼굴과 그 목소리를 보아 '고맙습니다' 하고 말할 수 없는 어떤 것이 있었다. 본능적으로 빅토리는 이것이 좋은 순간은 아니라는것을 알았다. 십장은 계속했다. "보일러실 뒤에 작은방이 있는데 간이침대, 식탁, 의자 그리고 작은 변소가 딸려있지. 그곳에서 지내면서 살아 왔던 지난날의 이야기를 전부 써야하네. 그렇게 하는 것을 어떤 사람이 도와줄 것이네." 그리고는 개인적인 생각을 덧붙였다. "이 주위에는 종교 따위가 발을 붙이지 못하게 할 것이야."

*

"이건 다시 써야할 겁니다. '자신의 지내온 역사' 라고 할 때는 그것이 '반성이 가미된 자기 고백서' 여야 하는 것을 모릅니까?" 빅토리가 은밀하게 검찰관이라고 별명 붙인 그 사람은 자기보다 한두 살 위로 보이는 젊은이였다. 그는 사무실에서 좋은 지위를 가지고 있었는데 't' 의 가로선을 어디에 긋고 'i' 의 점을 어디에 찍어야 공산당에게 무리 없이 받아들여질 수 있는지 잘 배운 사람이었다. 그는 계속했다. "당신이 어려움 당하는 것을 보고 싶지 않아요. 내가 하라는 대로만 하면 여기 오래 있지도 않고 진급도 될 거예요. 당신은 그저 빗질이나 하는 대부분의 사람들과 같은 바보가 아니잖아요. 그래도 이것을 잘 써내지 않으면 계속 그 일을 할 수 밖에 없어요."

그렇게 말하고는 검찰관은 열쇠로 문을 잠그고 방을 나갔다.

브라잇 빅토리는 나무 침대에 앉아 높이 있는 창을 통해 들어오는 빛을 통해 수백 번도 더 보아온 주위 환경을 다시 돌아보았다. 그가 앉아 있는 침대는 너무 좁고 짧았다. 자기가 가져온 천으로 그위를 덮었다. '글을 쓰라고 제공한' 책상과 판때기 의자, 자기 밥그릇과 젓가락이 물 한 병과 함께 책상 위에 있었고 작은 변소로 나 있는 문이 열려 있었다. 사실 그것은 그저 땅에 파 놓은 작은 구덩이에 불과했다. 빅토리가 참기 어려웠던 것은 변소에서 나는 악취와 벽을 통해 끊임없이 들려오는 보일러실의 엔진 소리였다.

그는 검찰관의 태도를 통해서 생각해 보려고 애를 썼다. 그는 3일 간 갇혀 있었는데 검찰관의 태도는 타협적인 데서 지도하는 어조 - 즉 "내가 한두 가지 가르쳐 주지!" - 로 바뀌었다. 그 당시만 해도 빅토리는 검찰관이 자기에게 보일 다른 태도 - 노여움, 정죄 그리고 마지막으로 위협 - 를 예측할 수가 없었다.

*

"아, 스트롱 히어로군. 어서 들어 와요."

제이드 문은 문을 열고 히어로를 들어오게 했다. 그는 숨이 가빴다.

"무언가 잘못된 일이 있니, 스트롱 히어로? 아파? 여기, 이리로 앉아. 뜨거운 물을 좀 가져올게."

"아녜요, 아닙니다. 저는 괜찮아요. 그래도 좀 앉을 게요."

제이드 문은 주전자에서 뜨거운 물을 한 잔 딸아 주었다.

"아직 저녁 식사 전이고 또 정치 훈화에 가 봐야 돼요. 빨리 걸으면 다 할 수 있을 거예요. 소식을 알려 드리려고요. 빅토리 일인데요. 문제가 생졌어요.”

“아이구!” 제이드 문의 소리는 신음에 가까웠다. 손이 머리로 올라갔고 얼굴이 창백해졌다.

히어로는 계속했다. “3일 간이나 그가 보이지 않아서 공동체 어딘가에 잡혀 있나보다고 생각하고 있었어요. 어디에 있는지 왜 그런지도 몰랐어요. 그런데 식사 때 감사 기도하는 것 때문에 그런 것 같아요. 성도들께 기도해 달라고 부탁드리시라고요. 그래 주시겠어요?”

히어로는 서둘러 그 말만 하고는 되돌아갔다. 한번 돌아보지 않을 수 없었는데 아무도 보이지 않았다.

*

브라잇 빅토리는 '자서전'을 다시 썼다. 그가 썼지만 검찰관이 어떻게 쓰라고 지시를 하였다. “6살 때부터 기억나는 것을 모조리 써야합니다.”

빅토리는 충칭과 상하이에 있는 친척, 친구, 이웃의 이름과 그들의 직업, 종교, 정치적 견해 등 모든 것을 썼다. 장로, 집사, 목사를 비롯해서 그 부모의 배경, 교육 정도, 정치적 신념, 근황에 대해서 전부 쓸 수밖에 없었다.

검찰관은 사정없이 질문을 해댔다. “네 아버지는 왜 기자가 되었나? 얼마나 벌었나? 왜 어머니는 일을 하지 않았나? 부모 명의의 재산이 있나? 아버지가 아는 미국 사람은 있나? 아버지는 국민당원이었나? 창카이섹이나 에이치 쿵과 얘기해 본 적이 있나? 왜 일본 전쟁 후에도 충칭에서 계속 살았는가? 아버지의 상관과 창카이섹과의 관계는 어떠했는가?”

다음으로 이어지는 질문은 빅토리의 사생활에 관한 것이었다. “학교 공부는 얼마나 했나? 교회는 어디로 나가는가? 교회에는 누가 있는가? 공장에서 사귄 친구는 누구인가? 여자 친구는 있는가? 청년당에 가입한 적이 있는가? 공산당에 대한 너의 견해는 어떤가? 너 외에 다른 기독교인이 이 공장에 있는가? 왜 모두가 보는 데서 기도하여 너의 종교를 선전하려고 하는가?"

하루는 검찰관이 선교사나 목사가 스파이라는 섬뜩한 이야기를 빅토리에게 했다.

"선교사들이 중국 전역에 병원을 여는 이유가 중국 아이들의 눈을 빼어 약을 만들려는 것인 줄 몰랐나? 선교사들이 살고 있는 궁궐 같은 서양식 집을 좀 봐. 그들이 한번이라고 굶어 본 적이 있다고 생각하나? 그들은 모두 워싱턴과 런던에 있는 정부로부터 많은 돈을 받고 여기에 우리 국민을 유혹해서 압제하고 스파이가 되려고 온 것이야." 선교사의 이야기는 매우 멀게 느껴졌고 그들은 모두 중국을 떠나 공산당이 아무리 힘이 있어도 그들을 도울 수도 해할 수도 없는 곳으로 가버렸기 때문에 참을 수 있었다.

그러나 비난이 아버지에게로 집중되자 그것은 참기가 어려웠다. "당신 아버지는 두 번씩이나 인민재판을 받았지. 지금 하이난 섬에서 '노동을 통한 개선' 이라는 형벌을 받고 있는 것은 마땅한 일이었어. 그는 대표적인 인민의 적이야."

이 말에는 빅토리의 속이 끓어 올라 당장이라도 일어서서 검찰관의 얼굴을 한방 쥐어박아 변소에 처넣고 싶었다. 그러나 그렇게 하면 일을 더 어렵게 만들 뿐인 것을 잘 알았다. 그래서 대신에 조용히 짧게 기도를 하였다. '주님, 제게 할 말을 주세요.'

그리고는 검찰관에게 물었다. "제 아버지를 만나 본적이 있으세요?"

검찰관은 침을 튀겼다. "아니, 왜, 아니. 그런데 왜 그런걸 묻지?"

"만일 제 아버지를 만나보셨다면 그분이 얼마나 신사이시고 중국을 사랑하는 애국자이신지 아셨을 텐데요."

검찰관이 애써서 이 말을 무시하려는 것이 눈에 띄었다. 그는 다시 타협적인 자세를 취했다. "그래도 동지, 당신 정도의 자리에 있으면 전에 죄가 있다고 언도된 사람과는 비록 그 사람이 자기 아버지라 할지라도 거리를 둬야만 한다는 것을 모르시오?"

"당신은 저에게 스스로라면 하지 않으실 일을 하라고 하시는군요."

검찰관은 잠시 뒤로 물러섰다. 그리고는 다시 자신의 위치로 돌아왔다.

"당신이 중국 내에서 살려면 어디서든지 아버지를 부인해야만 할 거요."

"제가 중국인으로서 그렇게 하고도 스스로를 존중할 수 있을까요?"

검찰관은 대답을 하지 않고 계속했다. "그는 더 이상 당신의 아버지가 아니라고 고백문에 써야할 거요."

"진짜 중국인이라면 그렇게는 결코 할 수 없지요. 그렇지 않습니까?"

검찰관은 머리카락 뿌리까지 붉어지는 듯 했다. 자기가 친 그물에 걸린 것처럼 화가 났다. 그는 이번에도 대답은 하지 않고 자기가 하려고 정한 말만 계속했다. "그리고 그를 하이난 섬에 추방한 정부와 당을 칭송해야만 할 거요."

빅토리는 간단히 대답했다. "그것은 제가 결코 할 수 있는 일이 아니네요." 검찰관은 일어나서 화를 내며 문밖으로 나갔다.

그날 밤 빅토리는 밥을 먹을 수가 없었다. 그는 차디찬 밥과 말라비틀어진 고구마를 테이블 위에 밀어 놓았다. 그것을보며 혼잣말을 했다. '이게 내 문제야. 차디찬 밥과 말라비틀어진 고구마를 삼킬 수 없듯이 저 검찰관이 하는 말을 도저히 삼킬 수가 없어.'

다음날 검찰관은 확신에 찬 걸음걸이로 와서 빅토리가 전에 한 번도 듣지 못했던 딱딱한 음성으로 말을 했다. 그는 즉시 본론으로 들어갔다.

"중국은 공산주의이고 무신론의 나라요. 하나님을 믿는 것은 미신이요. 그런데 왜 당신은 밥을 먹기 전에 기도하는 것을 고집하는 거요, 그것도 모든 사람들이 보는 데서?"

"왜냐하면 하나님께서 우리에게 음식을 주시기 때문에 감사하는 거지요."

"하나님이 주는 것이 아니라 인민의 노동으로 음식을 먹을 수 있는 것이요."

"저도 무슨 말씀인지 잘 압니다. 수고하는 농민들에게 감사하고 있고요. 그러나 하나님이 햇빛과 비를 내려주시지 않으면 그들이 어떻게 음식을 만들 수 있습니까?"

"글쎄, 당신 문제를 얘기하고 싶소. 여기 이 방에 에, 억류된 것 말이오. 당신이 하나님을 믿는다는 것을 부인해야 합니다. 물론, 무엇보다도 당신이 하나님을 믿는다는 것 자체가 미친 짓이오."

"내가 혹시 입술로 부인한다고 하여도 마음으로는 믿고 있을 겁니다."

빅토리는 흔들림 없이 말했다.

검찰관은 그 문제에 대해서는 더 이상 왈가왈부하지 않고 다음 이야기를 계속했다.

"그리고 서면으로 당신이 이제는 더 이상 기독교인이 아니라고 선언해야 하오."

"그것이 전붑니까?"

"동료들이 식사 전에 기도하는 당신의 오류를 지적해 주었고 불법 모임에 참석한 것이 잘못이라는 것을 일깨워주어 감사하다는 말을 써 놓아야 하오."

검찰관의 목소리는 점점 더 딱딱해지고 위협적이 되었다. "내일 아침까지 내가 말한 모든 것을 써 놓지 않으면 7월 10일에 인민재판에 회부될 것이오. 나는 그 재판은 인민 해방군 사무실이 있는 군대 법정에서 열릴 것이오." 검찰관은 스스로 격분해 있었다. 그는 발꿈치를 홱 돌리더니 쾅쾅거리며 방을 나갔다. 그는 나가면서 주머니에서 무언가를 더러운 바닥에 떨어뜨렸다. 문이 잠기고 발소리가 어둠 속으로 사라졌다. 빅토리는 허리를 굽혀 검찰관의 볼펜을 주어 들었다. 거기에는 "해방표" 라고 인쇄되어 있었다.

"흠, '해방' 이라. 자주 듣는 말이기는 한데 아직 본 적은 없는것 같군!"

1960년 7월 10일 상하이의 새벽은 높은 온도에 무더웠다. 브라잇 빅토리는 "바로 그거야!" 하며 일어났다. 그는 중화 인민 공화국의 시험에 대한 환상을 가지고 있지 않았다. 그는 그의 아버지가 해 주셨던 말씀이 생각났다. "죄가 없으면 시험은 받지 않는다."

빅토리는 나무집의 더러운 바닥에 무릎을 꿇고기도 했다. "사랑하는 하나님, 오늘 제가 예수님의 좋은 군사가 될 수 있도록 도와주세요. 스스로를 불쌍히 여기지 않게 해 주세요. 그리고 저는 살고 싶으니 도와주세요. 예수님 이름으로 기도드립니다. 아멘."

아침이 도착했다. 묽은 쌀죽에 양배추절임이었다. 죽은 차가왔고 맛이 없었지만 브라잇 빅토리는 억지로 다 마셨다. 그가 딱딱한 양배추를 마지막까지 씹고 있을 때 그가 있는 반대편 벽의 높은 곳에서 무언가 긁는 소리가 들렸다. 창가에 새가 날아 왔나보다 하고 위를 쳐다보았다. 그것은 새가 아니라 반가운 스트롱 히어로의 얼굴이었다.

히어로가 말했다. " 안녕, 빅토리! 괜찮아?"

"응, 괜찮아."

"빅토리, 나 여기 더 이상 서 있지 못하겠어. 상자가 부서지려고 해. 그저 우리가 너를 위해 기도하고 있다는 것을 말해 주려고 왔어."

얼굴은 사라졌다.

브라잇 빅토리는 너무나 기뻤다. 친구 얼굴을 보았기 때문만이 아니고 '우리' 라는 말을 들었기 때문이었다. "그래", 그는 큰 소리로 말했다. "하나님의 백성들이 알고서 나를 위해 기도해 주고 있다." 나무 침대에 주저앉은 그의 얼굴에 눈물이 계속 흘렀다.

*

법정은 더웠고 숨이 막힐 듯 혼잡했다. 그렇게 많은 사람들이 주위에 있었지만 브라잇 빅토리는 자기 삶에서 그렇게 고독해 보았던 적이 없었다.

가장 가까이에 있는 사람이 6미터 떨어져 있기 때문에 얼굴의 바다 속에 홀로 떠 있는 섬 같이 느껴졌던 것일까? 아니면 그 얼굴들에서 무감각한 표정, 나를 이 사건과 개입시키지 말라는 의미를 읽었기 때문이었을까? 그러나 그 때 그의 눈이 이 얼굴에서 저 얼굴로 향하고 있을 때, 그의 마음이 갑자기 기쁨으로 뛰었다. 저 쪽 먼 구석에 히어로가 서 있었고 그 옆에 제이드 문과 로터스 훌라우어가 있었기 때문이었다.

'용감하신 우리 엄마, 심장 마비 걸리시면 안 되는데.' 그는 엄마와 동생들과 충칭의 학교에서 아버지의 재판에 강제로 참석했던 밤을 기억해 냈다. 그러나 세월은 변했다. 오늘 제이드 문과 로터스 훌라우어는 자발적으로 온 것이었다. 빅토리는 그들에게 무엇인가 말할 수 있으면 얼마나 좋을까 하고 소원하고 소원했다. 그들에게 사랑한다고 말하고, 걱정하지 말라고 하고, 오늘 무슨 일이 일어난다 해도……. 그의 공상은 "이제 재판을 시작하겠습니다." 라고 안내하는 째지는 목소리에 멈추고 말았다. 다음 안내 소리가 들렸다. "피고, 브라잇 빅토리 리는 앞으로 나오시오!" 브라잇 빅토리는 두 걸음 앞으로 갔다. 그 때에야 그 앞에 테이블에 앉아 있는 사람을 유심히 보게 되었다. 모두 6명이 군대 제복을 입고 앉아 있었는데 두 사람은 메모장과 볼펜을 가지고 있었고, 나머지 뚱뚱한 사람들은 옷에 아무 표지는 없었지만 장교임에 틀림없었다. 귀에 거슬리는 목소리가 다시 들렸다. "창대령께서 재판정에 나오셔서 고소장을 읽고 피고를 심문하시겠습니다."

창 대령이라니! 빅토리는 그 이름을 듣자 숨이 막혔다. '우리 아버지를 두 번이나 심문한 그 창 대령일까? 아버지를 추방시킨 바로 그 사람인가?'

그렇게 생각하며 빅토리는 공포에 떨었다. 그러나 그는 태연한 얼굴을 하려고 애썼다. 그 이름이 그에게 아무 상관도 없는 듯이.

법정의 맨 뒤 구석에 서 있던 제이드 문도 그 소리를 듣고 공포와 실망에 빠졌다. 이 사람이 바로 그 창 대령이라면 빅토리에게는 더 나은 것을 기대할 소망이 없었다. 테이블 머리에 있던 뚱뚱한 사람은 법정의 그 누구보다도 더워하며 붉은 모자를 벗었다. 진홍색 선이 지도처럼 그 대머리의 앞이마에 그려져 있었다. 제이드 문은 그 진홍색 선이 그려진 대머리를 보자 갑자기 무슨 악몽이라도 꾸는 것처럼 비틀거렸다. 로터스 훌라우어는 엄마의 팔을 꽉 붙들며 귀에 대고 속삭였다. "기운 내세요, 엄마! 절대로 지금 쓰러지시면 안돼요!"

그 머리가 벗겨진 사람은 일어서서 그 앞에 있는 서류를 뒤적이더니 질문을 시작했다. "그래! 자네가 브라잇 빅토리리인가. 바로 질문하지. 사건 기록을 보니 충칭에서 온 노블 하트 리의 아들이로군. 맞는가?"

"예, 그렇습니다."

"흠! 그러면 우리는 만난 적이 있군. 충칭의 남쪽 둑에 있던 학교 운동장에서." 빅토리는 대답하지 않았다. 그는 현기증이 났다. 사건의 전개가 그가 도저히 감당할 수 없을 정도로 꼬여 있었다. 창 대령은 계속했다.

"자네 아버지는 지금 하이난 섬에서 노동을 통한 개선을 두 번째 하고있지. 흠! 그 아버지에 그 아들이라. 그러나 자네는 자신의 죄 때문에 재판을 받고 있는 것이다. 아버지 때문이 아니라. 자네에 대한 고소장에는 이렇게 쓰여 있다. 불복종과 반혁명적인 활동, 특히 미신을 전파하고 불법적인 모임에 참석한 죄가 있음."

뒤 쪽에 있던 히어로는 엄지와 검지로 귓불을 비볐다. 제이드 문에게 "아니, 말도 안 되는 소리예요! 공장에서 제일 일을 잘하던 사람을 보고!" 창대령은 계속해서 읽었다. "공동체가 전부 모이는 식당에서 미신을 전파한 죄로 체포된 피고는 충실한 공산당원으로부터 개선하도록 마땅한 주의를 받았음에도 불구하고 계속해서 충고를 거절하고 공공연하게 미신을 전파했다."

"동지들, 여러분은 아셔야 합니다." 여기서 창 대령은 모인 군중들에게 말했다. "중국은 진보된 나라이기 때문에 봉건적인 미신을 반대합니다. 특히, 종교의 이름으로 가장한 미신을 허락할 수 없습니다. 오늘 우리는 과학과 진보와 중국 인민의 계발의 위해서 싸워야 합니다!"

"오랫동안 상하이는 불법적인 모임에 참석하거나 미신을 전파하는 이와 같은 반혁명분자를 처벌하는 모범이 필요했습니다. 바로 오늘이 이 위대한 도시에 그러한 모범을 보이는 기회가 될 것입니다!"

군중들로부터 박수 소리가 났다.

창 대령은 고발장으로 다시 돌아갔다. "피고는 일주일 간 일을 하지 않고 반성문을 쓰도록 했습니다. 충실한 공산당원의 도움에도 불구하고 그는 죄를 인정하기를 거부했습니다. 극도의 인내심을 가지고 브라잇 빅토리 리의 잘못을 교정해 주려고 했던 공 칠린은 앞으로 나오시오."

검찰관은 앞으로 나와 공식적인 연설을 시작했다.

"창 대령님, 친애하는 공산당원 여러분, 그리고 동지들. 저는 일주일 간 브라잇 빅토리의 불합리적이고 반항적인 태도를 교정해 주려고 온갖 노력을 했지만 아무 소용이 없었습니다. 그는 가르침을 받지 않았고 가르칠 수 없는 사람이었습니다. 이제 남은 유일한 방법은 인민에 의해 심판을 받아 고치는 길뿐입니다!"

다시, 박수 소리.

창대령은일어서서물었다." 피고에 대해 고소할 것이 더 있습니까?"

침묵.

"그를 위해 변호할 말이 있습니까?"

다시 침묵.

"으흠!" 창 대령은 목소리를 다듬었다. "피고에게 중벌을 내리는 것이 마땅합니다. 그 태도를 고치기 위해서 뿐 아니고 상하이 인민에게 모범을 보이기 위해서 입니다. 그러나 중국 인민과 정부와 당은 관대하고 인내심을 가지고 있습니다. 피고에게 가벼운 형벌을 내릴 것입니다."

군중은 아직도 조용했다.

창 대령은 다시 앉아서 배심의 자리에 있는 다른 사람들과 의논했다. 빅토리는 이것이 단지 연극인 것을 알았다. 구형될 내용은 이미 심문이 시작되기 전에 정해져 있었기 때문이었다.

다시 듣기 싫은 목소리가 들렸다. "법정의 구형이 언도될 것 입니다!"

창 대령은 일어서서 말했다. "본 법정은 브라잇 빅토리 리가 고소된 대로 유죄임을 선언한다. 그러므로 그는 중국 북부의 섬서 주에 있는 석탄 탄광에서 노동을 통한 개선을 위해 5년간 일할 것을 명령한다."

마지막인 것 같은 말을 듣고 법정에 가득 차 있던 사람들은 문을 향해 움직이려고 했다. 그러나 창 대령은 의사봉으로 테이블을 쳐서 그 듣기 싫은 목소리의 사람에게 "법정에서 정숙하시오!" 라고 소리치게 했다.

모두가 다시 조용해졌다. 창 대령은 말했다. "브라잇 빅토리 리에게 특별히 관대한 처분을 내립니다. 본 법정은 그가 상하이에서부터 섬서까지 동행자 없이 여행할 수 있도록 허락합니다. 또한 본 법정은 그에게 뉘우치는 마음과 정부에 대한 충성심을 보일 수 있는 특별한 기회를 줄 것입니다. 상하이로부터 섬서까지의 기차표를 본인이 부담하도록 하십시오. 이제 폐정합니다."

탄광에서의 교훈

섬서, 다통, 1960년 여름

중국의 중부는 7월에 덥다. 브라잇 빅토리는 기차의 '딱딱한 좌석' 구역에서 침구 위에 발을 기대고 자려고 하였다. 그는 등나무로 만든 가방을 가지고 있었는데 짐 올려놓는 칸에 간신히 끼워 넣었다. 경찰은 이 두 가지 짐만 가져가도록 허락하였다.

기차가 움직이고 있는 동안은 열린 창문으로 미풍이 들어와 열기를 식혀 주었다. 그러나 기차가 한번 황토 벽돌로 된 역사에 도착해서 한없이 머물 동안은 숨이 막힐 듯 했다. 밤이 늦었을 때 빅토리는 기차가 속도를 줄이고 있음을 알았다. 앞에서 이끄는 그 증기 기관차는 긴 경사를 오르느라고 애를 쓰고 있었다. 그는 이것이 양쯔강 남쪽과 황해의 북쪽 사이에 있는 분수령임을 알았다. '아침이 되면 중국 북부를 처음으로 보게 될 거야. 5년 동안 있으면 이곳에 많이 익숙해지겠지!'

26시간이 지나 헤이난 성의 정조우에서 기차를 갈아탔을 때 브라잇 빅토리는 허베이 동쪽으로부터 섬서의 서쪽을 나누는 타이낭 산에서 올라오는 태양을 바라보았다. 그의 시선이 닿는 끝까지 중국 북부의 누런 황토가

펼쳐져 있었다. 빅토리는 그 메마르고 황무한 경치를 바라보며 거의 믿을 수가 없을 정도였다.

'이것이 중국인가? 이것은 다른 나라기보다는 완전히 다른 세계야. 여태껏 나는 평생에 녹색만 보고 살아왔다! 북쪽 사람들이 양쯔강으로 가서 누런 색 외의 색을 보면 어떤 심정일까?'

함께 탔던 승객들이 빅토리에게 이번 여름의 가뭄은 사상 최악이어서 그러지 않아도 근근이 살아가던 이곳 주민들은 거의 아사 직전까지 갔다고 말해 주었다. 많은 사람이 나무뿌리와 나무껍질로 연명하고 있고 심지어 어떤 사람은 배를 채우기 위해 하얀 진흙을 삼켜서 배고픈 고통을 달래기도 한다고 하였다. 그런 모든 이야기를 듣고 나서도 그는 첫날 날이 밝았을 때 정거장에서 본 장면을 대할 준비가 아직 되어 있지 않았다.

정거장의 대합실과 건물은 간판이나 직원이나 황토 벽돌 모두가 다른 곳과 다를 것이 없었다. 이 정거장이 다른 곳과 달랐던 점은 거대한 사람들의 운집이었다. 기차가 역에 들어와 멈추었을 때 대합실 사람들은 벌 떼처럼 일어나 기차를 향해 달려들었다. 처음에 빅토리는 그들이 기차를 타려는 사람들 인줄 알았다. 그러나 기차의 출입구를 향해서 가는 것이 아니라 그들은 차 칸을 따라서 창문을 향해서 달려오는 것이었다.

아마 무언가를 팔려는 잡상들인가 하고 빅토리는 생각했다. 그러나 그는 곧 그들이 모두 거지임을 알고 경악했다. 한 사람도 빼놓지 않고 모두가 빈 깡통이나 깨진 잔을 내밀었다. 그리고 미리 약속이라도 한 듯이 모두가 같은 말을 외쳤다. "돈 좀 주세요! 돈 좀 주세요!" 다르게 말한 사람들은 군중 속에 아기를 업은 몇몇 여인들이었다. 그들의 외침은 "당신의 점심에서 부스러기를 조금 떼어 우리 아기에게 좀 주세요!" 이었다.

빅토리는 놀라 말문이 막혔다. '이것이 중국인가. 정부가 인민을 아비가 자식을 돌보듯이 돌보고 있다는?' 그는 반문하지 않을 수 없었다. 그는 무의식적으로 창가에서 물러나 대합실 쪽으로 향했다. 그러나 다른 쪽에도 대합실은 없었다. 그곳에도 기차를 향해 몰려드는 사람들의 무리뿐이고 그똑같은 불쌍한 외침이었다. "돈 좀 주세요! 돈 좀 주세요!"

다시 무의식적으로 빅토리는 대합실에서 눈을 돌려 긴 의자 끝을 바라보았다. 거기에는 아이 거지들이 벌집처럼 들어차 있었다. 아이들은 모두 벌거벗고 있었다. 승객 중 몇 명이 주머니에서 얼마 안 되는 동전을 꺼내어 군중 속에 던졌다. 그러자 미친 듯이 할퀴고 싸우고 저주하는 소리가 들렸다. 빅토리도 주머니에서 돈을 조금 꺼냈다. 창문으로 그것을 던지며 바라보았을 때 세 명의 아이가 잡으려고 손을 뻗쳤다. 아니 그들은 아이들이 아니었다. 사춘기에 갓 들어선 십대 소녀들이었다. 그런데 그들은 벌거벗고 있었다.

상하이를 떠난 뒤 세 번째 밤을 지냈는데 이번에는 섬서성 수도인 타이위안 정거장 대합실에서였다. 동트기 전에 간이 열차로 갈아타고 섬서성의 위쪽 끝에 있는 석탄 공업의 중심 도시 다통을 향해 북쪽으로 향했다.

그는 할 수 있는 대로 도시와 주변 환경을 잘 보고 싶었기 때문에 다통에 낮에 도착하고 싶었다. 일단 탄광 지역으로 들어가면 앞으로 5년 간 형기가 다 끝날 때까지 밖으로 나올 수 없었다. 그것을 생각하면 우울해 졌다.

기차가 다통 역에 들어갔을 때 빅토리는 '윤강 동굴' 이라고 쓰여 있는 화살표로 된 커다란 간판을 보았다. '관광객을 위한 것이겠지. 나를 위한 것은 아닐 거야.' 그러나 기차에서 내려 대합실로 가는 행렬을 따라가면서 갑자기 이런 생각이 들었다. '나라고 관광하지 못하라는 법이 어디 있겠어? 내 앞에 있는 사람들이 내가 죄수로서 탄광에 간다는 것을 알 리가 없지. 동굴로 가서 관광객이 되는 거야. 그리고 다 보고 나서 다른 곳으로 사라진다면?'

브라잇 빅토리는 가방과 침구를 무리 한가운데 내려놓고 모자를 벗고기도를 하였다. "주님, 지금 제게 지혜를 주세요." 기도를 마치자 어머니의 형상이 그 앞에 나타났다. 그 모습에 얼굴을 찰싹하고 맞은 것 같았다. '어머니가 볼모야! 내가 사라지면 어머니를 감옥에 넣을 거야. 그래 나는 관광객이 아니야.'

갑자기 척추 아래로 날카로운 감촉이 있어 뒤를 돌아보았다. 제복을 입은 군인이 소리쳤다. "여기서 어슬렁대면 안 된다! 계속 가라! 출구는 저쪽 아래이다!" 정거장 안에서 빅토리가 경찰에게 서류를 내밀자 탄광까지 데려다 줄 사람을 기다리라고 하였다. 그는 창문 가로 가서 밖을 내다보았다. 연기와 먼지가 온 거리와 건물을 덮고 있었다. 이것이 내가 5년 동안 마실 공기인가? 기다리는 시간이 일 년이라도 되는 듯 길었다. 마침내 한 관리가 어깨를 쳤다. "갑시다." 그는 문을 향해갔는데 빅토리는 한손으로는 침구를 들고 다른 손에는 가방을 들고 그를 따라 나갔다. 거리 자체가 석탄 가루로 포장이 된 것처럼 보였다. 주위 건물은 모든 것을 음산하고 검은 그을음으로 만들고 있는 먼지와 연기에 맞서서 어느 것이 더 본래의 황색을 유지하고 있는가 하고 경쟁이라도 하고 있는 듯이 보였다.

노새가 이끄는 짐마차가 기다리고 있었다. 짐마차와 노새, 그리고 운전수의 딱딱한 표정에서 빅토리는 그 마차가 방금 석탄을 기차 역 구내에 운반을 하고 이제 다시 빈 차로 탄광으로 돌아가는 길에 개인택시처럼 봉사하도록 강압적으로 요구당한 거라고 추측할 수 있었다.

브라잇 빅토리는 그의 짐을 마차에 던지고 자기도 올라탔다. 호위병은 침구 위에 앉았다. 침구가 부드러운 방석이 되어 주었다. 빅토리는 두 번째로 좋은 자리를 선택했는데 그의 자리는 대나무 가방 위였다. 운전수는 아무런 선택의 자유가 없이 마차의 앞 쪽 끝에 앉았다. 그는 노새의 엉덩이를 때렸고 그들을 태운 마차는 길을 떠났다.

길에서 그들은 석탄을 가득 실은 화물 자동차와 노새 마차가 철도 야적장을 향해 끝없이 가고 있는 행렬을 만났다. 그 곁을 달리고 있는 사람들은 배낭이나 바구니를 들고 차에서 떨어지는 석탄 덩어리를 찾는 사람들이었다. 그것은 웅덩이마다 많이 떨어져 있었다.

석탄 부스러기는 주울 수가 없었다. 그것들은 마차와 화물차에서 끊임없이 떨어져 길에 새로운 석탄 먼지를 덮어씌우는 것이었다. 그리고 뜨겁고 건조한 7월 바람이 그것들을 다시 회오리로 일으켜서 아무 차별 없이 사람에게나 건물에나 마당에나 밭에 가득 쌓아 놓는 것이었다. '이런 곳이다 있다니! 마치도 낮과 밤이 다른 것처럼 상하이와 다르네! 노동을 통한 개선을 이곳에서 하는 데는 타당한 이유가 있군. 하나님이 버린 땅과 같은 이곳에 누가 와서 살고 싶어 하겠어?' 빅토리의 생각이었다.

*

"나는 여기서 끝까지 버틸 수 없을 거야. 태어나지 않았으면 좋았을걸!"

이렇게 말한 사람은 브라잇 빅토리와 같은 나이의 왕 유안으로 그는 늘 어두운 면만을 보았다. 과연 어두운 면이 대단히 많은 곳이 땅 속이었다.

"삽이라도 있다면 얼마나 좋을까! 어떻게 사람이 손으로 석탄을 캐낼 수 있단 말인가요?" 유안이 지금 한 이 말은 열 명의 동료들도 그대로 하고 싶은 말이었다. 그러나 빅토리는 그렇게 말해봤자 아무 소용이 없다는 걸 알았다. 그는 양손으로 땅을 팠는데 손가락을 될 수 있는 대로 길게 펴서 양손으로 들 수 있을 만큼의 석탄 덩어리를 퍼 담는 것이었다. 양동이에 그렇게 담아서 광차에 쏟아 부으며 "한 양동이만 더 채우면 오늘 양은 끝이다." 고 중얼거렸다.

"왜 우리에게 삽을 안주는 거죠, 링 목사님? 목사님은 무엇이든 알고 계시니 말씀 좀 해 주세요." 유안이 다시 말했다.

"글쎄요, 나도 당신만큼 밖에 알지 못해요, 유안." 링 목사는 대답했다.

"아마 삽이 무기로도 쓰일 수 있기 때문이 아닐까. 작업장에서 데모가 일어나면 안 되니까."

"그래도 곡괭이는 주잖아요."

"그렇지. 그래도 3개 이상 갖지 못하게 하지. 그리고 그것도 우리가 위로 가면 제일 먼저 검사하는 거잖아. 그리고 삽이라면 양동이를 이용해서 삽 대신 퍼 올릴 수 있지."

"아니, 어떻게 그렇게 쉽게 생각하시는지 모르겠어요. 마치 이 제도를 옹호하고 계신 것처럼 말씀하시네요! 그들이 우리를 대하는 태도에 화가 나지 않으세요? 연장도 안 주지, 자유도 없지, 음식도 돼지 음식 같은데다가 많이 주지도 않잖아요. 이 모든 것을 그저 받아들이신단 말예요?"

"유안, 나도 자네처럼 맘에 들지 않네. 자네가 억울하게 이곳에 온 걸 알고 있네. 그렇지 않으면 여기 오지도 않았을 거야. 그런데 자네도 나도 제도를 욕해봤자 아무 소용도 없지 않은가. 반항을 하면, 글쎄 그들은 총을 가지고 있고, 수갑도 쇠고랑도 채찍도 가지고 있으니 자네가 가진 에너지를 살아남기 위해서 써야지 젊은 날에 죽는 데 써서야 되겠는가."

이때 작업 반장 류가 소리를 질렀다. "이봐, 거기! 잡담 그만! 정오까지 할당량을 채우지 못하면 점심은 없다!"

유안은 콧방귀를 뀌었다. "점심? 무슨 점심? 물 대접에 채소 껍질과 나무뿌리 몇을 띄운 것을 '점심' 이라고?"

링 목사는 다시 균형 잡힌 위로의 말을 해주었다.

"더 나쁜 일이 생길 수도 있지. 전에 한 사람이 잘못했을 때 우리 모두를 회초리로 때리기도 했잖아. 껍질과 뿌리라도 잘 씹어 삼키면 소량의 영양이라도 섭취할 수 있다는 것을 몇 년 전에 배운 적이 있어."

"와! 기독교인들은! 언제나 있는 그대로 보다 더 좋게만 보려고 해요. 목사님, 설마 공산당 첩자나 들러리는 아니겠지요?"

링 목사는 웃었다. 다통 광산에서 웃는다는 일은 늘 있는 일이 아니었기 때문에 갱 안에 있는 사람들이 모두 일을 멈추고 그를 쳐다보았다.

"무엇을 보고 웃는 거요?" 반쯤 어두운 속에서 자조적인 목소리가 들렸다.

"글쎄, 내가 만일 스파이라면. 그 상으로 10년을 지하에서 보내고 있다는 말이 됩니다. 나는 여러분 중 어떤 사람이 엄마 젖을 먹고 있을 때 여기에 왔답니다! 아직도 8년을 더 있어야 해요. 스파이라면 그보다는 나은 대우를 받겠지요."

"아직도 그러고 있네!" 작업 반장이 외쳤다. "당장 멈추고 일하시오! 열심히. 그렇지 않으면 오늘 하루 종일 한 조각도 먹을 것이 없을 것이요!"

하루 일은 오후 6시에 끝나는데 그날 아침 3번 광구로 3천 명이 땅 속에 들어간 지 정확히 12시간 만이었다. 하루 종일 1미터 높이 밖에 되지 않는 굴에서 일을 하기 때문에 등이 아픈데다가 시간마다 석탄을 흙에서 파내느라고 양 손이 피가 나고 계속 무릎 꿇고 있으니 무릎도 피가 나는 상태에서 브라잇 빅토리는 햇볕으로 기어 나왔다. 그는 상대적으로 신선한 공기를 깊이 들어 마시고 손과 무릎에 새로 생긴 상처를 살펴보았다.

찢어지거나 상처 난 곳을 치료하기 위해 병원에 갈 수 없었다. 거기에는 의사도 병원도 간호원도 없었다. 그는 자기가 할 수 있는 유일한 처치를 했다. 상처를 찬물에 닦는 일이었다. 그리고 몸의 나머지 부분도 주의를 기울여 여러 번 닦아냈다. 그러나 비누가 없었기 때문에 깨끗해질 수가 없었다. 2주가 지나기 전에 석탄 먼지가 벌써 그의 피부 깊숙이 자리 잡게 되었다. 누구에게라고 할 것 없이 그는 말했다. "벌써 이렇게 새까매져서 우리 엄마라도 날 알아보지 못하게 생겼네!"

야채나 고기 혹은 기름이 하나도 없는 딱딱한 옥수수 빵으로 저녁을 먹고 빅토리는 막사로 천천히 걸어내려 갔다. 링 목사님이 그를 따라와서 팔로 그를 안았다. 빅토리는 노 목사님이 그의 귀에 가까이 대려고 그러는 것임을 알았지만 그럼에도 친밀한 인간의 접촉이 너무나 좋아서 무의식적으로 손을 그 쪽으로 가까이 눌렀다.

목사님이 말했다. "빅토리, 여기 온 지 두 주 밖에에 되지 않았는데 잘하고 있어. 그런데 한 가지 유안에 대해서 알아야 될 것이 있어. 그는 문어 갱의 일원이야……."

"그게 뭔데요?" 브라잇 빅토리가 말을 잘랐다.

"그건 4개의 서로 다른 갱 중 하나이지. 모두 생선 이름을 갖고 있어. 검은 장어, 금붕어, 그리고 돌고래야. 그들은 무리 속에 또 하나의 집단을 형성하고 있는 거야. 각 집단에는 우리의 감금 상태에 대한 그들만의 독특한 견해가 있고 그 견해에 동조하는 사람들의 무리가 각기 다르지. 문어 갱들은 첩자야. 그렇기 때문에 유안이 자네에게 왜 그렇게 말했는지 의심이 갔던 거야. 자네가 신참이라서 아마도 올가미를 만들어 놓고 자네가 거기에 걸려들기를 기다렸을지도 모르겠어. 그래. 나도 집에 아이들이 있지. 아들 둘 딸 하나인데 지금은 모두 장성했어."

그들은 방금 감시병 2명을 지나쳤다. 링 목사는 자연스럽게 화제를 바꿨다.

"잘 자게." 링 목사는 자기 막사로 가면서 인사했다. 브라잇 빅토리는 천천히 걸으면서 생각에 잠겼다. '그래, 바퀴 안에 또 다른 바퀴가 있단 말이지. 그 두 사이에 끼어 부서지지 않도록 조심해야겠는걸!'

더러움과 고된 노동 사이에서 잠시 숨을 돌리는 기회라면 2주마다 하루를 떼어 정치 강론을 들을 때였다. 그 날은 석탄을 캐지 않았다. 그 날은 하루 종일 강의와 토론과 그리고 고발이 있었다. 브라잇 빅토리는 그 날을 기다렸는데 '저 아래 땅 속보다 낫겠지' 하고 생각했기 때문이었다. 그러나 그 '학습 시간' 이라는 것을 처음으로 하고 났을 때 차라리 석탄을 캐면서 땅 속에서 지내는 것이 낫다고 생각했다.

빅토리의 기숙사 사람들은 아침 식사 후에 캠프의 보안 담당관으로부터 장광설을 들었다. 그의 주제는 '탄광에서 자아 회생의 기회를 준 정부의 관대함' 이었다. 그리고 사람들은 몇 그룹으로 나뉘었는데, 석탄을 같이 캐던 팀이 이제는 막시즘, 레닌주의, 그리고 특히 마오쩌뚱의 지혜의 진수를 함께 캐내는 팀이 되었다. 그러나 이 특별한 날에 브라잇 빅토리의 팀은 다른 숙제를 받았다. 위대한 공산주의자의 강의 대신에 공산주의가 실제 상황에서 어떻게 적용되는가를 실습하는 학습으로 세팅되었다. 햇병아리의 해부가 있을 예정이었다. - 새로 온 브라잇 빅토리 리가 바로 그 대상이었다. 채굴광의 허수아비 대장은 갑자기 실습장에서 강사가 되었는데 그 햇병아리를 해부하는데 사용하는 도구는 사무실에 있는 브라잇 빅토리의 사건 기록이었다.

허수아비 대장 류는 여봐란 듯이 서류에 덮인 파란 천을 벗겼다. 빅토리는 그가 음식이 맛있어 보여 입맛을 다시는 것처럼 보였다. 그러나 그가 서류를 읽었을 때 빅토리는 그것이 자신의 사건 기록이며 그가 곤경에 빠지게 된 것임을 알 수 있었다. 나중에 알게 된 것이지만 사람이 새로 오면 누구나 모든 사람 앞에서 범죄 사실과 잘못된 것을 시인하게 하여 괴롭힘을 당하는 것이었다. 그는 시작했다. “미신이 어떻게 사람을 극단으로 몰고 가는지에 대한 명백한 예가 여기 우리 가운데 있습니다. 의심할 것도 없이 브라잇 빅토리 리가 그러한 종교적인 미신을 믿지 않았다면 여기 이 탄광에 오지도 않았을 것입니다.”

“옳소! 옳소! 옳소!” 열 명 남짓 되는 사람들이 소리쳤다. 미리 약속이라도 한 것 같았다.

자기 동료로부터 미리 짜인 각본대로 비판하는 것을 들으면서 빅토리는 몸이 굳어졌다. 결국 그들은 모두 같은 배를 타고 있는 것이 아닌가? 그들도 모두 사실이건 무고한 범죄이건 함께 형벌을 받고 있는 입장이 아닌가?

왜 그들은 그 하나만을 정죄하여 왕따를 시키고 있는 것인가? 링 목사는 그 바로 옆에 앉아 있었는데 그의 반응을 눈치 채고 팔꿈치로 가볍게 그를 건드렸다. 마치도 "맘 편히 가지게! 아무런 반응도 보이면 안 되네!" 라고 말하는 듯 했다. 허수아비 대장 류는 계속했다. "여기에 보면 브라잇 빅토리 리는 반혁명적인 활동을 했습니다." 뒤쪽에서 외치는 소리가 들렸다.

"반혁명분자를 처단하라!" 그러자 다른 이들이 그 말을 되받아 말하였다.

"반혁명분자를 처단하라!" 류는 조용히 하라고 손짓하였다. "지금 여러분의 의견을 말하지 않아도 됩니다. 조금 기다리면 내가 여러분 한 사람 한 사람에게 브라잇 빅토리 리에 대해서 하고 싶은 말을 하게 할 것입니다. 한 사람도 빠지지 않고 모두, 브라잇 빅토리 리까지도 얘기해야 합니다. 빅토리는 머리가 빙빙 돌았다. '나까지? 내가 무슨 말을 해야 하는 거지? 어찌할 바를 모르겠군!'

류는 계속했다. "말을 할 때는 조심해야 합니다. 왜냐하면 여러분이 하는 말은 여러분의 개인 기록에 남아 점수를 따게 되든지 잃게 되든지 할 것입니다."

그 때에야 빅토리는 이 적은 모임에 왜 비서까지 동원되어 의사록을 쓰게 하는 권위가 주어졌는가가 이해되었다. 왕 유안은 모든 대화를 받아쓰기 위해서 미친 듯이 기록하고 있었다. 류의 목소리는 지겹게 계속되었다.

"브라잇 빅토리 리의 반혁명적인 활동은 국가에 가장 악질적이고 가장 위험한 것이었습니다. 그는 종교적인 미신을 고집하는 죄뿐 아니라 그것을 공공연히 선전하는 죄를 저질렀습니다. 더구나 그는 불법적이고 허락되지않은 회합에 참석한 죄로 체포되었습니다."

다시 목소리를 합하여 탄핵하는 소리가 들렸다. "브라잇 빅토리 리를 처단하라! 브라잇 빅토리 리를 처단하라!" 빅토리는 마치도 자기가 맞기라도 한 듯이 움찔했다. 류는 브라잇 빅토리 리의 고소장 전문을 읽었다. 그리고 한 사람씩 비평을 하도록 했다. 그들은 모두 그를 비난하고 당과 정부를 찬양했다. 큰 소리로 표어를 외치고 마오 주석의 장점을 극찬했다.

마지막으로 링목사의 순서였다. 그는 일어서서 이렇게 말했다. "의인은 없나니 하나도 없습니다. 브라잇 빅토리 리는 옳은 길에서 벗어났습니다.

사실 우리는 모두 올바른 길에서 벗어나 있는 사람들입니다. 나 자신도 브라잇 빅토리 리와 같이 잘못했습니다. 브라잇 빅토리 리는 이 교정과 훈계의 시기에 많이 배워야 합니다. 그가 잘 배웠으면 좋겠습니다. 감사합니다." 그는 앉았다. 류는 다시 말했다. "자, 브라잇 빅토리 리. 이제 당신 차례요."

빅토리가 말을 시작했다. "나는 나의 행동에 대해서 아무런 변명도 하지 않습니다. 음식을 주신 하나님께 제가 모두 보는 앞에서 기도한 것은 사실입니다. 그러나 중화 인민 공화국의 헌법에 모든 시민에게 종교의 자유가 보장되어 있는 것도 사실입니다. 만일 여러분이 하나님을 믿지 않고 무신론을 받아들이신다면 그것은 여러분의 권리입니다. 그러나 여러분이 만일 하나님을 믿는다면 그것도 역시 여러분의 권리입니다. 우리나라의 헌법이 그렇게 말하고 있기 때문입니다. 나는 그 헌법의 경계를 넘어가지 않았습니다. 감사합니다."

허수아비 대장 류는 입을 열려고 했으나 점심 식사를 알리는 종소리 때문에 아무 말도 할 수 없었다. 음식 생각 때문에 더 이상 맞서서 비판하려는 생각은 모두 사라지고 사람들은 옥수수 빵과 멀건 국을 먹으려고 모두 서둘렀다.

오후 모임은 그로부터 한 시간 반 후이었는데 허수아비 대장 류는 빅토리의 변호에 대해 아무런 항변 없이 잊기로 작정한 것 같았다. 대신에 그는 완전히 다른 방향에서 오후 모임을 열었다. "오늘 오후는 인민 일보의 최근판을 숙독하도록 하겠습니다." 그리고는 아주 너그러운 제안을 하였다. "어떤 기사를 제일 먼저 읽고 싶습니까"

뒤에 앉아있던 사람이 대답했다. "신문에 우리에게 읽어 주실만한 재미있는 기사라도 나와 있습니까?" 류는 멈칫했다. 인민 일보가 상식적인 선에서 만드는 신문이 아닌 것은 그 사람도 류도 다 같이 아는 사실이었다.

오히려 그것은 단순히 국가를 선전하는 도구일 뿐이었다. 그러나 공공연하게 그것이 재미있지 않다고 말하는 것은 이단에 가까웠다. 류는 곧 정신을 차리고 "무엇인가 재미있는 것이 있는지 찾아봅시다." 라고 말하였다.

그 사람은 조용히 앉았다. 류가 흥미 있는 이야기를 찾아내기를 바라면서. 마침내 그는 뒷면을 집어 들었다. 그 날 신문 뒷면은 그림 두 점이 전부였다. 그는 이렇게 말했다. "이것을 한 번 돌려서 보세요. 미국사람들은 그 지도자들에게 압제를 당해서 생활이 대단히 곤란하다는 이야기를 들었습니다. 여기에 미국 시카고에서 찍은 그림이 두 점 있는데 일반 민중이 먹을 것이 없어서 개고기까지 먹고 있다는 것을 증명하는 그림입니다." 신문이 브라잇 빅토리에게까지 왔다. 시카고에 있는 가게 그림이 있기는 있었다. 그 앞에 걸린 커다란 간판에 "핫도그" 라고 쓰여 있었다.

*

석 달 후 브라잇 빅토리는 그가 지금까지 석탄만 파면서 일생을 살아온 것 같은 느낌이 들었다. 그것을 좋아하게 되었다는 말이 아니고 오히려 하루 열두 시간 하루도 빠지지 않고 땅 밑에 내려가는 생활이 그에게 자동적인 일이 되었기 때문이었다. 탄광에서 사람이 허리를 펴고 일어설 수 있는 유일한 기회, 그 지독한 매일 할당량에서 잠시 숨을 돌릴 수 있는 유일한 기회는 변소에 가서 앉는 시간뿐이었다. 어느 날 오후 변소에 가는데 누군가 빅토리를 따라오고 있었다. 그는 돌아보지 않고 "여기 땅이 평소보다 더 질척한 것 같네." 하고 말했다.

"몰랐는 걸." 하는 대답이 들려왔다. 왕 유안의 목소리였다. 그때 유안의 목소리가 평소보다 더 강한 소리로 바뀌었다. "빅토리, 나오늘 밤 도망갈 거야! 너도 같이 갈 수 있어, 내가 하라는 대로만 하면. 어떻게 할래?"

빅토리는 링 목사의 경고를 떠올렸다. 그러나 한편으로 자기 아버지의 호기심을 이어받았기 때문에 그의 계획을 듣고 싶어 했다. "어떻게 할 건데요?"

"우리 막사의 오물을 치우러 오는 사람에게서 정부에서 주는 신분증명서를 두 개 샀어. 진짜야. 사람이 죽으면 친척들이 그것을 보고하지 않고 배급표로 쓰는 거였어. 그 사람이 빈 탱크를 가지고 와서 그것을 채우는 척하면서 대신에 우리를 태우는 거야. 탄광에서 일 마일 쯤 가면 내려서 먼 데로 가는 거지. 그렇게 간단해. 그리고 우리는 밖에서 새로운 생활을 시작할 수 있는 신분증명서를 가지고 있고. 팡 노인이 나와 같이 가려고 했는데 오늘 오후 배가 아파서 일어서지 못하는 거야. 그래서 너에게 기회가 온 거야. 원하기만 하면 자유로운 생활을 할 수가 있어."

유안은 증명서를 보여주었다. 그건 진짜였다. 빅토리가 탄광에 도착하자 그들에게 맡긴 것과 똑같았다. 흥분의 파도가 그를 지나갔다. 이 지옥 같은 구덩이에서 계속해야하는 노동과 끊임없는 고통에서 해방될 수 있다니 얼마나 대단한 기회인가!

"유안, 고마워. 나에게 그런 제안을 해주다니. 그런데… 나는 기독교인이기 때문에 먼저 기도를 해봐야 해." 유안의 얼굴이 갑자기 변했다. 그는 브라잇 빅토리에게 악담을 퍼붓고는 화를 내며 사라졌다. '그래, 그럴 줄 알았어.' 빅토리는 혼잣말을 했다. 그는 갱으로 돌아가 아무 일도 없었던 것처럼 다시 석탄을 채우기 시작했다.

캠프 안에서는 모든 것이 시계처럼 정확했다. 밤 9시에 분뇨를 쳐내는 것까지. 노인과 그의 노새 수레가 탱크를 싣고 정시에 오는 것을 알고 있던 브라잇 빅토리는 9시가 되기 조금 전에 침대에서 나와 문 앞으로 향했다. 호기심 때문이었다. 그가 문을 열자 바람에 눈송이가 휘날리고 있었다.

"아아!" 빅토리가 놀래서 소리쳤다. "겨울의 첫눈이네. 아직 11월 밖에 되지 않았는데."

그는 잠바의 단추를 채우고 어둠 속을 향해 걸어 나갔다. 가로등이 없었지만 주위에 둘린 담장을 비추는 탐조등의 강력한 불빛이 반사되어 어렴풋이 볼 수 있었다. 그 불빛으로 그는 오른 쪽으로 어두운 색의 옷과 모자를 쓰고 목에 스카프를 두르고 살그머니 변소 뒤에 있는 분뇨 푸는 구덩이 쪽으로 빠져나가는 그림자를 보았다.

빅토리의 왼쪽에는 경비병이 가까이에 서 있었는데 소총과 총검을 들고 있었다. 빅토리가 "11월에 눈이 오다니 이상하네요." 하고 말했다. 경비가 죄수와 친하게 말을 하는 것은 금지되어 있었다. 그러나 그가 추측한 대로 늙은 뚱보는 미끼를 물었다. "아니! 여기는 11월에 눈이 오는 것이 흔한 일이지. 자네는 남쪽에서 왔으니 우리 북쪽 날씨를 모를 수밖에!" "예, 옳으신 말씀입니다. 상하이에는 눈이 거의 오지 않아요. 어떤 때는 몇 년씩 눈 구경을 못한답니다." 빅토리는 늙은 뚱보와 이야기하는 것이 매일의 습관이라도 되는 양 자연스럽게 이야기를 나눴다. 북쪽 사람은 행복했다. 남쪽 사람에게 무언가를 가르쳐 주어서. 남쪽 사람도 행복했다. 노새 수레 위의 분뇨 통에 사람이 타고 사라지는 것을 볼 수 있어서. 다음 날 아침 3번 갱구의 죄수들은 막사의 문을 열고 흰 눈 덮인 세계로 나왔다. 눈은 고비 사막에서 불어오는 세찬 바람에 밀려 물결처럼 쌓였다.

수수죽으로 아침을 마친 사람들은 땅 속으로 들어가 살을 에는 북쪽 바람을 피할 수 있어서 기뻤다. 갱 아래는 여름이나 겨울이나 변함없이 섭씨 14도를 유지했다. 굴속으로 들어가면서 링 목사는 브라잇 빅토리에게 속삭였다. "오늘은 주일이니 몇 명이라도 함께 주님께 기도하고 예배드릴까?"

"좋아요, 그럴 수 있으면 좋겠네요." 빅토리가 대답했다.

그날 오후 갱에서는 석탄이 평소보다 쉽게 파져서 5시가 되자 그날의 양이 다 채워졌다. 일이 끝난 것이 기뻐서 모두들 땅바닥에 앉아 담배를 피우거나 하품을 하고 있었다. 빅토리와 링 목사는 한 쪽 구석으로 갔다. 함께 기도하고나서 빅토리가 말했다. "목사님, 저는 이해가 안돼요. 왜 유안은 문어 팀이고 저들 편인데 도망하고 싶었을까요?"

"아들아, 나도 모든 대답을 알고 있지 못해. 그렇지만 아마도 문어가 붉은 청어였나 보지 - 하! 하! 생선으로 농담한 것 용서하게! - 담당 요원이 도피하려는 그의 계획을 의심하지 못하게 하는 방법이었는지도 모르지. 어쨌든 이 눈보라 속에서 고생하겠네. 자기 고향에 가도 위험을 무릅쓰고 그를 숨겨 줄 사람이 거의 없을 거야."

*

화요일 아침 죄수들이 일하러 가려고 할 때 한 농부가 밭의 모퉁이에서 얼어 죽은 유안의 시체를 발견했다는 풍문이 돌았다. 경비 중 몇 명이 가서 포대에 시신을 싸 가지고 왔다. 그 날 저녁 확성기 소리가 울려 퍼졌다.

"모든 생산 조는 7시 30분에 운동장에 모이시오."

두 번이나 방송을 했다. 사람들은 말없이 왜 그럴까 하며 서로를 쳐다보았다. 7시 20분에 사람들은 운동장에 모이기 시작했다. 누구나 자기가 막사를 떠나는 마지막 사람이 되기를 원하지 않았다. 막사에서 7시 30분에 잡히면 채찍으로 열 대를 맞을 수도 있었다. 운동장에 도착했을 때 사람들은 한 쪽 끝에 나무로 된 단이 세워져 있는 것을 보고 놀랐다. 그곳을 조명 네 개가 환하게 비추고 있었다. 그러나 지금 그들에게 당면한 관심은 그 단상에 대한 호기심이 아니라 때 이른 추위가 얇게 입은 그들의 몸을 찌르는 문제였다. 그들은 발을 구르고 손뼉을 치면서 혈액이 돌도록 하여 추위를 이기려고 애를 썼다.

정확히 7시 30분이 되자 나팔수가 단상에 올라 몇 소절을 연주했다. 3천여 명의 사람들은 조용해졌다. 들리는 소리라고는 소나무를 흔드는 북쪽 바람의 신음 소리뿐이었다. 경비원 두 명이 포대 자루를 들고 단상에 올라왔다. 그 뒤로 총을 든 사람이 두 명 따라왔고 마지막으로 몇 명의 간부가 올라왔다. 간부는 아무런 격식 없이 말했다. 그는 마이크에 대고 고함을 쳤다. "당신들은 이 탄광에서 단 한 사람도 빠져 나가 살았다는 이야기를 듣지 못했음을 알 것이요. 왕 유안은 토요일 밤 탈출하려고 시도를 했고 한 농부가 화요일 아침에 그의 시체를 발견했소. 여러분의 교육을 위해서 우리가 지금 죽은 왕유안에게 하려는 것은 그가 살아 있었다면 그에게 똑같이 했을 일이오. 간부는 포대를 향하여 손을 저었다. 두 명의 경비원은 한 쪽 끝은 들어 그것을 쏟았다. 그러자 시체가 굴러 나왔다. 수군거리는 소리가 무리 가운데 지나갔다. 시체를 보았기 때문이 아니고 완전히 벌거 벗은 모습이었기 때문이었다. 누군가 어디에선가 시체로부터 옷을 훔쳐갔던 것이었다. 그리고 관이나 옷이 없는 시체는 그것만으로도 아주 수치스러운 일이었다.

그들 생각에 그것이 가장 수치스러운 모습이었지만 그보다 더한 것이 따랐다. 그것도 아주 재빨리. 간부는 마이크에 대고 소리쳤다. “그를 앉혀라!” 경비병들은 힘들여 끌어 와서 팔 다리를 잡아 시체를 앉는 자세로 만들었다.

“지시한대로 하라!”

경비병 하나가 총을 들더니 탄창에 총알을 넣고 시체의 뒤통수를 향하여 방아쇠를 당겼다. 그러자 시체가 단상으로 떨어졌다. 단상에서 제일 가까이에 있던 사람은 머리 조각이 그들에게 튀겨 와서 뒷걸음질을 쳤다. 모여 있던 사람들은 믿을 수 없는 광경에 공포에 질려 버렸다.

다시 마이크에서 외치는 소리가 들렸다. “그를 화장터로 가져가라!”

브라잇 빅토리는 비틀거리며 막사로 돌아오면서 마음속에 의문이 가시지 않았다. 대체 중국이 어떻게 되어 가고 있는가? 병원도 없는 이곳에 화장터는 있어서 두 번 죽인 몸을 또 태운다는 말이지. 그러나 마음속의 의문 대신 기도가 먼저 나왔다. “사랑하는 하나님, 오늘 단상 위에 시체가 둘이 아니어서 감사드립니다. 제가 다른 하나일 뻔했습니다.”

(막간에 생긴 일)

상하이와 하이난, 1962년 가을

"하이난까지 여행할 수 있는 허가서를 그들이 정말로 나에게 줄까? 증기선 표를 구할 수 있을까? 하이난에 간다고 해도 과연 그를 만날 수 있을까?"

제이드 문은 노블 하트의 마지막 편지를 꺼내어 20번째 다시 읽었다.

"당신이 원한다면 공장에서 휴가를 얻어 나를 방문하러 오지 못할 이유는 전혀 없다고 생각하오. 광저우에서 배를 갈아타야 할 것이오. 하이코우에 도착하면 샘물가 15번지의 바 유뎅씨를 찾아 그분 댁에서 하루 머물고……."

그녀는 노블 하트에게 가져가려고 산 물건을 테이블 위에 늘어놓았다.

새 옷, 내복, 자신이 만든 천 신발 한 쌍, 돌리는 뚜껑으로 꽉 잠근 돼지비계 한 단지, 흑설탕 덩이 반 킬로, 그리고 딱딱하게 삶은 6 개의 달걀.

제이드 문은 그 선물에 마치 귀라도 있어서 들을 수 있는 것처럼 말을했다. "너희들 장만하려고 쿠폰과 돈을 모으느라고 정말로 허리띠를 졸라 맸었지. 그래도 내가 너희들을 하이난까지 데리고 갈 수만 있다면 그것으로 충분한 가치가 있다!"

제이드 문이 하이코우에서 고무 농장으로 가는 버스를 타던 날은 아주 밝고 햇빛이 환한 아침이었다. 무릎에는 지퍼달린 가방이 놓여 있었는데 그 안에는 상하이로부터 가져온 소중한 물건들과 그 날 아침 노점에서 산 바삭거리는 둥근 팬 케익이 세 개 있었다. 또 혹시 농장에서 하루 잘 수 있을 경우를 대비해서 넣은 하룻밤 지낼 용품도 들어 있었다.

자, 오늘로 닷새 째 여행하는 셈이네. 광저우까지 배 안에서 3일, 광저우에서 하이코우까지 하루, 그리고 오늘 이 버스. 노블 하트는 그동안 어떻게 변했을까……?

제이드 문은 수십 번도 더 넘게 손가락으로 날짜를 계산했다. 그래, 오늘이 노블 하트가 하루 쉬는 날이어서 방문객이 찾아갈 수 있는 날이라고 쓴 그 날이야.

마침내 그녀는 '해피 데이 국영 고무 농장' 이라고 쓰인 간판이 달린 정문 앞에 섰다.

문 앞의 보초는 말을 낭비하지 않았다. "신분증명서를 주시오. 여기서 기다리시오." 그는 사무실로 보이는 건물로 들어갔다. 그녀는 더러운 바닥에서서 접수계가 있는 쪽을 멍하니 바라보고 있었다. 삼면이 뚫려 있고 작고 검은 테이블 하나가 있었으며 한쪽 벽에 검은 의자가 두 개 놓여 있었다. 마침내 보초가 돌아와서 서류 한 장을 쓰게 했는데 써 넣어야 할 것이 20여 가지나 되었다. 제이드 문이 다 써서 주자 보초는 한 마디 말도 없이 그 종이를 받았다. 몇 분 후에 다시 돌아와서 앉으라고 손짓했다.

한참 후에 노인 한 사람이 사무실에서 나왔다. 그는 수척했고 구부정했으며 얼굴은 검게 타 깊은 주름이 있었다. 그러나 그의 걸음걸이가 낯이 익었다…….

제이드 문이 먼저 말했다. "노블 하트!"

대답 소리는 전혀 변하지않은 익숙한 목소리였다. "제이드 문!"

바로 그 때 보초가 그의 방에서 나타났다. 그는 문 앞에 서서 손을 양 허리에 대고 한 마디 한 마디를 놓치지 않고 들었다. 제이드 문은 애써서 정신을 차리고 버스 안에서 몇 번이고 몇 번이고 연습하던 말을 꺼내었다.

"브라잇 로열티와 로터스 훌라우어도 아빠를 사랑하며 얼마나 보고 싶은지 모른다고 전해달라고 했어요."

"아이들은 다 잘 있어요?"

"다 잘 있어요. 둘 다 공장에서 열심히 일하고 있어요. 조상의 나라를 위해 공헌할 수 있다는 것을 기뻐하고 있어요. 빅토리도 중국을 재건설 하기 위해 열심히 일하고 있답니다."

제이드 문은 그렇게 오래 만에 만난 남편 앞에 앉아서 입에 발린 문구를 말하고 있는 자신이 싫었다. 그러나 그녀는 육감적으로 보초가 그들이 말한 것을 전부 기억한다는 사실을 알고 있었다.

노블 하트는 화제를 바꿨다. "이렇게 먼길을 나를 보러 와주어 고맙소. 당신은 여전히 참 좋아 보이는구려."

제이드 문은 그에게 같은 말을 해줄 수 있었으면 하고 소원했다. 그녀는 크게 말했다. "언제 집에 오신다는 말씀을 나에게 한 적이 없지요?"

노블 하트는 몸을 옮겨 보초에게 그의 뒷모습만 보이도록 하여 그가 눈을 깜빡이는 모습이 보이지 않도록 하였다. 마치도 '조심해요! 위험한 곳이니!' 라고 말하는 것 같았다. "아, 내가 편지에 안썼던가? 나는곧 '자유노동자'가 될 거요. 나도 집에 가고 싶지만 농장 일이 바빠서 정부가 나를 이곳에 배치한 것이요. 아마 나도 돈을 좀 모으면 상하이로 당신을 찾아갈 수 있을 거요."

제이드 문은 그때 제일 묻고 싶던 질문을했다. "여기 내가 하룻밤 지낼 수 있어요?"

보초가 즉시로 말을 막았다. "아니요! 그건 규정에 어긋나는 일이요."

제이드 문은 실망스러운 표정을 짓지 않으려고 노력했다. 그러나 대단히 어려운 일이었다. 그녀의 얼굴은 언제나 그 마음을 그대로 거울처럼 표현하고 있었기 때문이었다. 화제를 바꾸는 것이 안전하다는 생각에 다른 말을 했다. "당신을 위해서 무얼 좀 가져 왔어요." 새 옷과 속옷과 신발을 가방에서 꺼내어 보초에게 보이도록 들어 보였다. 노블 하트는 하나하나를 테이블 위에 올려놓았다. 그리고 돼지기름 항아리와 흑설탕과 삶은 계란 6개도 꺼내 놓았다.

보초가 다시 금방 말했다. "방문객이 음식을 주지는 못합니다. 그것은 정부가 제공하는 음식이 충분하지 않다고 말하는 것과 같습니다. 도로 가져가세요." 그는 소총 끝으로 음식을 제이드 문 쪽으로 밀었다. '나는 총이 있다. 총은 규칙을 강요한다.' 라고 말하는 것 같이 보였다. 제이드 문은 낙담하며 음식을 다시 가방에 넣었다. 자기 감정이 얼굴에 그대로 나타나고 있음을 그녀도 알고 있었다.

보초가 다시 말했다. "시간이 되었소. 당신은 여기에 30분 동안 있었소."

"상하이에서부터 왔는데……" 제이드 문에게서 불쑥 나온 말이었다. 노블 하트는 다시 한 번 두 눈을 깜빡여서 그래서는 안 된다고 신호하였다.

오랜 세월 동안 그녀는 노블 하트의 판단에 의지하고 있었고 이번에도 어찌되었건 그의 말이 옳다고 믿었다.

보초가 말했다. "정부는 '자유노동자' 에 대해서 매우 관대합니다. 그가 '자유노동자'가 되면 다시 올 수 있습니다." 제이드 문은 입술을 깨물었다. 울음이 나오는 것을 거의 참을 수가 없었다. 노블 하트가 서둘러서 말을 했다. "내가 곧 '자유노동자' 가 되니 손님을 배웅할 때 문에서 50보를 가도 된다오."

그는 그것을 확실히 하는 것이 가장 중요한 일인 것처럼 보초를 쳐다보았다. 보초는 "그렇게 하시오." 하고 충실하게 고개를 끄덕였다. 노블 하트는 문을 지나 길로 나갔고 그 뒤를 제이드 문이 억지로 따라갔다. 보초 눈을 벗어났을 때 그녀가 속삭였다.

"노블 하트, 당신 아직 죄수지요?"

"그래요. 아니기도 하고. 여기 도는 말이 있어요. '한번 죄수는 언제나 죄수다.' 내가 할 수 있는 일은 아무 것도 없소. 그러나 제이드 문, 하나님께서 언젠가 우리를 다시 함께 살게 해 주실 것이오. 나는 그걸 믿어요. 당신도 믿지 않소? 우리가 불렀던 찬송 기억하시오? '보좌에 앉아 계신 하나님 지금도 당신의 백성을 기억하고 계시네.' "

"오, 노블 하트! 제겐 너무도 당신이 필요해요. 집에 오실 수 없어요?"

제이드 문의 뺨에 눈물이 흐르기 시작했다. 그녀는 손등으로 눈물을 닦았다. 소원하기는 노블 하트의 어깨에 기대어 계속해서 울고 싶었다.

그러나 그래서는 안 되었다.

"50보" 규칙을 외치는 보초의 소리가 들렸다.

"여기!" 제이드 문이 말했다. "보초가 이건 안된다고 하지 않았어요! 당신 충칭에서 일 마치고 돌아오는 길에 거리에서 이걸 사곤 했었지요." 그렇게 말하면서 노블 하트의 셔츠 단추를 풀어 가슴에 팬 케익 세 판을 납작하게 놓아주었다. 그리고 다시 단추를 채워주었다. "사랑해요." 그렇게 말하고는 돌아서서 가야할 길로 갔다.

*

“아니, 벌써 왔어요. 이렇게 일찍 오리라고 생각 못했는데.” 바 유뎅은 제이드 문이 들어오도록 문을 열어주며 말했다.

“보초가 30분밖에 시간을 주지 않았어요. 생각해 보세요. 상하이에서 닷새에 걸쳐서 이곳까지 왔는데 겨우 30분이라니요!”

따뜻한 마음으로 자기 말을 들어주는 사람에게 말을 하고 있다고 생각하자 눈물이 홍수처럼 쏟아졌다. 노블 하트의 어깨에 흘리지 못한 눈물이 이제는 위로하는 바 유뎅의 어깨 위에 계속 흘렀다. 제이드 문은 울고 또 울었다. 5년 간 참았던 눈물이 그 날 오후 하이코우에서 다 나오는 것 같았다. 유뎅은 그곳에 서서 제이드 문을 붙잡고 그녀가 실컷 울도록 내버려두었다. 그 날 아침 그런 경험 후에 많이 울 수밖에 없음을 그녀는 잘 알았고 그렇게 울기에는 지금이 가장 좋은 시간이었다.

마침내 격한 감정이 자나가자 여행의 피로 때문에 제이드 문은 의자에 털썩 주저앉았다. 유뎅은 “잠깐만 기다려요. 차를 준비할 테니.” 과연 제이드 문은 차 한 잔을 마시고 나서 평온을 되찾았다.

“오, 여기 계셔 주셔서 얼마나 위로가 되는지요. 바로 지금 같이 있어줄 친구가 없었다면 저는 견디지 못했을 거예요!”

“그래요, 주 안에서 형제자매가 있다는 것이 얼마나 귀한 일인지 나도 잘 알지.”

제이드 문은 이제 맑고 뜨거운 차를 마시고 있었기 때문에 무슨 이야기든 들을 태세였다. 그래서 유뎅은 계속했다. “나는 해방 이후부터 줄곧 ‘존재하지 않는 사람’ 이었다우. 그들이 처음에 사람들을 구분할 때 나는 ‘성경 부인' 이라고 썼어. 그들은 새로운 중국에는 그러한 직업이 없다고 말했어. 그러나 나는 하나님께서 나를 복음 전하는 일군으로 부르셨기 때문에 그분에게서 새로운 명령을 받을 때까지는 바꿀 수 없다고 말했지요. 그러자 그들은 '만일 그렇다면 음식이나 옷 배급을 못 받을 거요.' 라고 했어요. 그래서 혁명 후 지난 13년 간 나는 식량 배급을 받은 적도 없고 정부로부터 아주 적은 돈이라도 받은 적이 없어."

이제는 의자에 똑바로 앉아서 제이드 문이 물었다. "그러면 도대체 어떻게 이제껏 살아 오셨어요?"

유뎅은 웃었다. "많은 세월 동안 내가 구하지도 않았는데 정부의 밥을먹고 살았다우. 비록 감옥에서였지만 말이우. 감옥을 밥 먹듯이 드나들어서 몇 번이나 갔다 왔는지 이제는 세지도 못하겠어."

"감옥은 어디에 있었어요?"

"아, 하이난 섬에 있는 감옥은 안 가본 데가 없고 내가 복음을 전한 광동성에서도 여러 군데로 잡혀 들어갔지. 그런데 내가 감옥에서 마지막으로 먹은 음식은 너무 나빠서 돼지에게도 주지 않을 그런 음식이었어. 나는 너무 아파서 죽는 줄만 알았지. 그런데 하나님께서 성도들의 기도를 들으셔서 194일 만에 감옥에서 나오게 되었고 차차로 건강을 되찾았지."

"그런데요, 노블 하트에게 주려던 것인데 주지 못해서 여기에 드렸으면 좋겠어요."

그녀는 가방을 열어 돼지기름 단지와 흑설탕 덩어리 그리고 딱딱하게 삶은 계란을 유뎅의 식탁에 올려놓았다. 유뎅은 사양하며 다시 제이드의 가방에 집어넣었다. 제이드 문은 옛날 식 예절을 보고 미소를 지었다. 그래서 계속 강력하게 받으셔야 한다고 주장을 했고 결국 유뎅은 받아들였다.

제이드 문은 의자에 앉아 혼자 잠시 생각을 하다가 말을 꺼냈다. " 저, 언니의 의견을 듣고 싶은데요……."

"무엇인데요?"

"노블 하트 말이에요." 제이드 문은 말하다 말고 발을 들었다 놓았다 했다. 노블 하트에 대한 심정을 솔직하게 터놓아도 될까? "그 사람, 너무 늙어 보였어요! 걸음걸이를 보고 목소리를 들어서야 겨우 알아봤다니까요! 그를 알아보지 못해서 얼마나 부끄러웠다고요. 그런데 정말로 많이 변했어요. 제가 안 왔으면 좋았을 걸 하고 생각할 정도예요! 그렇게 변한 모습을 보게 되다니요!"

제이드 문은 다시 울음을 터뜨렸다. 그러나 이번에는 오래 울지 않았다. 다시 정신을 차리며 물었다. "언니, 오늘 본 그 모습을 기억하고 있기보다 자유롭고 건강하고 잘 생겼던 그의 예전 모습을 기억으로 간직하고 있는 것이 더 좋지 않았겠어요?"

유뎅은 잠시 생각하더니 말했다. "그를 다시는 못 볼 것처럼 얘기하고 있네요. 아니야. 상하이에서 그를 만날 거예요. 그 사람들이 소위 말하는 '자유 노동자' 는 실제로는 죄수에 지나지 않는 것이 사실이야. 그러나 우리의 하나님은 그 어떤 인간의 정부보다, 심지어 중국 정부보다 크신 분이시잖아. 이런 찬양이 있지. '보좌에 앉아 계신 하나님 지금도 자기 백성을 기억하고 계시네.' "

"예, 하나님은 아직도 보좌 위에 계시지요. 참 신기하네요. 그 찬송이 노블 하트가 오늘 제게 마지막으로 해 준 말이었어요."

브라잇 빅토리, 자유하나 자유롭지 못했다.

다퉁, 섬서, 1965년 여름

밝고 따뜻한 날이었다. 여름이지만 덥지 않았다. 브라잇 빅토리는 공기를 가득 채운 꽃향기를 깊이 들이 마시며 자기가 살아 있다는 사실에 하나님께 감사했다. 오늘이 탄광에서의 마지막 날이었다. 바로 내일이면 다퉁에 온 지 5년이 되는 것이었다. 아침에 갱구에 들어가면서 이렇게 기도했다. "주님, 오늘 링 목사님과 조금 시간을 가질 수 있게 해주세요. 그를 다시 볼 수 없을지 모릅니다……." 하나님은 그 기도를 들어 주셨다. 그날 할당량을 일찍 채워서 다른 사람이 담배를 피우고 있는 동안 그 두 기독교인은 기도를 했다. 그리고서 빅토리가 말했다. "목사님, 말씀드리고 싶은 게 있는데요."

"그래, 말해 보아. 빅토리."

"3번 탄광에 사람이 다쳐도 의사가 없어서 도움을 받을 수 없는 것이 마음에 걸려요. 한 달 전에 간부 대장에게 편지를 써서 그저 기본적인 약을 사람들에게 조제해 줄 수 있는 정도의 의사라도 보내 줄 수 없겠느냐고 한 적이 있거든요. 그런 제안을 한 것이 잘못이었을까요?"

링 목사는 브라잇 빅토리를 보고 있지 않았다. 멀리 아래에 있는 길을 보고 있는 것처럼 시선이 먼 곳에 가 있었다. 그리고 천천히 이야기를 하였다. "빅토리, 언젠가 우리가 사랑하는 중국이 제 정신을 차리고 사람을 사람 대우할 날이 올 거야. 중국이 그렇게 되도록 돕는 것이 기독교 교회의 책임이겠지. 아니, 잘못하지 않았어. 그렇지만 위험부담을 안게 되었군……."

그것은 두 친구에게 쓰고도 달콤한 시간이었다. 달콤했던 것은 빅토리가 해방될 것이기 때문이었고 쓰다고 한 것은 링 목사는 아직도 3년을 더 탄광에 있어야 하기 때문이었다. 연로한 목사는 땅딸막한 굵은 마디 박힌 손가락을 들어 보이며 말했다, "아직도 3년이 남았네." 그의 손가락을 바라보던 빅토리가 한 마디 했다. "손에 그리스도의 고난의 흔적을 가지고 계시네요. 제가 한 말에 신경 쓰지 않으시겠지요. 그래도 손가락이 하나도 성하지 않으신 것 같아서요." 링 목사는 씩 웃었다. 그는 양 손을 펴서 열 손가락 중에 몇이 남았나를 보았다. "그래, 손가락이 잘리고 상처입고 뭉개지고 아니면 그저 석탄을 캐다가 닳아 없어지거나 하던 이야기를 하나 하나 해 줄 수도 있어. 하지만 내가 불쌍한 생각이 들 때마다 하늘에 계신 예수님을 생각하지. 아직도 그분의 손에 상처 자국이 있지 않은가. 그것을 생각하면 내 손이 어떤 것은 잊게 된다네."

그날 저녁 식사 시간에 빅토리는 연락을 받았다. '내일 아침 8시 사무실로 올 것.' '그래, 그거야. 내 짐을 싸 두는 게 좋겠군.'

"예, 가방은 다 싸 놓았고 침구도 묶어 놓았습니다." 브라잇 빅토리는 3번 탄광 대장에게 말하고 있었다. 대장은 말했다. "동무는 노동을 통한 개선 기간 5년을 다 마쳤다. 모범적인 일군이었지. 나는 동무가 여기에 있는 노동자들이 필요한 것에 대해 관심을 가지고 있다고 알고 있다." 대장은 책상에서 종이 한 장을 꺼냈는데 빅토리가 보니 의료의 도움이 필요하다고 그가 보낸 편지였다. 그의 맥박이 빨라졌다. 대장은 계속했다. "동무는 이제 자유요. 그러나 인민에 의한 직업 배치를 받아들일 자유만이 있는 것이요. 그래서 당이 인민을 대표하기 때문에 당과 정부가 동무의 할 일을 정해 주겠소. 동무는 3번 탄광을 위해서 정식 의사는 아니지만 의사 역할을 할 수 있는 사람이 있으면 좋겠다고 제안했소. 그래서 동무에게 의과실습과 질병 진단을 위한 6주간의 코스를 배우도록 정하였소. 그 후에 '수습 의사'로서 3번 탄광으로 돌아와야 하오."

"아니, 아니 그렇다면 저는……" 사건이 이렇게 전개되리라고는 전혀 예측하지 못했기 때문에 브라잇 빅토리는 균형을 잃었다. 그래서 말을 잇지를 못했다. "그렇다면 제가, 제가 집에 가지 못한다는 말씀이신가요?"

대장은 호통을 쳤다. "누가 동무가 집에 간다고 했소? 오늘날 중국에서는 누구나 정해진 일을 해야 한다는 것을 모르오? 동무에게 정해진 일은 3번 탄광인 것이요. 여기 다통시 보건 센터로 가는 통행증이 있소. 자, 이제 가서 수습 의사가 되는 법을 배우시오!"

브라잇 빅토리는 3번 탄광의 정문 앞에 있는 대로로 나갔다. 그는 자유였다. 그러나 자유롭지 못했다. 어깨에 짐 지는 막대기를 메어 한쪽에는 침구를 묶고 다른 한쪽에는 가방을 묶어 들고는 문을 나와 새로운 삶으로 향했다. 그러나 100미터도 못가서 익숙하지 않은 짐의 무게가 뼈와 살의 한정된 부분에 집중이 되어 고통을 주었다. 빅토리는 짐을 땅에 놓고 주위를 돌아보았다. 뭔가 탈 것이 없을까?

노새가 끄는 마차가 석탄을 싣고 시내로 향하여 오고 있었다. 빅토리는 마부에게 소리쳤다. "여보세요! 시내에 좀 태워 주세요? 짐만 좀 태워 주시면 돈을 드릴 게요."

"흠! 나는 감옥에서 나온 사람은 안태웁니다!" 하더니 노새에게 "이랴!" 하며 가버렸다. 빅토리와 짐을 길거리에 버려둔 채. 그 "감옥에서 나온 사람" 이라는 소리에 그는 멈칫했다. 그러나 저 사람이 특별히 심술궂어서 그럴 거야. 그는 다음 마차에도 손짓했으나 같은 반응이었다. 또 다음도 마찬가지였다. 마침내 그는 묶인 침구에 주저앉았다. 그의 마음도 함께 낙심이 되었다. 죄수였다는 오명을 평생 지게 되었다는 생각이 얼마나 그를 낙담시켰는지 모른다.

바로 그때 길 가 수풀 속에서 맑고 아름다운 새소리가 들렸다. 브라잇 빅토리는 곧바로 앉아서 귀를 기울였다. 새에 대해 쓰여 있는 성경 말씀이 생각났다. "하나님은 참새 한 마리도 잊지 않으신다." 침구 위에 앉아 새소리를 들으면서 그의 얼굴엔 어느새 서서히 미소가 피어오르면서 가슴 속에 있던 짐이 벗겨졌다. 그때 하늘의 가수가 앉은 횃대 저 위로부터 새의 노래 소리 만큼이나 맑고 달콤하게 메시지가 들려왔다. "다음에 오는 마부에게 말해라."

다른 마차가 석탄을 가득 싣고 오는 것이 보였다. 빅토리는 손짓을 했다. "여보세요! 여기 이 짐 두개 좀 시내까지 운반해 줄 수 있어요?" 수레가 멈쳤다. 마부는 나이 든 사람이었는데 빅토리를 이상한 듯이 쳐다보았다. "흠! 지게를 지는 것이 익숙하지 않군? 그런데 손을보니 험한 일을 많이 한 것 같고. 탄광에서 왔소?"

"예, 그렇습니다." 빅토리는 인정했다. 노인은 말했다. "그것들 여기 던지고 젊은이도 원한다면 타게나." 그 제안에 놀라면서 빅토리는 그저 그렇게 했다.

"이랴!" 하고 짐 실은 마차는 떠났다. 마부는 빅토리에게 물었다. "어디로 가시오?"

"시내요."

"시내 어디?"

"시 보건 센터요."

"흠! 아파 보이지 않는데."

"네, 하나님께 감사하게도 저는 아프지 않습니다. 약에 대해서 약간 배우라는 명령을 받았어요." 빅토리는 주머니에서 대장이 준 명령서를 운전수에게 보여 주었다. 그러나 그는 멍하니 그것을 보지도 않고 돌려주었다. 무언가 다른 생각을 하고 있음에 틀림 없었다. 결국 그는 물었다. "내가 제대로 들었나? 자네 '하나님께 감사한다' 고 말한 것이 사실인가? 기독교인들만 그렇게 말하는데. 자네 기독교인인가?"

"예, 왜 그러세요?"

브라잇 빅토리는 새가 가르쳐 주었던 교훈과 다음 마부에게 말하라는 음성에 대해서 다시 생각해 보았다. 갑자기 모든 것이 맞아 떨어졌다. 그는 외쳤다. "그렇다면 아저씨도 기독교인이시지요!"

"그렇다네, 젊은이. 자네가 기독교인이어서 기쁘다네! 이랴!" 그는 노새의 등을 쳤다.

*

"여기 찐빵 하나 더 들어요!" 후앙 부인이 2단으로 된 대나무 찜통 뚜껑을 열었다. 김이 올라 천정 타일 안쪽을 구름처럼 덮었다. 브라잇 빅토리는 미소를 지었다. 5년 만에 처음으로 빵을 찌는 가정적인 광경을 보는 것이었다. 후앙 부인이 대나무 바구니를 가져올 때 그의 입 안에 군침이 돌았다. 얼마나 감미로운 음식인지! 그는 젓가락을 뻗어 가장 적은 것을 집어 들었다. 김과 향기를 모락모락 내고 있는 빵을 앞에 들고 한 입 베어 물기 전에 조금 식혔다.

"국을 데워 줄게요." 부인이 말했다. 냄비에서 뜨거운 국을 한 국자 가득 떠 주었다. 돼지고기를 거의 남기지 않고 다섯 덩이 중 네 덩이를 조심스럽게 퍼 주었다. 브라잇 빅토리의 입에는 다시 군침이 돌았다. 탄광에서는 한 달에 두 번 밖에 고기를 맛보지 못하는데 여기에서는 한 국자에 한 달분 고기가 들어 있는 것이었다!

그는 어렵게 말을 꺼냈다. 무슨 덩어리가 목을 막는 듯 했다. "아저씨, 저를 집에 데려와 주셔서 얼마나 감사한지 모릅니다. 가정 안에 다시 있다는 것이 그저, 그저…… 제게 수백만 원 보다 더 소중합니다. 그리고 아주머니, 이런 국, 이런 빵을 먹다니요. 제게 얼마나 큰 잔치인지 모릅니다."

"그렇게 생각하지 마세요. 아무 것도 아닙니다. 예수님은 여우도 굴이 있지만 그분에게는 머리 둘 곳이 없었다고 말씀하셨지요. 여기, 그분은 안계시잖아요. 그러니 대신 청년을 환영하게 되어 우리는 기쁘답니다."

부인은 그 남편 보다 성경을 더 많이 아는 것 같았다. 브라잇 빅토리는 아마 부인은 글을 읽을 줄 알지만 남편은 모르는 것이 아닌가 하는 생각이 들었다.

"가족이 전부 몇이세요, 아저씨?"

"아들이 하나 있어. 나처럼 노새 짐마차를 몰지. 딸도 하나 있는데 이름은 트루 버츄야. 스무 살인데 시 보건 센터에 근무하고 있어. 아참, 오늘 오후에 그 병원에 간다고 하지 않았나?"

바로 그 때 얘기를 나누고 있는 중에 문 밖에서 크고도 즐거운 웃음소리가 들렸다. 웃음소리의 주인공이 방에 뛰어 들어왔다. "아, 엄마! 지금요 얼마나 웃기는 걸 봤는지……."

그녀는 갑자기 하던 말을 멈추고 그 자리에 섰다. 브라잇 빅토리의 존재가 트루 버츄의 눈에 띄었던 것이다. 빅토리에게는 자기 생애 중에 이렇게 자기 마음에 끌리는 것을 그 어떤 것도 본 적이 없었다. 이렇게 쾌활하고 활기찬 아가씨를 만난 적이 없었다. 그녀는 아직도 마지막 말을 하던 채로 입을 열고 있었고 그를 보았기 때문에 말을 하지 못하고 있었다.

그는 웃었다. 왜 웃었는지는 확실히 몰랐다. 긴장하거나 난처해서 그랬는지 아니면 그저 행복했기 때문이었을 수도 있었다.

"오! 실례했습니다!" 트루 버츄가 말했다. "손님이 계신지 몰랐어요." 그녀의 표정은 현실로 돌아와 사무적으로 변했다.

'유감이군, 웃을 때가 훨씬 더 예쁜데.' 브라잇 빅토리는 속으로 생각했다.

*

브라잇 빅토리는 검은 바탕에 흰 글씨로 쓰인 간판 앞에서 짐을 잠시 내려놓았다. 그곳에는 세로로 다통시 보건 센터라고 쓰여 있었다. 후앙 아저씨는 노새 짐마차로 그를 데려다 주었는데 두 블록 전에 내려 주었다.

그렇게 해야 질문을 적게 받을 것이라고 설명하였다.

브라잇 빅토리는 들어가면서 정문 바로 다음에 문이 있는 것을 보았는데 안내라는 표시가 있었다. 문 안 쪽 테이블 뒤에 30세 가량의 여인이 '당신은 나에게 아무런 짐도 지울 수 없다' 는 표정을 하고 있었다. 빅토리는 왼손에 침구를 오른손에 가방을 든 채로 다가갔다. 그는 이러한 모습이 돈을 받고 지게로 짐을 날라주는 짐꾼처럼 어깨에 막대를 메고 양쪽에 짐을 거는 것보다 좀 위엄 있어 보인다고 생각했다.

"안녕하세요." 하고 인사를 하며 그는 짐을 문 밖에 놓았다.

안내양은 맞받아서 "안녕하세요." 하더니 반기지 않는 목소리로 (그에게 그렇게 들렸다.) "들어오세요." 하였다.

3번 탄광에서 준 공식 편지를 브라잇 빅토리가 양손으로 공손하게 주자 침묵이 있었다. 공손한 제스처를 무시하고 안내양은 편지를 한 손으로 받더니 빅토리를 쳐다보았는데 그 표정은 마치도 '구식 예절 따위로 나를 감동시키려고 하지 마시오.'하는 것 같았다.

"흠, 이건 검토해 봐야겠는걸. 3번 탄광 대장이라. 24계급 중에, 에… 몇 번째인가?" 안내양은 계속해서 혼잣말을 하였다. 그녀는 목소리를 길게 빼며 느슨하게 매인 노트를 책상 위에서 뒤적거렸다. "여기 있군. 16번째. 꽤 높은데. 20번째인 우리 원장님 보다 영향력이 크군."

브라잇 빅토리에게 몸을 돌려 말을 하였다. "기다리세요. 탕 원장님께 말씀드리겠습니다." 5분 후 돌아 와서 "원장님이 들어오랍니다."

다시 짐을 양 손에 들고 빅토리는 안내해 주는 대로 안으로 들어갔다.

상투적인 인사를 생략하고 원장은 말했다. "흠! 그래 당신이 3번 탄광대장이 보낸 사람이군. 매우 이례적인 일이야. 이걸 검토해 봐야겠는 걸. 그가 16번째가 맞는가?"

브라잇 빅토리에게 이상한 기분이 들었다. '이 순번 게임에서 누가 승자이고 누가 패자이지? 계급 사회라니 - 24계급이 있는 - 어떻게 그럴 수가 있나?'

탕 원장은 계속했다. "그래, 당신이 브라잇 빅토리 리이고 수습 의사가 되고 싶다는 말인가?"

"예, 원장 동지. 맞습니다."

"그런 코스는 봄과 가을, 일 년에 두 번 6주 씩 밖에 없는데. 그래도 캠프대장이 당신을 보냈으니 받아들일 수밖에 다른 방도가 없군. 흐음! 실습생으로 당신을 받아들이겠소."

그러고 나서 원장은 책상 위에 있던 종을 울렸다. 안내양이 문에 나타났다.

원장은 명령했다. "후앙 동무를 부르시오."

그 이름을 듣고 빅토리는 숨이 멎는 듯 했다. '설마 혹시……?'

'혹시?' 하는 시간은 얼마 되지 않았다. 문이 다시 열리고 바로 그 미스 후앙이 들어왔다. 그녀의 얼굴과 행동은 사무적이었고 빅토리를 전에 만난 적이 있었다는 흉내는 조금도 내지 않았다.

탕원장이 말했다. "리 동지를 데리고가서 학생 숙사를 보여주시오." 그가 눈썹을 약간 치켜떠서 문 쪽 방향을 보았기 때문에 빅토리는 그가 이제

가도 된다는 것을 알았다. 브라잇 빅토리를 한 번도 쳐다보지도 않은 채로 트루 버츄는 등나무 가방을 집어 들고 걸어 나갔다. 브라잇 빅토리는 침구와 막대를 들고 그녀를 따라 문을 나왔다. 원장과 그 일행 대신에 트루 버츄 후앙과 있어서 얼마나 기쁜지 몰랐다.

트루 버츄와 브라잇 빅토리는 회색 타일로 지붕을 얹은 단조로운 노란 건물로 갔다. 이제 안내양의 시야에서 벗어났다. 버츄가 말했다. "다시 만나게 되어 반갑네요."

빅토리는 감격하였다. 5년 만에 처음으로 한 아가씨와 단 둘이 있는데다가 그 아가씨는 그에게 친절히 말하고 있었다. 더구나 그녀는 예뻤다. 눈물이 나왔다. 눈물을 닦기가 부끄러워서 코를 세게 풀었다. 그렇게 해서 위기를 벗어나려고 한 것이었다. 그는 한 마디도 못했다. 만일 "나도 역시 만나서 반갑답니다." 하고 대답이라도 하려고 하면 목소리가 갈라져 나올것 같았기 때문이었다. 그 말을 여러 번 여러 번 하려고 생각만 하였다. 그대신에 침구를 땅에 내려놓고 계속해서 시끄럽게 코를 풀었다.

트루버츄는 등나무 가방을 내려놓고 물었다. "감기 드셨어요?"

"아니… 아니에요……" 말소리가 기어들어가는 듯 했다.

"미안… 미안합니다. 무언가에 그저 맞은 것 같이 참을 수가 없어요."

"자주 그렇게 발작이 일어나요?"트루 버츄가 물었다.

"아, 아뇨. 한 동안 그런 일이 없었는데."

"그런 문제가 있으면 참 고통스럽지요."그녀는 동정했다. 어색한 침묵과 시끄러운 코풀기가 반복되었다.

"제 사촌도 아기가 발작이 일어나서 진정제를 조금 주었어요. 설탕 한

덩이를 같이 입에 넣어 주면 다 녹을 때까지 물고 있는 거예요. 그 약을 조금 얻어다 드릴 수 있을 거예요. 약이 쓰지만 괜찮으시겠지요. 효과가 있을 거예요."

진정제와 설탕 요법 이야기 덕분에 눈물 닦는 모습을 보이지 않으려고 애쓰던 빅토리가 손수건을 꺼내어 눈을 닦을 수 있었다. 더러워진 회색빛 손수건으로 양 눈을 가볍게 두드리는 것을 본 트루 버츄는 다시 새로운 관심을 보였다. "오! 눈에도 경련이 일어나나 봐요. 아빠도 그랬어요. 여기 안 약을 갖다 쓰고 계세요. 잠깐 기다려 보세요. 제가 하나 얻어다 드릴 수 있나 볼게요." 그녀는 돌아서서 가려고 했다.

이것은 빅토리에게 필요했던 충격 요법이었다. 그는 곧바로 일어서서 숨을 깊이 들어 쉬고 말했다. "아니, 아녜요! 어쨌든 고맙습니다. 이제는 괜찮습니다." 그는 자신이 괜찮다는 것을 보여주려고 손수건을 다시 호주머니에 넣고 침구를 들었다. 남자답게 방금 뺨에 흘렀던 눈물을 보이지 않으려고 했지만 턱 가장자리에 남아 있는 눈물방울 하나가 막 허공에 떨어지려고 하고 있는 것을 그는 알지 못했다.

그러나 트루 버츄에게 그것이 눈에 띄었다. 그는 손수건을 꺼내 브라잇 빅토리에게 주었다. 더러워진 그의 회색 손수건과 비교할 때 그 손수건은 얼마나 하얗던지! 그가 온순하게 그것을 받아들고 주인 맘 몰라주고 말 안 듣는 그 눈물을 턱에서 닦아내는데 내뿜어져 나오는 향기 때문에 그는 정신을 차릴 수가 없었다. 말린 장미꽃 향기 안에 보관했던 손수건이었다.

여성스러운 장미꽃 잎 향기는 브라잇 빅토리가 참을 수 있는 한계를 넘어서게 하는 것이었다. 눈물이 다시 흐르기 시작했다. 그는 그 향기로운 손수건으로 눈을 가볍게 닦아냈다. 그리고 극도의 남자다운 인내심을 발휘해서 똑바로 서서 깊은 숨을 들이 쉬고 손수건을 트루 버츄에게 돌려주었다.

버츄는 마치도 남자가 이렇게 행동하는 것을 매일같이 보는 것처럼 태연자약했다. 건네주는 손수건을 받아서 바지 주머니에 질러 넣었다. 그리고 다른 쪽 주머니에서 열쇠 꾸러미를 꺼내 하나를 고르더니 누런 건물의 문을 열었다.

"제가 가구와 설비, 물품 창고의 열쇠를 책임 맡고 있답니다. 그래서 열쇠를 가지고 있는 거예요." 등나무 가방을 문 밖에 내려놓고 그녀는 계속 말했다. "원하시는 침대와 쓰고 싶은 가구를 고르세요. 마음대로 쓸 수 있는 거예요. 여기 열쇠가 있어요. 저녁은 식당에서 오후 5시에 먹어요. 자 그럼."

그러나 빅토리는 대화를 계속하고 싶었다. 그래서 질문을 꺼냈다. "미안하지만 뭘 좀 물어도 돼요? 저기 안내하던 분 성함이 뭐예요?"

"아, 오키드 큐라고 해요. 그분께 잘 대하세요. 여기에서 일어나는 일 중에는 그녀와 관련된 일이 많답니다." 그렇게 말하고는 트루 버츄는 돌아서서 떠났다.

*

브라잇 빅토리는 그녀가 건물의 모퉁이를 돌 때까지 지켜보고 서 있었다. '일을 똑 부러지게 하는 아가씨네. 그리고 대단히 예쁘고.' 브라잇 빅토리는 진료 보조원 또는 수습 의사의 첫 실습을 시골로 나갔다. 그는 어깨에 그들이 필요한 장비를 지고 갔는데 한 쪽 막대에는 후아 의사의 검은 가방이 다른 한 쪽 끝에는 필요한 짐이 구분되어 매달려 있었다. 뜨거운 물이

든 보온병 둘, 머그잔 둘, 점심 도시락 둘, 각종 수건과 반창고가 있었고 그 중에서도 제일 무거운 후아 의사의 개인 의자가 있었다.

그는 여행 가는데 의자를 가져가야 한다고 고집했는데 이유는 '다른 사람의 의자나 침대에 앉았다가 집에 올 때 무엇을 함께 가져오게 될지 모르기 때문' 이라고 하였다.

인적 없는 한적한 시골길을 걸으면서 빅토리는 오랫동안 자기 마음속에 있던 질문을 하기로 마음먹었다. "후아 박사님, 이렇게 묻는다고 나무라지 말아 주세요. 저는 박사님이 기독교인이라고 들었는데요……." 그는 말꼬리를 흐렸다. 저돌적으로 보이고 싶지 않아서였다. 그래도 그는 알고 싶었다.

"자네 말이 맞네. 브라잇 빅토리군." 의사는 대답했다. "단지 '인' 것이 아니라 '이었던' 으로 바꿔야하지만." 혁명 전에 나는 기독교인이었다네. 그러나 현재로서는 기독교인이라는 게 아무 의미가 없어."

"왜 그렇게 말씀하세요?"

"옛말에도 있지 않은가? '바람이 불면 대나무가 절한다' 고. 벌써 바람이 불기 시작한지 15년이나 되었어. 그러니 그 바람에 맞서서 고개를 들고 있으려는 것이 무슨 소용이 있겠나. 내가 기독교인으로 찍혔다면 이 다통 보건소에서 2인자 자리에까지 올라가지 못했을 거야."

"그래도, 제가 듣기에 박사님은 예전에 기독교 학교에 다니셨다던 데요……."

"그랬지. 내가 졸업한 대학은 베이징 연합 의과 대학으로 유명한 기독교 대학이었어. 그래도 이제 나는 빵의 어느 쪽에 버터가 발려 있는지 알 수 있게 되었다네."

바로 그때 여행자들이 무리지어 그들을 지나갔다. 빅토리는 그들에게 무슨 소리라도 들릴까봐 아무 말도 하지 않았다.

얼마 안 되어 그들은 언덕의 정상에 올랐다. 빅토리는 눈앞의 광경에 입이 벌어졌다. 언덕 전체가 불이 붙은 것처럼 보였다. 연기가 여기저기에서 지면으로부터 올라왔는데 아무데서도 불이나 사람이 보이지 않았다.

"도대체 무슨 일이죠? 저 연기는 어디에서 오는 거예요?" 그는 외쳤다. 후아 박사는 껄껄 웃었다. "물론 집에서 나는 불이지"

빅토리는 멍해졌다. "집에서요? 집이라곤 보이지 않는데요!"

박사는 다시 웃었다. "전부 언덕 밑에 있다네. 동굴이지. 우리가 가는 길은 동굴의 위를 지나 언덕의 저편 끝에 있는 입구로 내려가는 거라네."

얼마 안 되어 그들은 동굴 집의 문 앞에 서 있었다. 문은 옥수수 대를 포도나무 줄기와 함께 공교하게 엮어서 만든 것이었다. 빅토리는 깨지기 쉬운 그의 짐을 조심스럽게 땅에 내려놓았다.

후아 박사가 소리쳤다. "카이먼라이! 와서 문 좀 여세요."

문이 열리기를 기다리면서 후아 박사는 제자에게 설명을 해주었다. "이 가족에게는 만성 결막염이 있어. 병원균이 침입해서 생긴 병이지만 동굴 안에 연기 때문에 더욱 악화된 것이지."

어떤 사람이 문틈으로 누군지 보더니 알아보고는 문을 옆으로 밀어 열었다.

안에서 목소리가 들렸다. "들어오세요."

의사가 대답했다. "아니, 밖으로 나와요. 여기 밖이 더 밝아서 좋아요."

빅토리에게는 작은 소리로 "동굴 안에서는 눈을 잘 볼 수가 없다네." 라고 말해 주었다.

동굴 안에서 머뭇거리는 것처럼 보였다. 그 동안 후아 박사는 자기 의자 위에 앉아 앞에 검은 가방을 열어서 병들을 꺼내 마치도 시골 장에서 좌판을 벌여 놓듯이 반원으로 펼쳐 놓았다.

이윽고 십 대 소년이 옥수수 대로 된 문을 지나 걸어 나왔다. 몸집이 크고 건장한 소년이 눈이 벌겋게 충혈되어 거의 감길 정도로 부풀어 오른 모습을 보며 빅토리는 무서웠다.

후아 박사는 "빅토리, 이 오른 눈을 내가 볼 수 있도록 열고 있게." 하였다.

빅토리는 순종했다. 그는 아래 쪽 눈꺼풀을 아래로 잡아당기고 위쪽 눈꺼풀을 위로 올렸는데 될 수 있는 대로 감염된 부분에 자기 손가락이 닿지 않도록 극도로 조심했다. 후아 박사는 안약을 오른쪽 눈에 두 방울 왼쪽 눈에 두 방울을 떨어뜨렸다.

그 소년은 눈을 여러 번 깜빡였다. 그러더니 엄지손가락으로 한쪽 코를 누르고 코를 풀더니 다음에는 다른 쪽을 누르고 코를 풀었다.

"다음 사람 나오라고 말해 주렴." 의사가 부탁했다.

얼마 안 되어 한 노인이 옥수수 대 문을 열고 나왔다. 증세가 같았다. 처치법도 같았다.

다시 좀 기다리니 할머니 한 분이 나왔다. 증세도 같았고, 처치법도 같았다.

그렇게 6명을 치료하더니 의사는 소리쳤다. "안에 더 없어요?"

"없어요. 아무도 없어요." 대답 소리가 들렸다.

"여기, 빅토리. 이 수건에 알코올을 조금 묻혀서 손을 닦아 내게. 자네는 그들의 피부를 만졌지. 눈치 챘는지 모르겠지만 나는 안 만졌다네."

빅토리는 손을 닦고 나서 주머니에서 수첩과 펜을 꺼내 "증세: 이렇고 저렇고, 처치법, 등등" 하고 기록해 놓았다. 그리고 여러 가지 장비를 챙기면서 물었다. "제가 한 가지 이해가 안 되는 것이 있는데요. 왜 그들을 한꺼번에 나오라고 해서 치료하지 않으세요? 왜 이렇게 한 사람 한 사람 씩 나오라고 하세요?"

" 아, 그거. 자네 처음 소년이 들어가고 나서 다음 사람이 나오기까지 좀 시간을 지체하지 않던가?"

"아, 정말. 왜 그랬을까요?"

"빅토리, 그 이유를 말해 주지. 이 사람들은 너무 가난해서 사람 앞에 나올 때 입을 만한 바지가 한 가족에 하나 밖에 없다네. 그래서 치료 받으러 나오면서 교대로 바지를 돌려 입는 것이지. 우리 시간은 지체되어도 그들은 그 나름의 자존심을 지키는 거지."

시간이 지남에 따라 후아 박사는 결막염 외에도 결핵, 매독, 부러진 다리, 신경통, 연쇄 구균 등 많은 병을 치료했는데 모두 무료였고 약을 줄 경우에는 종이돈 몇 푼만을 받았다. 모든 것은 정부의 보조로 운영된다고 하였다.

다리가 부러진 노인은 치료 받으러 밖으로 나올 수 없었다. 그래서 의사와 빅토리는 그날 처음으로 안으로 들어갔다. 그들이 들어가자 급한 종종걸음으로 더 안 쪽 방으로 들어가는 모습들이 보였다. 빅토리의 눈은 아직 어두움에 익숙해지지 않아서 그가 사람들을 보았다기보다 그저 사람들이 두 사람의 이방인으로부터 멀리 떨어지려고 하는 것을 느꼈을 뿐이었다.

빅토리에게는 이것이 이상했는데 왜냐하면 사람들은 보통 의사가 환자를 어떻게 치료하는지 보고 싶어 하고 의사와 환자 사이에는 비밀이 없었기 때문이었다. 왜 병이 개인의 일이 아니라 가족의 사건이 되어야 하는가?

노인은 다리에서 기브스를 풀었는데 아직도 아프다고 호소하였다. 이번에 의사는 환자를 만졌다. 바지를 골절된 다리 부분까지 밀어 올렸다. 의사가 그렇게 할 때 빅토리는 천이 의사의 손길이 닿을 때 찢어지는 소리도 나지 않았는데 소리 없이 벌어지는 것을 보았다. 마치도 입고 있을 때부터 너무도 낡아서 그저 천 조각을 걸친 것처럼 보였다.

동굴을 나와서 빅토리는 후아 박사에게 물었다. "우리가 들어 갔을때 왜 가족들이 모두 동굴 뒤쪽으로 사라졌어요?"

"자네, 그들을 이해해야 해. 그들은 자기들 모습이 부끄러워서 숨은 거라네. 입은 옷이라곤 자루와 부대를 두른 것뿐이니 말이야."

*

브라잇 빅토리는 오는 일요일 하루를 쉬게 해달라고 신청하여 허락 받았다. 그래서 트루 버츄에게 부모님들께 그날이 휴일이라는 말을 전하게 하였다. "집에 와서 우리와 함께 지내자." 는 말을 듣고 그가 얼마나 기뻤는지.

일요일은 중국 북부의 8월 중에서도 아주 더운 날이었다. 빅토리는 고마워하는 환자의 부모에게서 받은 6개의 갈색 계란을 자기가 가진 것 중에서 가장 좋은 손수건 한가운데에 조심스럽게 놓았다. 그리고 손수건의 반대편 끝을 묶어서 소중한 계란을 잘 들고 갈 수 있도록 만들었다. 이것을 후앙 가족에게 드릴 선물로 들고 5년 만에 처음으로 경쾌한 마음으로 길을 나섰다.

길을 걸으면서 손을 내려다보고는 숨을 크게 내쉬었다. "사랑하는 주님, 감사드립니다. 손을 비누로 씻을 수 있게 해 주시고 검은색과 상처가 사라지게 해 주셨습니다." 그 때 3번 탄광에 있는 친구들이 - 특히 링 목사님 - 생각나서 가슴이 아팠다. 그들은 아직도 손을 비누로 닦지 못하고 있었다.

후앙 가족과 지낸 날은 즐거웠다. 빅토리는 심지어 점심 후에 후앙 가의 좁은 뜰에 있는 포도나무 그늘에서 낮잠을 자는 사치도 누렸다. 한 가지 흠이 있었다면 트루 버츄가 당직이어서 보건 센터에서 저녁 6시 전에 돌아오지 못했다는 것이었다. 그러나 저녁 식사는 여유 있게 같이 할 수 있었다. 한 식탁에서 그녀 옆에 앉아 있다는 것만으로도 빅토리에게 얼마나 만족스러웠는지!

그날의 큰 사건은 밤에 교회에서 예배를 드린 것이었다. 예전에 있던 교회 건물이 연필 공장으로 변했기 때문에 좀 더 사적인 모임이 되었다고 후앙 아저씨가 설명했다. 또 낮에 쉴 수 있는 사람들이 많지 않기 때문에 낮 모임이 어렵다고 했다.

빅토리는 5년 만에 처음으로 교회에 가는 것이었다! 그러나 후왕 가족은 모이는 장소까지 가는 데 조심을 했다. 4명 이상이 한꺼번에 가는 것은 좋지 않았다. 그래서 후앙 부인이 트루 버츄와 먼저 가고 그 남편과 빅토리가 200미터 쯤 뒤에서 따라 갔다.

모임 장소는 개인 집 안마당이었다. 후앙 가족과 빅토리가 도착했을 때 한 사람이 찬송가를 가르치고 있었다. 악기도 없었고 찬송가책도 없었다.

찬송가 한 줄을 먼저 부르면 다른 사람들이 따라서 불렀다. 이렇게 세 번을 하고 나서 노래 전체를 함께 부르는 것이었다.

브라잇 빅토리는 안마당에 모인 사람들을 둘러보았다. 의자도 없었고 벤치도 없었다. 모두가 서 있었다. 많은 사람들이 부채를 부치고 있었다.

마당이 비좁고 밤 열기 속에 바람 한 점 없었기 때문이었다.

조금 후 인도자가 모임의 시작을 알렸다. 성경책은 인도자만 가지고 있는 것처럼 보였다. 그는 촛불을 비추며 성경을 읽었다. 기도 시간에 모두가 큰 소리로 기도했다. 혼란처럼 보이는 질서가 빅토리가 상하이에서 늘 경험하던 것과 똑 같았다. 마칠 때 인도자가 큰 소리로 "아멘!" 하자 모든 사람이 그 대답으로 더 큰 소리로 "아멘!" 하였다. 빅토리는 다른 사람이 기도를 반도 끝내기 전에 자기 기도를 마쳤다. 아마도 자기의 기도보다도 이곳 중국 북부에 사는 사람들은 어떤 기도를 하는가 하는 호기심이 더 컸던 것 같다. 그는 "주님, 오늘 밤 우리와 함께 해 주세요. 우리 모임이 방해 받지 않도록 지켜 주세요." 하는 기도 소리를 여러 번 들었다.

설교의 본문은 "우리는 사람보다 하나님께 순종해야 한다." 는 내용이었다. 설교자는 시내에 있는 교회의 문이 닫히고 비록 삼자 애국 운동에 의하여 나라가 인정하는 교회로 바뀌었지만 그것은 '사람의 교회이고 사람에 의한 교회' 라고 하나님의 이름으로 선언했다.

"반면에, 이곳에서 모이는 우리의 모임은 하나님의, 하나님에 의한 것입니다. 박해의 불길이 하나님의 교회를 태울 수 없습니다."

마지막으로 강사는 중국의 옛금언을 인용했다. "목장에 불이나도 씨는 없어지지 않는다. 보라, 봄의 미풍 가운데 돋아나는 새싹을!"